Piensa Abierto

Una historia social del software de código abierto y libre

Matías Gutiérrez Reto

ISBN: 9798463215178

El autor utilizó herramientas de código abierto como Markdown, pandoc y algunas otras para generar una copia de este libro lista para la imprenta.

A Catalina, Danilo y Natalia. A mis padres y especialmente a mi madre, Alicia, por haber revisado pacientemente el manuscrito. Todos ellos son fuente de mi propia curiosidad.

Indice

Prefacio   **9**

UNIX   **13**

Donde Ken comenzó todo: acerca de la PDP-7 de DEC . . . 15

¿Por qué UNIX? 17

En busca de la portabilidad: de Unics a UNIX 20

"Mamá (Bell) no permite sistemas operativos aquí" 22

Usa el código Luke 26

Una noche febril de 1973 cuando los *pipelines* se conectaron 29

Las cosas comienzan a ponerse interesantes (para hacer negocios) 30

Interfaces de usuario y otros perdurables principios de Unix . 30

DEC PDP-11/20 donde todo arrancó por primera vez 32

La fábrica de innovación: el trabajo (y la vida) en los *Bell Telephone Labs* 37

Los comienzos de Berkeley Software Distribution (BSD) . . 41

Una historia de varios shells   **49**

El *shell* de Ken 49

Otros *shells* 53

ZSH 54

Bourne-**A**gain **SH**ell (más conocido como bash) 55

Ash - Alchmist *shell* 57

Las Guerras Unix y el desarrollo de *shells* 58

Piensa estándar 59

Cuando Microsoft amó Unix, mucho antes que Linux 60

Los Clones despegan **69**

De la computación comunitaria a la personal 69

El estándar de PC florece 73

BIOS para todos 74

BIOS, la pieza clave de los nuevos clones 75

Unix Wars 78

Hackers, escuela del Software Libre **83**

RMS. Que el código te acompañe (*Copyleft*) 83

Un impredecible salto al futuro 93

Emacs ahora es GNU 100

GNU Compiler Collection, el gran impulso a la FSF 112

Aquello que hace al Sistema Operativo 116

¿De qué idealismo se habla? 123

Un asunto de posicionamiento 127

La larga búsqueda del *kernel* soñado 130

Liberación o muerte 134

The Right Thing (Hacer) lo Correcto 136

Los orígenes de Linux **145**

Unix en los '90: algunos errores en su comercialización . . . 145

Minix 146

Minix y la FSF (o viceversa) 154

MINIX… Me suena conocido 156

El desarrollo de Minix y su distribución 158

Deja que haya Linux 159

Linux inicia **163**

Hoy un emulador de terminal, mañana un sistema operativo . 163

En busca del Modo Protegido (PoP) 168

¿Qué mejoras le harían a Minix? 174

El pequeño gran gesto de Lemke 177

GPL, larga vida a Linux. Unix no muere 179

Internet no olvida 181

Las razones del éxito de Linux 187

Linus no está solo 189

¿Cómo se instalaba Linux? 192
El proyecto Athena y su impronta indeleble 194
X Window System 196

Linux se conecta   **199**
Linux frente a otros *NIX en los tempranos '90 199
Internet y la inmensa ola de la Web 201
La implementación TCP/IP de Linux 203
La mayor telaraña de información se está tejiendo 207
El poder de servir 213

Conclusión   **217**
La innovación del código abierto 217

Agradecimientos   **221**
Nota 221

Bibliografía   **223**

Prefacio

El sistema operativo Unix cumplió cincuenta años en 2019, Linux se encuentra próximo a cumplir treinta mientras escribo este texto. En la historia de la tecnología medio siglo o tres décadas parecen una eternidad. Ambos sistemas perduran, no solo mantienen su actualidad sino que también gozan de buena salud. Linux, en tanto sistema tipo-unix se ha vuelto omnipresente: en servidores y centros de datos, como base de la computación en la nube (*cloud-computing*), en teléfonos Android, en sistemas embebidos, en automóviles, dispositivos de red y muchos otros lugares más.

En el curso de pocos años el sistema que tímidamente inició un estudiante finés se fue convirtiendo en un proyecto colectivo y colaborativo a escala planetaria.

Atrás ha quedado el tiempo en que el *establishment* de la industria informática miraba a Linux con desconfianza, como una curisidad producto del ingenio de unos *hackers* que se identificaban a sí mismos con la flota rebelde y encarecidamente buscaban dar pelea al imperio. Todo aquello ha quedado atrás desde hace ya algunos lustros. Desde entonces, Linux/GNU ha pasado a formar parte del *mainstream* de la industria.

Este libro presenta una investigación histórica acerca de las condiciones socioculturales que habilitaron el desarrollo de estos sistemas operativos, germen de otros desarrollos de código abierto, incluso más allá del área de los sistemas operativos. Tal vez el ejemplo más notorio de ello sea Wikipedia aunque los alcances culturales del código abierto trasciendan a la enciclopedia abierta. Valgan apenas algunos ejemplos: el llamado *open hardware*, los movimientos a favor de los derechos del consumidor a reparar los dispositivos electrónicos o mecánicos de consumo, entre otros. En todos ellos la impronta del software de código abierto o libre (FLOSS por sus siglas en inglés) ha sido determinante. Una de las primeras áreas en donde se desarrolló esa forma de *pensar-abierto* ha sido en el desarrollo de software en general y de sistemas operativos en particular.

Más allá de las motivaciones personales que me llevaron a leer y buscar documentos sobre este tema, me decidí a dar forma de libro a este trabajo debido a un cierto vacío de bibliografía disponible en lengua castellana sobre el tema. Desde luego, el panorama no es el mismo con los múltiples trabajos disponibles en inglés.

¿Y por qué hablar de "historia social"? Se trata más bien de un énfasis. Los primeros tratados de historia se ocupaban de las historias de los "grandes hombres" (entendiendo por ello hombres y mujeres, cuando estas ocupaban el trono de algún reino europeo). Quiero decir con esto que la historia política, estudiaba vidas de estadistas, reyes, diplomáticos, grandes líderes militares. No eran personas corrientes ¿No es cierto?

Más adelante, una corriente historiográfica pretendió estudiar procesos sociales o económicos, sin recurrir a nombres propios, inclusive sin que resultaran relevantes las biografías de esos otrora considerados "grandes" hombres.

Sin embargo, la "historia social" en estado puro difícilmente pueda existir. A diferencia de otras disciplinas referir hechos o describir procesos culturales requiere inevitablemente poner en palabras un relato. Requiere de un cierto *storytelling* por decirlo con un término de moda hoy.

Concebir un relato sin personajes, sin nombres propios, sin climas ni ritmos narrativos sería sumamente tedioso para el que lo tuviera que escribir y, posiblemente lo fuera mucho más para el lector. Es por ello que la historia social en estado puro difícilmente exista o quizá resulte en extremo tediosa, como han propuesto algunos historiadores.

Insisto en el hecho de que historia "social" remite aquí a un cierto énfasis y a una orientación para la búsqueda de documentos. El lector sí encontrará aquí los nombres propios de los actores de esta trama y ojalá el relato de estos hechos resulte entretenido. El énfasis "sociologista" procura evitar la sobrevaloración del rol de cada individuo en el proceso de despliegue (cultural) del software de código abierto. Se trata de evitar las explicaciones "biograficistas" que tienden a atribuir al individuo el papel del que está inventando desde cero, como si actuara en solitario y desconectado de su sociedad y de su tiempo.

Este texto trata acerca de una serie de innovaciones, algunas de las cuales ocurrieron medio siglo atrás. De lo que se trata, desde el punto de vista de una acentuación "social" de la historia, es de poner esas innovaciones en primer plano, pero sobre el telón de fondo de un proceso social y de producción de conocimiento y tecnología que trasciende a los actores individuales.

No soy historiador profesional, cuanto mucho un mero aficionado, pero sí un lector de historias. En la universidad aprendí algunas técnicas relacionadas con la investigación en historia. Trabajo desde hace más de dos décadas en la industria de IT, como administrador de sistemas Linux y más recientemente como SRE/DevOps. Linux y los sistemas *NIX tienen un lugar importante en mi vida.

Cuando tenía once años tuve la fortuna de que llegara a mis manos una pequeña (para los estándares de hoy) computadora, una "CoCo2" (por *Color Computer 2*, de Radio Shack). Un mundo nuevo se abrió delante de mis ojos y como no existía un catálogo demasiado sofisticado de video juegos para esa máquina nos la teníamos que arreglar para aprender a codear en *Basic*.

Espero que este libro consiga destacar la importancia del efecto multiplicador que el software tiene sobre el hardware (computadora), ya que sin sistemas operativos las computadoras serían apenas algo más que un arreglo de circuitos impresos y componentes electrónicos a los que estaríamos obligados a programar cableándolos, literalmente. Algún efecto multiplicador Linux debió ejercer sobre mí, ya que gracias a él "volví a poner otra vez diversión en mi computadora" (recordando el *slogan* del sitio Distrowatch.com), como cuando llegaba de la escuela y lo primero que hacía era encender mi *CoCo2*.

Mi primer contacto con Unix fue con un SCO durante mi primer trabajo, cuando me encomendaron que cada mañana bien temprano cambiara la cinta y corriera un script (basado en tar) que hacía backups diarios. Puedo decir que en una vida pasada fui robot (?).

En la actualidad tengo la inmensa suerte de trabajar para una compañía a la que admiro y entre cuyos logros principales se encuentran el de haber conseguido potenciar el espíritu colaborativo.

Me sumergí confiado en que el tema no me resultaría del todo extraño, sin embargo en el camino me he encontrado con hechos y documentos que me sorprendieron. Este libro recorre -como toda historia, es imperfecta e incompleta- los años que van desde el surgimiento de Unix a fines de los años sesenta, hasta los momentos en que Linux comienza a volar bien alto, alrededor del comienzo de los años 2000. Esa elección no es casual, es de alguna forma mi propia búsqueda: me interesó ir a buscar o revisar hechos, algunos de ellos previos a que yo tuviera incluso conocimiento acerca de estos sistemas operativos.

Una breve nota sobre el estilo: he optado por dejar en inglés la mayoría de los términos que utilizamos a diario en IT y el desarrollo de software, para otros que no chocan demasiado opté por sus contrapartes en español. Con el objeto de que el texto no sea duro al lector de otros países de habla hispana, he intentado reprimir algunos modismos del habla rioplatense.

¿A quién le puede interesar un libro como este? Esa siempre es una pregunta difícil de responder. Supongo que si ya lo tienes entre tus manos, o está en la pantalla de tu *ebook* aún tengo una oportunidad. Creo que conocer los orígenes o la génesis de las herramientas que usamos cotidianamente nos permite verlas con otros ojos y, acaso lo que es más importante, nos puede ayudar a usarlas de otra manera o encontrarles nuevos usos.

Personalmente, no creo que la historia sirva para ayudarnos a evitar cometer errores en el tiempo presente o futuro. Pero sí, como lo expuso el historiador Edward H. Carr:

> "Aprender a partir de la historia no es nunca un proceso en un solo sentido. Estudiar el presente a la luz del pasado significa también estudiar el pasado a la luz del presente. La función de la historia es promover una comprensión más profunda de ambos" (Carr 1996).

UNIX

En abril de 1969 AT&T decidió abandonar un proyecto en el que la compañía se había embarcado cinco años antes junto al MIT y General Electric. El proyecto se centraba alrededor del desarrollo de un sistema operativo llamado Multics, acrónimo de "Multiplexed Information and Computing Service". Multics era un derivado directo del sistema operativo más evolucionado a mediados de los años '60: **CTSS**, siglas de *Compatible Time-Sharing System* ("Sistema Compatible de Tiempo Compartido"), que se desarrolló en el MIT en 1964. Hasta aquel momento la mayoría de los sistemas operativos de las computadoras existentes funcionaban en modo de procesamiento por lotes (*batch-processing* en inglés): los programadores escribían sus programas, por lo general en lenguaje Fortran, en tarjetas perforadas que entregaban a operadores quienes a su vez eran los encargados de cargar el lote de tarjetas en el dispositivo de lectura para que la computadora ejecutara el programa. Horas después los programadores podían pasar a retirar y analizar el resultado de la ejecución de su programa, si habían tenido la suerte de que ningún error grave ocurriera.

CTSS introducía una novedad: la interacción directa usuario-máquina. En lugar de tarjetas perforadas se utilizaban terminales de teletipo que podían conectarse directamente a la computadora o bien a través de líneas telefónicas. Sin lugar a dudas la gran innovación consistía en que los programadores podían ver el resultado de la ejecución de sus programas prácticamente en tiempo real cuando el teletipo imprimía esa sucesión de caracteres en el papel. Terminales como la DM-33 imprimían a una velocidad de diez caracteres por segundo y eran notablemente ruidosas, pero frente a la largas horas de espera del procesamiento por lotes, aquello significaba programar y depurar casi en tiempo real, una mejora substancial.

El abandono del proyecto significó que varios de los programadores de los Bell Labs de AT&T, entre ellos Dennis Ritchie y Ken Thompson entre otros, se quedaran provisionalmente sin proyecto. Este grupo de científicos deseaba desarrollar varios aspectos que consideraban muy atrayentes de MULTICS y sobre todo deseaban continuar la investigación e implementación de sistemas operativos. Sin embargo, luego de la experiencia amarga del proyecto MULTICS para AT&T, la gerencia de los Bell Labs desaprobaba de plano esa posibilidad.

En un ático de AT&T Ken Thompson encontró una computadora de DEC (Digital Equipment Co.) modelo PDP-7. DEC había lanzado esa serie de computadoras en 1964, y para los estándares de 1969 ya la PDP-7 resultaba bastante obsoleta. Incluso para 1969 la PDP-7 era bastante modesta, se la utilizaba como dispositivo de entrada en un sistema de diseño de circuitos electrónicos (Kernighan 2020), es decir como una computadora auxiliar conectada a otra más poderosa.

La PDP-7 que Thompson encontró tenía un monitor CRT (tubo de rayos catódicos) en el que originariamente se mostraban los circuitos electrónicos. Como una forma de explorar el hardware de la computadora que tenía a su disposición Thompson decidió "portar" (adaptar/reescribir) un juego que él había escrito anteriormente. El juego se llamó *Space Travel* y consistía en una simulación de un viaje por el sistema solar. Hoy diríamos quizá que era un juego de "mundo abierto" avant-la-lettre cuyo objetivo era viajar y aterrizar en planetas y lunas del sistema solar.

De esta forma Dennis Ritchie se refería al juego:

> "Ken escribió Space Travel en la GE 635 (la computadora de General Electric que se usaba para Multics), antes de que este tuviera capacidad multitarea, pero sí tenía un mecanismo para modo batch interactivo. Una tarea ("job") se enviaba y había varios monitores conectados como periféricos. Era muy caro ejecutarlo: un juego costaba alrededor de 50 dólares. Por supuesto era dinero "interno" y divertido" (Ritchie 2001).

En la PDP-7 el juego corría con ciertos problemas debido al hardware más limitado de la PDP-7. Por tal razón, Thompson decidió iniciar el desarrollo de un sistema de archivos, que resultaría ser el puntapié inicial de Unix.

Donde Ken comenzó todo: acerca de la PDP-7 de DEC

Requiere un cierto esfuerzo de imaginación poner en perspectiva las características del hardware de la PDP-7 de 1964 respecto del hardware del que disponemos actualmente. DEC presentó esa computadora en 1964, su costo era de alrededor de 72.000 dólares estadounidenses de entonces y pesaba alrededor de media tonelada (Wikipedia 2020). Se construyeron unas 120 unidades.

La arquitectura del sistema se basaba en palabras de 18 bits. La memoria RAM estándar de la computadora consistía en 4000 palabras, lo que resultaba en unos 9 KB (Kilobytes). Para intentar ponerlo en la escala de nuestro hardware actual, un teléfono celular que hoy tenga 2 GB de memoria RAM, tiene aproximadamente 250.000 veces la memoria de una PDP-7. Su peso relativo es más de 2000 veces menor y si acaso comparásemos sus dimensiones la diferencia resultaría aún más abismal.

Cuando Ken Thompson empezó a desarrollar Space Travel primero y luego el sistema de archivos para la PDP-7, dependía de una técnica conocida como *Cross-Compiling* ("compilación-cruzada"). Cuando Thompson codeaba sus programas los compilaba en una computadora más poderosa, la GE-645. El archivo binario o programa ejecutable en código de máquina que resultaba de la compilación se almacenaba en cintas perforadas de papel que era el medio que se utilizaba para cargar a su vez el programa en la memoria principal de la PDP-7.

Para tener una idea de los recursos que el grupo inicial de desarrolladores de UNIX (Thompson, Ritchie y Canaday en los inicios) tenían a mano hay que poner en escala el hardware de la época que tenían a su alcance. Multics, era un sistema concebido para correr en lo que hoy llamaríamos una super-computadora. En aquella época Multics estaba planeado para ser un producto comercial de General Electric y luego Honeywell. El operativo corría en mainframes: GE-645 y posteriormente Honeywell 6180.

Los investigadores del grupo inicial del Bell Labs valoraban algunas de las características del diseño de Multics. Por esa razón puede decirse que por vía de Unix también Multics ha dejado su huella en los sistemas operativos posteriores. Como dato curioso, Multics era un sistema operativo de licencia propietaria que se mantuvo productivo en mainframes hasta el inicio de los años 2000. En 2007 el sistema operativo fue liberado como código abierto. Los curiosos pueden ver el site multicians.org, que mantiene numerosos documentos con la historia de Multics y sus técnicos.

Para comparar con las minicomputadoras de la serie PDP de DEC, las G.E de la serie 600 eran computadoras mainframe de 36 bits (palabras de 36 bits y direcciones de 18 bits). El sistema operativo original para estas computadoras era GECOS, desarrollado por General Electric en 1962. A raíz del proyecto Multics G.E, que era el principal proveedor del hardware, tuvo que rediseñar la computadora para adaptarla a los altos estándares requeridos por aquel sistema operativo. El resultado fue la G.E-645, la cual incluía el soporte para memoria virtual.

Cuando G.E vendió su línea de mainframes a Honeywell esta continuó la línea reutilizándola como serie Honeywell 6100. Honeywell continuó construyendo y comercializando la serie hasta los años '90. La G.E 645 de Multics tenía un costo cercano al millón de dólares estadounidenses a fines de la década del '60. En cambio, la PDP-7 era una minicomputadora cuyo precio rondaba los USD 70.000 de la época, por ello contaba con recursos de hardware mucho más limitados. Fuera de la caja la PDP-7 ofrecía un sistema monousuario: solo una persona a la vez podía hacer uso del sistema.

Por otra parte, el paisaje de la industria IT era tecnológica y sociológicamente muy diferente al que conocemos en la actualidad. Debido a los costos de fabricación y escala, las computadoras estaban restringidas al dominio de las grandes organizaciones empresariales y algunas universidades de punta, como el MIT.

Por su escala, las supercomputadoras de la época -los *mainframes*- ocupaban enormes superficies. Por tal motivo, podría considerarse a esos *big irons* como descendientes directos de las primeras computadoras. La entrada en escena de las minicomputadoras -como las PDP de DEC- modificó el panorama drásticamente: una computadora de USD 100.000 versus una *mainframe* que costaba diez veces ese valor significaba un importante cambio de escala.

De todas formas, en aquella época se estaba lejos aún de la imagen del programador que camina de su cama al escritorio de su cuarto para codear en una computadora personal. Para tener acceso a una (mini)computadora de la época, tenías que pertenecer a una universidad más o menos de élite o bien a una gran organización. La mayor parte de las veces distintos equipos tenían que arreglárselas para distribuirse entre sí el tiempo de uso de una misma computadora.

De manera progresiva, pero muy rápida, la experiencia iniciada por Ken Thompson para codear su *Space Travel* fue convirtiéndose en un juego completo de herramientas de desarrollo. Luego de comenzar a construir el sistema de archivos, Thompson se dio cuenta de que no estaba lejos de tener un sistema operativo. En sus propias palabras "... estaba a tres semanas de tener un sistema operativo listo". Proyectó destinar tres semanas para codear los componentes faltantes: un *shell* (o intérprete de comandos), un editor y un ensamblador. El verano del '69 su esposa decidió viajar a California (donde habían vivido hasta que Thompson fuera reclutado por AT&T) para que sus padres conocieran al hijo de la pareja, que había nacido un año antes:

> "Destiné una semana para cada componente: para el sistema operativo, el *shell*, el editor y el ensamblador. Esto permitiría que el sistema pudiera mantenerse a sí mismo" (sin necesidad de cross-assembling) (Salus 1994a)

Durante el verano del '69 el sistema operativo de Ken estaba ya en vías de mantenerse a sí mismo. Para los primeros trabajos con el sistema de archivos, Thompson dependía de otra computadora, donde realizaba el *cross-assembling*. Esa computadora corría GECOS, el sistema operativo de General Electric. En un tiempo sumamente breve Ken Thompson había sentado las bases de un sistema operativo, junto a las primeras y rudimentarias herramientas de desarrollo, la mayoría de ellas habrían de vivir por más de cincuenta años entre nosotros. La narración de esta historia en la voz de sus protagonistas puede encontrarse en la entrevista que Brian Kernighan realizó a su compañero de ruta Ken Thompson en mayo de 2019, en el marco del Vintage Computer Federation, video disponible en YouTube: "Brian interviews Ken" https://www.youtube.com/watch?v=EY6q5dv_B-o.

¿Por qué UNIX?

El sistema operativo que Ken Thompson había comenzado en 1969 no tenía nombre aún.

> "No fue hasta bien entrado 1970 que Brian Kernighan sugirió el nombre 'Unics', como un juego de palabras algo desleal basado en 'Multics'" (Ritchie 1979). Ritchie atribuye a Kernighan haber bautizado el operativo de Thompson como "Unics" si bien él mismo sostiene que apenas si recuerda los detalles. Según el propio Kernighan fue otro investigador de los BTL, Peter Neumann, quien dió forma al acrónimo satírico "Unics", como "UNiplexed Information and Computer Service".

En el texto citado, Brian Kernighan revisita la narración de Neumann:

"Recuerdo vívidamente que Ken vino un mediodía para el almuerzo y dijo que la noche anterior había escrito unas mil líneas de código para un kernel monousuario, para la PDP-7 que le había prestado Max Matthews. Le sugerí que hiciera un sistema multiusuario, y así fue que al día siguiente vino para almorzar y me contó que había escrito otras mil líneas con un kernel multiusuario. Era el kernel de un usuario que sugería el concepto de UNICS como un Multics castrado" (Kernighan 2020).

Luego de poco tiempo, "Unics" se convirtió definitivamente en Unix. El juego de palabras en sí mismo graficaba una asimetría: Unix había sido desarrollado en un hardware modesto (como la PDP-7) y aún en un estado incipiente lograba servir a varios usuarios que hacían uso del sistema en simultáneo. Por su parte, Multics, que ya ha sido mencionado bastante en extenso en este texto, era un sistema diseñado a lo grande. Quizá demasiado grande. Algo a la manera del estilo de diseño del MIT -Multics era el sucesor del CTSS (*Compatible Time-Sharing System*)- el proyecto tenía objetivos técnicos ambiciosos y tres grandes organizaciones (MIT, BTL y General Electric), consumiendo altos presupuestos estaban implicadas en su desarrollo. Como señala el propio Kernighan:

"Multics era intrínsecamente un proyecto desafiante, y rápidamente tuvo problemas. Visto retrospectivamente fue víctima del efecto 'segundo sistema': luego del éxito de CTSS es tentador crear un nuevo sistema que arregla todo los problemas del original mientras que al mismo tiempo se le agregan las funcionalidades favoritas que cada uno pueda sugerir. El resultado es habitualmente un sistema que resulta demasiado complicado, una consecuencia de llevar demasiadas cosas diferentes al mismo tiempo y ese fue el caso de Multics. Sam Morgan lo describió como 'un intento de escalar varios árboles al mismo tiempo' " (Kernighan 2020).

Varios de los investigadores que figuraban en el archivo /etc/passwd del Unix inicial de Ken Thompson del '69 habían trabajado junto a él para el proyecto Multics, como Dennis Ritchie, Doug McIlroy, Peter Neumann. Peter Salus ha señalado respecto de Multics en una entrevista del año que concedió a Mark Ward en ocasión del cuadragésimo aniversario de Unix en el año 2009:

"Con Multics trataron de tener un sistema operativo mucho más versátil y flexible, sin embargo fallaron miserablemente" (Ward 2009).

Quizá la valoración de Salus resulte algo excesiva o injusta, porque Multics dejó una impronta duradera en la industria y en la historia de los sistemas operativos, pero lo concreto es que desde el punto de vista de su desarrollo Multics insumió varios años más que Unix para llegar a versiones productivas y estables. Unix demostraba cómo el principio de liberar código tan pronto como fuera posible rendía sus frutos. Durante los seis o siete años que siguieron al primer Unix, escrito en assembler para la PDP-7, el equipo de los BTL se dedicaría a mejorarlo y perfeccionarlo.

Unix surgió de forma similar a como en ocasiones ocurren las verdaderas innovaciones y como acaso habría de ocurrir con Linux décadas después: de una necesidad personal, de un descontento y de las ganas de hacer las cosas lo mejor posible para divertirse. Un impulso duradero por hacer las cosas lo mejor posible, o como también podría decirse, "al modo hacker".

Como se verá, los recursos con los que contaban Thompson, Ritchie y Canaday eran mucho más limitados en comparación con los que contaba el proyecto Multics. Sin embargo, este hecho es otra de las enseñanzas que se pueden extraer de aquel desarrollo: la escasez de recursos a menudo exige al ingenio y se obtienen resultados inesperados, en ocasiones extraordinarios. Todo esto sumado a que individualmente los hackers de los Bell Labs eran mentes brillantes y colectivamente, un equipo extraordinario.

Si bien el nombre Unix resultó de una humorada *hacker* frente al enorme "Multics", ese juego de palabras sintetizaba varios de los principios de diseño que inspiraban al grupo de Thompson y Ritchie: mantener las cosas simples. Posteriormente esto pasaría a ser una parte central de los principios del diseño de Unix: que cada herramienta del sistema o aplicación en general se restrinja a hacer una y solo una tarea, de la mejor forma que eso sea posible. Luego, esas aplicaciones deberán contar con medios para poder comunicarse entre sí, una de las formas más simples de conseguirlo fueron los *pipelines*.

Estos eran algunos de los puntos sobresalientes sobre las funcionalidades proyectadas para Multics y que inspiraron a Unix:

- Sistema de archivos estructurado en forma de árbol.
- Un programa específico como intérprete de comandos; incluso heredó de Multics el nombre de este programa: *Shell* (intérprete de comandos).
- Archivos sin estructura rígida, sino simplemente una secuencia de caracteres o bytes.

- Los archivos de texto son simplemente secuencia de caracteres separados por carácter nueva línea (Salus 1994a).

En busca de la portabilidad: de Unics a UNIX

El trabajo inicial de Thompson en aquel primer Unix (o Unics) en estado embrionario que corría en la PDP-7 había sido codeado en assembler, como así también las primeras aplicaciones y herramientas. Una de las ideas innovadoras de Multics había consistido en proponer que el sistema operativo debía programarse en un lenguaje de alto nivel. El lenguaje escogido por los diseñadores del proyecto Multics había sido uno llamado PL/I, un lenguaje desarrollado por IBM a mediados de los años 1960, que procuró fundir las mejores ideas de Fortran, Cobol y Algol. En la opinión de Kernighan el lenguaje terminó siendo excesivamente complicado.

Por tal motivo, los investigadores del BTL coincidían en que era necesario un lenguaje de alto nivel para continuar el desarrollo de Unix. Durante el período de trabajo en el proyecto Multics se habían familiarizado con el lenguaje BCPL (*Basic Combined Programming Language*). Aunque quizá el nombre lleve a confusión, dicho lenguaje no estaba emparentado con el quizá más célebre Basic. En las máquinas de mayor porte que tenían en los Bell Labs para el proyecto Multics, se utilizaba BCPL como un lenguaje para escribir compiladores. Este lenguaje había resultado muy eficaz para ello.

BCPL había sido creado por Martin Richards de la Universidad de Cambridge en 1967. Si bien el lenguaje ya no está en uso activo, este tiene algunas características que más tarde habrían de influir sobre otros lenguajes modernos. Por ejemplo fue el primero en utilizar llaves '{...}' como delimitadores de bloques de código.

BCPL resultaba mucho más simple que PL/I y en aquel tiempo permitía un alto grado de portabilidad. Debido a sus relativamente escasos requerimientos de hardware, BCPL solía ser usado para *bootstrapping*, que es la técnica que permite escribir un compilador en el mismo lenguaje que este compila. Como ejemplo de esto puede citarse el trabajo inicial de Ken Thompson, que tenía que compilar los binarios para la PDP-7 en otra computadora (GE-635). Una vez que hubo agregado un ensamblador, un editor y un shell junto a algunas otras herramientas el sistema se convirtió en sistema autosoportado. Muchos de los lenguajes de programación modernos utilizan la técnica de bootstrapping para sus compiladores, por ejemplo C, Java, Python, Rust, Go entre muchos otros.

Una característica novedosa de BCPL y una de las razones de la portabilidad que habilitaba era la forma en que realizaba la compilación: un componente de *front-end* analizaba sintácticamente el código fuente (en inglés este componente se denomina *parser*) y generaba un código-objeto para una máquina virtual. Luego, un componente de *back-end* toma ese código-objeto y lo traduce al código de máquina de la arquitectura del sistema al que está destinado (*target*). Esta misma aproximación sería luego utilizada por otros compiladores de lenguajes más modernos.

Entre otras de las "curiosidades" de BCPL se encuentra el hecho de haber sido el primer lenguaje para el que se escribió un programa "Hello World". Además el lenguaje fue intensamente usado durante los años '70. Las primeras versiones de AmigaDOS fueron escritas en BCPL, también se usó el lenguaje de Richards en el innovador proyecto de XEROX PARC ALTO, el primer sistema con interfaz gráfica del que Steve Jobs obtuvo la "inspiración" temprana para la serie de computadoras Mac de Apple.

El Dr.Martin Richards ofrece una distribución de BCPL para sistemas GNU/Linux y Windows en su site: www.cl.cam.ac.uk

Uno de los primeros intentos de Ken Thompson en la PDP-7 fue escribir un compilador de Fortran, que en la época era una especie de lengua franca. La tarea resultó extremadamente difícil y luego de varios rediseños Ken Thompson llegó a escribir un lenguaje que era más parecido a BCPL que a Fortran al que llamó simplemente "B".

Dennis Ritchie se ha referido a B como lo atestiguan las citas de la aplicación "Fortune" en Unix y sus derivados:

> "Puede pensarse a B como C sin tipos; más precisamente es
> BCPL martillado en los 8KB de memoria (de la PDP-7) y filtra-
> dos por el cerebro de Thompson".

La PDP-7 era, como ya ha sido mencionado, una computadora cuyo diseño estaba orientado a palabras (en ese caso de 18 bits). Eso quiere decir que la unidad mínima de información que manipulaban eran arreglos (palabras) de 18 bits. Dicho diseño complicaba sobremanera trabajar a nivel del byte (8 bits).

La siguiente computadora en llegar a los Bell Telephone Labs fue una PDP-11, también construida por DEC. A diferencia de la PDP-7 esta tenía una arquitectura orientada a bytes, que por supuesto permitía trabajar con unidades mayores, lo que hacía las cosas mucho más sencillas. B estaba bien para computadoras orientadas a palabras pero cuando la PDP-11 llegó Dennis

Ritchie se ocupó de mejorar B para que se ajustara a las capacidades de la nueva PDP-11. Si B era un lenguaje sin tipos, el "nuevo B" (otro juego de palabras que jugaba con el término *noobie* en inglés), como originariamente Ritchie lo llamó, tenía tipos de datos que se basaban principalmente en los tipos con los que estaba equipada la PDP-11: bytes, enteros de dos bytes, números de punto flotante de cuatro u ocho bytes. En poco tiempo el nuevo B se convirtió en el lenguaje de programación C.

"Mamá (Bell) no permite sistemas operativos aquí"

En un *paper* de Dennis Ritchie de 1979 (Ritchie 1979) que se presentó en el *Language Design and Programming Methodology* en Sidney este indicaba como año de madurez de Unix a 1974, cuando junto a Ken Thompson publicaron "The Unix Time-sharing System" (ACM, Nº7 July 1974), pero indicaba que Unix había nacido en 1969.

En ese *paper* Dennis Ritchie describe los primeros diez años de desarrollo de Unix y ofrece detalles técnicos acerca del trabajo de Ken Thompson y de él mismo en la PDP-7. Para nuestra forma actual de relacionarnos con las máquinas -a través de diversos tipos de interfaces de usuario: gráfico, consola, táctiles- el proceso de operación y escritura en aquellas minicomputadoras era bastante diferente. En ocasiones hay que hacer un cierto esfuerzo para imaginarse cómo aquellos *hackers* codificaban usando tarjetas perforadas, o cómo un programa se copiaba de una máquina a otra usando cintas de papel perforado.

> "Durante 1969 Thompson desarrolló el juego *Space Travel*. Primero lo hizo en Multics, luego lo tradujo a Fortran para Gecos (el operativo de la GE-635). La versión para GECOS no era buena en dos aspectos: primero, el display del estado del juego no era claro y además era difícil de controlar. El segundo aspecto era que correr el juego costaba unos USD 75 en tiempo de CPU en la computadora grande".

Para Thompson el hallazgo de la PDP-7 fue providencial, porque tenía un excelente procesador de display. La reescritura del juego para la PDP-7 resultó útil porque de esa forma Thompson y Ritchie ensayaron cómo habría de ser la escritura del sistema operativo. Todo fue escrito en lenguaje assembler para un *cross-assembler* que corría bajo GECOS y producía cintas de papel perforado para llevar a la PDP-7.

Al desarrollo *Space Travel* le siguió el trabajo en el sistema de archivos. En cuanto a su estructura, aquel sistema de archivos del primer Unix de la PDP-7 tenía muchas de las principales características de los sistemas de archivos que le sucedieron:

- Una i-lista: un lista lineal de i-nodes, donde cada uno de estos describe un archivo. La estructura de datos de un i-nodo contiene más información: allí están el modo de protección del archivo, su tipo y tamaño y la lista de bloques básicos que contienen la información.
- Directorios: un tipo de archivo que contiene una secuencia de nombres y su i-number asociado.
- Archivos especiales que describen dispositivos (devices) (Ritchie 1979).

Las razón por las que se cita en extenso el *paper* de Dennis Ritchie es porque el texto describía con detalle algunos puntos sobresalientes del sistema de archivos presentes en el Unix seminal, basta para destacar la perfección de su diseño, cuya estructura continúa vigente casi 50 años después de su creación. A partir de la salida de AT&T del proyecto Multics, el grupo de desarrollo de los BTL (Ossana, Thompson y Ritchie) continuó el diseño de un sistema operativo, pero en pizarrones. Para darle forma definitiva necesitaban una computadora más actualizada que la vieja PDP-7, que ya para entonces resultaba obsoleta.

Los primeros intentos por hacerse de una nueva computadora consistieron en solicitar la compra de una PDP-10, pero la dirección del Lab desestimó este pedido una y otra vez. La respuesta era "nosotros no hacemos sistemas operativos". Multics había sido un mal trago.

Por más que las DEC resultaran más económicas en relación a los grandes *mainframes*, la compra de una computadora de ese tipo significaba un desembolso de más de 100.000 dólares estadounidenses de la época. Dice el propio Ritchie al respecto: "En realidad es obvio mirando retrospectivamente (y debía serlo en aquella época) que nosotros estábamos pidiendo al Lab que gastaran mucho dinero, destinado a unas pocas personas con un plan de trabajo vago" (Ritchie 1979).

La compra de una PDP-10 o similar significaba una inversión de magnitud y ellos (los investigadores/*hackers* del BTL) no habían conseguido presentar un plan de trabajo que fuera atractivo y redituable ante los ojos de las autoridades de la compañía.

Pese a la reticencia y desconfianza que el relativo fracaso de Multics generaba en los directivos del *Computer Science Research Center* de los BTL fue Joe Ossana quien vislumbró un plan que sería decisivo para la historia de Unix. Él entendió que había una necesidad del negocio de AT&T que podía jugar a favor de ellos: el procesamiento de texto. Los Bell Telephone Labs eran un hervidero de innovación, para la década del '60 de su seno habían surgido varios premios Nobel. Había por consiguiente una altísima demanda de administración de patentes que debían presentarse a diario a las oficinas de registro oficiales. Las presentaciones de patentes debían seguir un formato preestablecido y para ello la compañía disponía de un equipo numeroso de dactilógrafas, tipógrafos e imprentas enteras para producir los textos de las patentes.

El plan que J.F Ossana ideó preveía que una nueva computadora debía comprarse para escribir una serie de aplicaciones que permitieran procesar los textos de las patentes de manera más eficaz. Piénsese que la mayoría de los textos de patentes utilizaban notación científico/matemática, lo que aumentaba sobremanera el trabajo de corrección y maquetación.

La nueva computadora, PDP-11 de DEC ofrecía perspectivas nuevas. El modelo era tan nuevo que cuando fue entregado al Laboratorio el disco duro todavía no había sido construido por el fabricante.

La computadora se entregó para el otoño (del hemisferio norte), pero el disco duro recién estuvo disponible hacia fines de ese año. Mientras esperaban la llegada del disco, Thompson y Ritchie se las arreglaron para correr el sistema en memoria. La memoria total fue separada en dos: una porción para el sistema de archivos y otra para la memoria de aplicación. En esencia se trataba de un *ramdisk* como lo podemos usar hoy en día. La PDP-11 presentaba mejoras sustanciales respecto de su predecesora, la PDP-7. Las características del hardware las recordaba el propio Richie en el *paper* de 1979: 24 Kb de memoria primaria, de los cuales 16Kb se destinaban al sistema y el resto a programas de usuario, y un disco duro de 512Kb.

Comparado con las *big-irons* (*mainframes*) las características de las minicomputadoras eran más modestas. Por eso, el grupo de Ken Thompson y Dennis Ritchie tuvieron que seguir exprimiendo el software para moldearlo a los recursos de hardware disponibles.

Cabe destacar que fuera de la caja, con el operativo provisto por DEC la PDP-11 no permitia multiusuario ni multitarea. Estas dos funcionalidades refieren a que varios usuarios puedan utilizar en simultáneo el sistema y que además distintos programas (procesos) puedan también ejecutarse simultáneamente compartiendo el tiempo de uso a la CPU.

La PDP-11 y la forma en que Unix evolucionaba permitiría que Ritchie continuara y pronto tuviera listo el lenguaje C, sucesor natural del B. Mientras tanto, el sistema empezaba a usarse para algunas tareas de procesamiento de textos por diversas áreas de los Bell Labs y AT&T en general, una de ellas fue el departamento de patentes. Eso significó que la base de usuarios de Unix creciera de manera progresiva.

Doug McIlroy fue uno de los impulsores de la creación del manual del programador, con la finalidad de mantener la integridad y coherencia del sistema (Salus 1994a).

Dennis Ritchie creó el formato que hasta hoy continúa entre nosotros: las *manpages* utilizadas para documentación.

Una manera de seguir el desarrollo histórico de las versiones de Unix, en su variante original de AT&T Bell Labs conocido como *Research Unix*, suele ser a través de las ediciones del Manual del Programador Unix. La primera edición del manual se realizó en noviembre de 1971. Se listan abajo las sucesivas versiones de *Research Unix*:

versión	Año de liberación
Primera edición	noviembre de 1971
Segunda edición	Junio de 1972
Tercera edición	Febrero de 1973
Cuarta edición	Noviembre de 1973
Quinta edición	Junio de 1974
Sexta edición	Mayo de 1975
Séptima edición	Enero de 1979
Octava edición	Febrero de 1985
Novena edición	Septiembre de 1986
Décima edición	Octubre de 1989

Para la tercera edición de 1973, el kernel del sistema operativo había sido reescrito íntegramente en C.

"El éxito de este esfuerzo nos convenció que C era útil como una herramienta universal para programación de sistemas, en lugar de un juguete para crear aplicaciones simples" (Ritchie 1979).

Usa el código Luke

En octubre de 1973, Thompson y Ritchie presentaron el primer *paper* sobre Unix en un simposio que llevaba por nombre "Principios de Sistemas Operativos", que tuvo lugar en el IBM Research Center (Salus 1994a). Hacía poco, en febrero de ese año, el grupo del Bell Telephone Labs había publicado la tercera edición del manual del programador. Salus refiere que quizá en aquella ocasión Thompson y Ritchie sintieran que la repercusión inicial de su *paper* había sido tibia: recibieron los aplausos de rigor y poco más. Pero lo cierto es que a partir de aquella ponencia comenzaron a llegar los pedidos de copias de Unix al BTL. Este hecho, en apariencia tan simple, puso al Departamento Legal de AT&T en alerta: ¿El marco legal y regulatorio bajo el cual la empresa operaba permitía la creación y eventual comercialización de un sistema operativo? Hasta entrados los años ochenta AT&T funcionó bajo un régimen que le otorgaba el monopolio total del servicio de telecomunicaciones en los Estados Unidos, bajo la condición de que sólo podía prestar servicios de tal índole. Por lo tanto, no podía comercializar hardware o software, por ejemplo. En virtud de lo cual la decisión que la compañía tomó en aquel momento fue que los Bell Labs podrían distribuir Unix a instituciones académicas y de investigación únicamente cobrando el costo del soporte de la copia (cintas magnéticas) y el envío.

En los meses que siguieron aproximadamente una docena de instituciones solicitaron sus copias de Unix.

En 1974 la publicación científica *Communications of the ACM* (CACM) publicó un *paper* de Ken Thompson y Dennis Ritchie sobre Unix. ACM es la *Association for Computing Machinery*, una sociedad científica fundada en 1947. La publicación de la asociación comenzó a editarse diez años después de la fundación de ACM, en 1957. Desde los años sesenta la revista comenzó a editar programas o algoritmos. Su sitio es https://cacm.acm.org/.

La publicación del CACM tuvo una repercusión muy importante en todo el mundo. En especial, porque daría el puntapié inicial a los "ports", es decir los trabajos para que Unix pudiera correr en otros tipos de computadoras más allá de la PDP-11 de DEC. Hasta ese momento, si alguien quería correr Unix precisaba necesariamente una DEC PDP-11. Pero con la mayor parte del sistema (Kernel, Shell y herramientas) escritos en C el proceso de "portar" a otras computadoras resultaba algo más sencillo en relación a cuando el desarrollo debía hacerse en *assembler*.

En un principio se podría pensar que los abogados de AT&T estaban pecando de ingenuos cuando permitieron que las cintas de Unix se distribuyeran a universidades e institutos de investigación sin requerir mucho papeleo de licencias. Sin embargo este hecho tendría implicancias sumamente importantes en el desarrollo de Unix y en su larga historia, porque sencillamente contribuyó a la viralización del sistema operativo: estudiantes universitarios estudiaban y desarrollaban software en Unix y cuando luego pasaban a empresas lógicamente querían seguir utilizándolo. Es ciertamente probable que si aquel Unix no hubiese sido libremente compartido, el sistema operativo habría tenido una vida muy diferente, casi seguro confinada a los Bell Telephone Labs o AT&T y muy probablemente no estaríamos hablando de él medio siglo después.

Para entender las razones por las que el Unix inicial durante aquellos días tempranos de su desarrollo se distribuyó casi como si fuera *open source* -incluso mucho antes de que el término código abierto tuviera algún sentido- hay que tener en cuenta una serie de hechos:

- Por un lado, una extendida tradición preexistente en cuanto a compartir código fuente entre los programadores. Richard Stallman se ha referido en sucesivas ocasiones a este aspecto presente desde los inicios de la cultura técnica informática. Parafraseando a Stallman, podría decirse: "en el principio el código fue libre". Más tarde, la seducción del software propietario llevaría progresivamente a su "privatización".

- Los Bell Telephone Labs realizaban tareas de investigación y desarrollo. Por tanto, tenían una relación directa y fluida con las universidades.

- El grupo del que formaban parte Thompson y Ritchie estaba compuesto por científicos en computación, que hacían investigación aplicada. Trabajaban guiados por los preceptos del espíritu científico. El investigador, al publicar los resultados de su trabajo pone el conocimiento que ha producido a disposición de la comunidad científica, ya sea para que el trabajo pueda mejorarse extendiéndolo y ampliándolo o bien para que eventualmente se demuestre que una cierta teoría no es consistente y así se pueda reiniciar el ciclo de trabajo.

Hay muchos puntos en común entre la manera *hacker* o artesanal de trabajar y el espíritu científico.

Asimismo, no debe perderse de vista el hecho de que en aquella época aún las minicomputadoras estaban restringidas, por sus elevados costos, a instituciones como universidades y grandes empresas.

La liberalidad con la que inicialmente AT&T habilitó la circulación de Unix más allá de los límites de la compañía telefónica resultó ser un hecho decisivo que permitió que el sistema operativo floreciera y comenzara a expandirse en distintos centros de investigación, primero dentro de las fronteras de los Estados Unidos y luego a otros países, como el Reino Unido y Australia.

El fallo judicial que daba el marco jurídico a las operaciones de AT&T se remontaba a la década del cincuenta y en virtud de una ley antitrust evitaba que la compañía telefónica produjera dispositivos o servicios que no estuvieran directamente ligados a la prestación del servicio telefónico y de telégrafos.

Conforme transcurría el tiempo el número de copias que el grupo del *Computing Science Research Center* de los BTL distribuía iba en aumento. Ese ritmo de pedidos de copias crecía a medida que los *papers* y publicaciones científicas iban difundiendo Unix. Como se ha dicho, debido al marco regulatorio las copias se ofrecían "como estaban", es decir sin ningún tipo de soporte.

Esa fue la razón por la cual el intercambio entre la incipiente comunidad de usuarios tendió a crecer también. De esa forma comenzaron las reuniones de grupos de usuarios de Unix.

Como se ha visto, Unix y su comunidad de usuarios continuó su desarrollo fuera de los Bell Labs, en el ámbito acotado de la academia. Los primeros *newsletters* circularon hacia mediados de los años setenta entre una veintena de universidades.

Para fines de los años setenta estaba claro que Unix no sería utilizado solo en la academia sino que era un producto robusto y confiable, para usos militares y empresariales. Fue cuando AT&T intentó mantener para sí la marca "Unix". Por esa razón, los grupos de usuarios no pudieron usar en lo sucesivo el nombre "Unix" y tuvieron que buscar otra denominación, que finalmente fue "Usenix".

La política estricta de AT&T, es decir no ofrecer soporte, nada de *bug-fixing* produjo que la comunidad (en aquel momento restringida al ámbito académico) "hackeara" el código fuente, lo mejorase y lo extendiera. Asimismo en cada departamento de Ciencias de la Computacion, en cada universidad se creaba un área de soporte, unos SysAdmins que además de codear daban soporte a otros desarrolladores.

Para mediados de la década del setenta, la red *ARPAnet* tenía unos 65 nodos. Con el tiempo, habría de expandirse progresivamente hasta volverse la Internet que conocemos.

El intercambio vía ARPAnet y Usenet se volvió otra de las formas de comunicación entre la comunidad de usuarios y desarrolladores de Unix alrededor del mundo.

Una noche febril de 1973 cuando los *pipelines* se conectaron

Volvamos por un momento a la tercera versión de 1973. Para ese momento Unix ya estaba extendiéndose dentro de los Bell Labs y AT&T en general, el número de instalaciones era alrededor de una decena.

Para la tercera edición de Unix de 1973 el lenguaje C ya estaba usándose, el compilador (cc) estaba incluido y la documentación del compilador hacía referencia al Manual del Programador C, que recién vería la luz cinco años después.

La principal novedad de la tercera edición venía dada por una nueva funcionalidad que implementaba una idea muy poderosa por su sencillez: las tuberías o, como se las conoce más usualmente, *pipelines*.

Doug McIlroy había sugerido en un *paper* que había escrito algunos años antes la idea de comunicar programas entre sí. Para 1973 Thompson y Ritchie habían implementado la llamada al sistema pipe() y estaba todo listo para una orgía de *one-liners* (scripts de una sola línea).

Las tuberías son un mecanismo para comunicar procesos entre sí, dirigiendo la salida de un programa a la entrada de otro.

El alcance de los pipelines fue inmenso: su principio del funcionamiento fue adoptado prácticamente por todos los sistemas operativos posteriores, no solamente los derivados de Unix.

Puede concebirse a los *pipelines* como un medio para unir herramientas para así poder crear nuevas. De hecho concebir a una aplicación como una "herramienta" es a su vez una consecuencia de la existencia de las tuberías. Con el tiempo, el mecanismo pasó a resumir e ilustrar una buena parte de los principios de diseño de Unix: la simplicidad y la asociabilidad, herramientas simples que hacen solo una cosa de la mejor manera posible.

Los *pipelines* contribuyeron a definir el concepto de "herramientas" de software.

Un sistema Unix o derivado, se compone del kernel, el shell (o intérprete de comandos) y las herramientas del sistema, siendo estas últimas un conjunto de aplicaciones que pueden integrarse entre sí usando tuberías y extenderse con la construcción de scripts.

Las cosas comienzan a ponerse interesantes (para hacer negocios)

Podría resumirse que durante la década de los años setenta Unix circuló en el ámbito académico a la manera de código abierto, si se quiere *avant-la-lettre* porque dicho concepto no existía aún, desde luego.

Los expertos de la época, si se lo solicitaban a los Bell Labs podían obtener el código fuente del sistema operativo, simplemente al costo de su soporte de almacenamiento, a la sazón, cintas magnéticas, más el costo de envío por correo.

Este hecho no debe perderse de vista, porque permitió que el sistema evolucionara como producto del trabajo colectivo. Como resultado, el desarrollo fue rápido para los estándares de entonces y produjo un sistema operativo de propósitos generales y de altísima calidad. Cuando se habla de un sistema de "uso general" se hace referencia a que el sistema operativo podía utilizarse como plataforma para correr cualquier tipo de aplicaciones y no solo aplicaciones específicas, como son las que puede requerir una compañía de Telecomunicaciones de enorme escala como AT&T.

Rápidamente Unix y su hermano C demostraron que su aplicabilidad no estaría restringida al campo de las telecomunicaciones, el sistema no hubo de servir solo a aplicaciones específicas como la conmutación electrónica de circuitos telefónicos sino que constituyó la base para correr todo tipo de aplicaciones: científicas, de negocio, de procesamiento de texto y muchas otras.

Interfaces de usuario y otros perdurables principios de Unix

Como se ha visto, el poder de cómputo de aquellas grandes o medianas computadoras, como la PDP-7 o la PDP-11 era ínfimo si la comparamos con la capacidad de cálculo de la CPU de un celular actual. Una comparación del poder de cálculo en una línea de tiempo puede encontrarse en http://www.frc.ri.cmu.edu/~hpm/book. Allí se ve que una Dec PDP-11/70, de 1976 realizaba 0,4 MIPS, es decir 400.000 instrucciones por segundo. Una Raspberry Pi Modelo 2 puede realizar 9700 MIPS. Si bien la cantidad de instrucciones por segundo que una CPU puede ejecutar sirve para trazar una comparación gráfica, en realidad para poder comparar correctamente esta medida el tipo de arquitectura del procesador debería ser similar. Porque, por ejemplo, diversas instrucciones, dependiendo de la arquitectura pueden requerir de varios ciclos de reloj para completar su ejecución.

Con todo, la comparación de estas magnitudes viene a cuento con el objetivo de graficar la distancia que actualmente nos separa de aquellas computadoras. Una de las características de Multics que más habían atraído la atención de los investigadores de los BTL era la posibilidad de usar un sistema operativo de forma interactiva a través de un shell, es decir un programa escrito para tal fin. En las PDP-7 u 11 de la primera mitad de los años setenta, el dispositivo de entrada/salida eran teletipos (en general un ASR-33). La entrada se hacía a través del teclado, mientras que la salida se imprimía en un rollo de papel. El dispositivo era lento y ruidoso, por esa razón, como sugiere Eric Raymond, es posible que la tendencia inicial de los programas de Unix haya sido crear comandos sintéticos y bastante silenciosos, simplemente para no tener que soportar demasiado el ruido del teletipo.

Por varias razones que intentaré exponer, el grupo de investigadores de los BTL habría de sentar los principios no solo del diseño de sistemas operativos sino también de otras tendencias de la industria que verían la luz durante las décadas siguientes. Partiendo del testimonio de Dennis Ritchie puede incluso pensarse que aquel grupo de científicos/*hackers* de los BTL estaban dando forma a parte de la cultura técnica que hoy llamamos *DevOps*:

> "Lo que queríamos preservar no era solamente un buen ambiente en el cual programar, sino más bien deseábamos un ambiente en el cual el compañerismo pudiera desarrollarse. Sabíamos por experiencia propia que la esencia de la computación comunal, como la ofrecida por el acceso remoto, las máquinas del tiempo compartido, no viene dada por el hecho de poder tipear programas a través de terminales sin usar tarjetas perforadas, sino que se trata en realidad de promover la comunicación próxima" (entre los usuarios/programadores).

Poco tiempo después, durante el transcurso de la década del setenta el monitor (CRT) habría de volverse el dispositivo de salida más habitual, siendo más rápido y silencioso que el proceso electromecánico de impresión del teletipo. La idea de este tipo de interacción o de interfaz de usuario -heredada de las ideas centrales de Multics- ofrecían un tipo de interacción mucho más eficaz y rica que las tarjetas perforadas que se usaban para el ingreso de datos y programas en los mainframes de la época.

Asimismo, hay que poner en contexto aquella concepción de "computación comunitaria", en tanto a principios de la década del setenta la idea de algo parecido a la computación personal parecía tan improbable como atemporal. Dada la escala y el costo de las computadoras estas debían compartirse por un grupo de usuarios o desarrolladores. Sin embargo tan solo una década después el panorama sería por completo diferente.

DEC PDP-11/20 donde todo arrancó por primera vez

Dare Cheney ha publicado en su blog un interesante análisis histórico que tiene como objeto un paper de Chester Gordon Bell -ingeniero de DEC- titulado *"What Have We Learned from the PDP-11?"* ("¿Qué hemos aprendido de la PDP-11?"). Gordon Bell publicó el *paper* en 1976 y lo expuso en el *3rd Annual Symposium en Computer Architecture Conference Proceedings.*
Cheney presentó esa ponencia en noviembre de 2016 en el capítulo de San Francisco de *Papers We Love*. Es útil detenerse por un instante en el hardware en el cual se desarrolló Unix y donde corrió por primera vez porque algunas de las características de la arquitectura de aquella computadora de DEC dejaron su impronta en el diseño del sistema operativo Unix y el lenguaje C.
En 1960 los fundadores de DEC (Digital Equipment Co.), Ken Olsen y Harlam Anderson reclutaron a Gordon Bell para su incipiente compañía. En las décadas subsiguientes DEC habría de posicionarse como líder de la industria, gracias al éxito de sus minicomputadoras (en oposición a los "grandes fierros" o *mainframes*).
Gordon Bell diseñó el subsistema de Entrada/Salida de la PDP-1, que incluyó el primer UART (en inglés *Universal Asynchronous Receiver Transmitter*), un dispositivo para la transmisión de datos en serie. Fue el arquitecto de las PDP-4 y 6, como también contribuyó al diseño de la PDP-11 en especial con del *bus* del sistema (UNIBUS) y la arquitectura de registros generales.
Señala Cheney que conviene recordar los orígenes del acrónimo PDP que sirvió para bautizar la serie de modelos de computadoras DEC en sus inicios. Las siglas significaban: *Programmed Data Processor*, algo así como "Procesador de datos programable" ¿Y por qué no llamarla "computadora"? Por una decisión de marketing, muy probablemente. Es que en aquellos tiempos iniciales, las computadoras tenían que ser más grandes incluso que las PDP. Los *mainframes*, mercado que era atendido mayoritariamente por IBM ocupaban superficies mucho mayores. Para la década del sesenta las minicomputadoras eran un concepto nuevo, su poder de cómputo era menor que los *mainframes* y los inversores de DEC no hubiesen visto con buenos ojos llamar "computadora" a un dispositivo que se hallaba en inferioridad de

condiciones ténicas respecto de los *big-irons*.

La gran visión de DEC para la década de los sesenta fue haber detectado un nicho de mercado vacante: el de la computación interactiva, con dispositivos de menor porte, pero con precios menores.

Resulta evidente que para principios de los años setenta se estaba a una cierta distancia de llegar a la era de la computación personal, cuyos exponentes serían la modestísima Altair 8800 y luego la Apple II y la PC de IBM. Pero en ese tránsito hay que identificar a los productos de DEC como un mojón importante en el proceso: de los enormes fierros diseñados para el procesamiento en *batch* con tarjetas perforadas, a la computación interactiva y comunitaria (como la entendía Dennis Ritchie, por ejemplo) y posteriormente a la computación personal.

La PDP-11 de DEC fue diseñada no para convertirse en un único modelo de computadora sino para ser una serie de modelos, todos basados en una arquitectura común. De esta forma en DEC hubo internamente múltiples equipos de ingeniería trabajando en diferentes implementaciones, unos trabajando en modelos de computadoras concebidos para ser más económicos mientras otros trabajando para diseñar equipos más costosos. Esto suponía una ventaja importante, porque permitía extender el ciclo de vida de las aplicaciones. En general los nuevos modelos seguían un mismo patrón de arquitectura, de modo de que las aplicaciones pudieran seguir corriendo en modelos más nuevos sin demasiado esfuerzo.

Una necesidad del mercado que DEC satisfizo y sobre la cual edificó su éxito por casi tres décadas fue la creciente demanda de computación interactiva, en oposición a la computación por trabajos basados en entrada vía tarjetas perforadas.

Según estimaciones, se llegaron a vender unas 600.000 unidades de la serie PDP-11 de DEC, dato que contribuye a comprender mejor la adopción de Unix, sobre todo en universidades, en primer término, mercado que DEC dominó rápidamente.

La PDP-11/20 era una computadora con arquitectura de 16 bits, organizados de manera *little-endian*, es decir el byte menos significativo primero. Tipos de datos de 32 bits se soportaban como extensiones a la arquitectura básica.

La PDP-11/20 no incluía varias funcionalidades que se implementarían en modelos posteriores, como multiplicación y división por hardware, aritmética de punto flotante y gestión de memoria.

Quizá el talón de Aquiles de la PDP-11/20 era el direccionamiento de memoria. El bus de direcciones era de 18 bits pero solo 16 podían utilizarse, lo que imponía un límite de 64Kb a la memoria primaria (RAM).

Figura 1: PDP11-20 de DEC. **Fuente**: http://gunkies.org/wiki/PDP-11/20

Por otra parte la memoria RAM de entonces era muy diferente, no solo en términos cuantitativos, sino constructivos. La memoria primaria de la PDP-11/20 estaba compuesta por un núcleo -o *core* en inglés- que consitía en un arreglo de bobinados de alambre de cobre sobre núcleos toroidales. El almacenamiento de los datos se basaba en las propiedades electromagnéticas: un 1 lógico se almacenaba en un núcleo haciendo circular la corriente eléctrica en un sentido dado, mientras que para almacenar un 0 lógico había que hacer circular la corriente en sentido inverso. Este tipo de memoria tenía la particularidad de no resultar tan "volátil", es decir podía desconectarse la fuente de energía y la información almacenada persistía un cierto tiempo. Sin embargo, las operaciones de lectura eran destructivas por lo que debía utilizarse un circuito adicional para contrarrestar ese efecto.

Además de estos problemas, estos núcleos de memoria se debían fabricar parcialmente a mano, por lo que la memoria resultaba sumamente costosa. Por consiguiente, la memoria RAM resultaba ser un recurso sumamente escaso. Durante la década de los sesenta el costo por bit era de aproximadamente 1 dólar estadounidense. La primera memoria DRAM[1], la Intel 1103 se lanzó

---

[1]**DRAM** *Dynamic Random Access Memory* (Memoria Dinámica de Acceso Aleatorio) Es un tipo de memoria de acceso aleatorio que almacena cada bit en un pequeño condensador. Estos

al mercado en 1972 a un precio aproximado de 1 centavo de dólar por bit. De esa forma, las memorias de núcleo magnético fueron siendo sustituidas progresivamente.

Lo que permanece de esta historia en la actualidad es el término *core-dump* para referirse a un volcado de memoria RAM. A pesar de que las memorias tipo *core* (núcleo magnético) son parte de la historia, el término *core-dump*, para referirse a un volcado de la memoria que refleje su estado general, continúa entre nosotros.

Las minicomputadoras como las DEC PDP-11 atendieron a una parte del mercado que, hasta entonces, estaba desatendida: la demanda de computación interactiva. Esta demanda se descubrió primeramente en el ámbito académico. Recuérdese que DEC surgió de manera muy ligada al MIT, sus fundadores eran *hackers* del MIT.

Lo habitual era que los fabricantes como DEC proveyeran un sistema operativo, que en la práctica resultaban bastante limitados, porque por ejemplo la PDP-11/20 no soportaba multiusuario fuera de la caja. Desde luego, esa fue otra de las motivaciones de Ken Thompson para comenzar Unix. Además, generalmente los desarrolladores solían escribir código en *assembler* (lenguaje ensamblador) en computadoras de mediano porte como las de la serie PDP. Los inicios de Unix pueden asociarse a dos factores básicos:

Por una parte una motivación relacionada a la producción de conocimiento en lo relativo a los sistemas operativos. A diferencia de sus colegas del MIT, los miembros del **CSRC** *Computer Science Research Center* al que Thompson y Ritchie pertenecían difícilmente se hubieran referido a sí mismos como *hackers*, aunque hoy podríamos decir que en efecto lo eran. Ellos formaban parte de un grupo de investigación aplicada y deseaban fervientemente poder

---

condensadores pueden estar cargados (estado lógico 1) o descargados (0).
Estos múltiples arreglos de condensadores se encapsulan dentro de la pastilla de un chip.
Los condensadores tienden a descargarse y por lo tanto requieren un circuito de "refresco", que periódicamente se encarga de que el estado de la memoria persista de manera confiable. Por esta razón se denomina a este tipo de memoria RAM de tipo dinámico. Su contraparte son las memorias estáticas, por sus siglas en inglés SRAM (*Static Random Access Memory*). Estas últimas suelen estar compuestas por arreglos de circuitos denominados *flip-flop*. Al contrario que las DRAM este tipo de memoria no requiere del circuito de refresco, pero suelen ser varias veces más costosas.
La memoria 1103 de Intel tenía 1 Kilobit (unos 128 bytes). Si bien su capacidad hoy puede resultar modesta, su costo estaba en un orden de magnitud menor que las memorias de núcleo magnético. Por supuesto estos primeros chips sentaron las bases para la fabricación de calculadoras y la siguiente generación de computadoras.

investigar y aplicar algunos de los principios que se habían vislumbrado para *Multics*.

Brian Kernighan se ha referido al ambiente "académico" y libre de demasiadas jerarquías que imperaba en el CSRC de los Bell Labs.

Por otro lado, las innovaciones de Unix procuraban crear el ambiente de desarrollo en donde ellos mismos (los miembros del CSRC en primer término) se sintieran a gusto. Nos hemos referido al concepto de "comunidad de desarrollo" que ellos habían acuñado, como un grupo de programadores que comparten un mismo "ambiente". Unix procuraba incluir las herramientas que el programador precisaba. De esa forma puede considerarse a Unix como el resultado concreto del ambiente de desarrollo que Ken Thompson, Dennis Ritchie y otros habían soñado. Unix fue creciendo a partir de intercambios sugerencias y colaboración dentro del CSRC primero y luego en otras áreas de AT&T y -sobre todo- en universidades donde Unix se viralizó, sobre todo en la UC en Berkeley.

> "Estos proyectos pioneros se encontraron frente al hecho de que el sistema operativo UNIX proveía excelentes herramientas de programación y documentación y además resultaba significativamente mejor que los sistemas operativos provistos por diversos fabricantes. El lenguaje C y el sistema UNIX proveían todos los medios para el desarrollo, testeo y despliegue productivo de sus aplicaciones de software" (Luderer G. W. 1978b).

La cita corresponde a un artículo que servía de introducción a una serie de artículos de Thompson, Ritchie y McIlroy en el *Bell System Technical Journal*, una publicación científica de AT&T. El hecho fundamental de que Unix fuera el resultado de un proyecto de investigación, derivó en que la rama de desarrollo original iniciada por Ken Thompson mantuviera el nombre de *Research UNIX*. Sin embargo tempranamente en los años setenta surgieron algunos derivados (que hoy llamaríamos *forks*) dentro de AT&T. Uno de ellos fue **MERT**, un Unix optimizado para el procesamiento en tiempo real.

Otras de las derivaciones la constituyó **PWB Unix** (*Programmer's Workbench*).

PWB Unix resulta un caso interesante, porque de algún modo constituye un antecedente de lo que actualmente llamamos "Computación en la Nube" (*Cloud Computing*). El proyecto PWB se inició en 1973 y procuró proveer servicios a una comunidad amplia, de alrededor de 1000 desarrolladores. Los desarrolladores utilizarían recursos compartidos y tendrían la posibilidad de comunicarse con otras computadoras que en aquel tiempo resultaban "heredadas". PWB se mantenía fiel al código fuente original del Research Unix, pero al mismo tiempo agregaba herramientas útiles para servir a esa gran comunidad de desarrollo.

En un artículo que llevó por título *The Programmer's Benchmark* de Dolotta et. alt, publicado en el mismo número (57) de la publicación BSTJ se destacaba una diferencia fundamental en los preceptos que guiaban el desarrollo de PWB: Research Unix era usualmente utilizado por un grupo relativamente reducido de usuarios, entre los cuales la mayoría contaba con privilegios elevados (similares a los del usuario root). PWB, cuya base de usuarios estaba pensada para ser varias veces mayor, debía reducir los privilegios de forma tal que los diferentes usuarios no interfiriesen unos con otros. PWB se inició con una decena de usuarios para llegar a convertirse en una red de PDPs que servían a 1100 usuarios en 1978 (Luderer G. W. 1978a). Dicho de otro modo, los investigadores de Research Unix investigaban en sistemas operativos, escribían software de base, mientras que PWB estaba concebido para ser el ambiente de desarrollo de aplicaciones de lo más diversas.

Entre algunas de las herramientas que PWB incluyó, se encuentran un shell de comandos, previo al shell de Steve Bourne y también SCSS (*Source Code Control System*). Este fue el primer software para versionado de código fuente y antecedente de todos los que vinieron después: CVS, SVN, GIT, etc.

La fábrica de innovación: el trabajo (y la vida) en los *Bell Telephone Labs*

Para poner en perspectiva las condiciones socioeconómicas en virtud de las cuales el grupo de investigación del Departamento 1127 -el mencionado CSRC- dio vida a Unix hay que prestar atención a la naturaleza de los Bell Labs como así también al modo de financiamiento que AT&T destinó para su área de investigación y desarrollo.

Se ha comentado que la aplicación que resultó decisiva para el despegue de Unix tuvo que ver con el procesamiento de textos en general, pero particularmente de documentos que describían patentes. Durante la década del setenta los Labs producían un promedio de una patente al día, más de trescientas cincuenta al año. La cifra resulta de por sí significativa para entender cómo los *Bell Labs* eran realmente una "fábrica de ideas", como lo ha demostrado Jon Gertner (Gertner 2012).

La compañía AT&T se conformó a partir de 1885 agrupando y adquiriendo diferentes compañías telefónicas, entre ellas, la primera de todas: *Bell Telephone Company* que tuvo a Alexander Graham Bell entre sus fundadores. Ese agrupamiento de redes telefónicas locales y regionales terminó por constituir el "sistema Bell", razón por la cual el público lo llamaba coloquialmente como *Ma Bell* ("Mamá Bell").

En 1907 Theodore Newton Vail retomó la presidencia de la compañía y durante su dirección se acuñó el que sería desde entonces el eslógan de la compañía *One Policy, One System, Universal Service* ("un principio, un sistema, servicio universal"). La visión de Vail era que debía construirse una red unificada a escala nacional del territorio de los Estados Unidos. Como contraprestación a una ventajosa normativa regulatoria que le permitiría mantener holgados ingresos por décadas, el sistema Bell debía proveer servicio universal, alcanzando con su red inclusive regiones que no resultasen redituables.

AT&T tendría desde los tempranos años del siglo XX una agresiva política de adquisiciones de compañías regionales. Otras operadoras a menor escala habrían de convertirse en compañías asociadas al "sistema Bell". En poco tiempo, el sistema se convirtió en un monopolio vertical y por casi un siglo operó de esa forma, siempre zigzagueando varios intentos judiciales de aplicación de leyes antitrust.

Entre todas las subsidiarias que vivieron bajo el ala de Mamá Bell estaban, entre otras la *Western Electric Company* y los *Bell Telephone Labs*.

Western Electric era el brazo de hardware de AT&T que construía todos los dispositivos de comunicaciones. Era el único fabricante autorizado y no podían utilizarse otros teléfonos que no hubiesen sido fabricados por dicha subsidiaria. Cabe recordar que el mencionado régimen de operación monopólica no era privativo de AT&T, en países europeos y del resto de América las compañías telefónicas -en esos casos de propiedad estatal- operaban también de forma monopólica. En general, monopolio e innovación no van de la mano, sin embargo el caso de los BTL pareciera constituir una llamativa anomalía.

Muy tempranamente en su historia, se hizo evidente que construir una red telefónica de tal escala requería la resolución de muy variados problemas físicos. Por ello, AT&T destinaría mucho de su presupuesto a Investigación y Desarrollo. A partir de 1927, los Bell Telephone Labs se convierten en el brazo principal de I&D.

AT&T operaba de manera monopólica pero bajo una estricta regulación.

En la práctica, pese a la operatoria monopólica la visión de Vail se materializó a lo largo y ancho del vasto territorio estadounidense, pero sus alcances fueron incluso más allá de eso. AT&T proveyó la fuente de financiamiento para una serie numerosísima de innovaciones técnicas y científicas que trascendieron largamente el servicio telefónico: baste por el momento pensar en el transistor, el láser, la teoría matemática de la comunicación de Claude Shannon, entre muchos otros desarrollos y nueve premios Nobel que recibieron miembros de los *Bell Telephone Labs*. Muchos de los desarrollos que sentaron las bases de la microelectrónica y las comunicaciones modernas provinieron de esa gran usina de innovación llamada Bell Labs[2]. De hecho, el concepto de bit como unidad mínima de información se desarrolló a partir de la teoría de Shannon pero este último atribuye el término a John Tukey, otro investigador de los BTL que propuso el término bit como *binary digit* en un memo.

Si bien AT&T operaba de manera monopólica la compañía y todas sus subsidiarias y asociadas estaban reguladas bajo normas estrictas. Alrededor de 1950 AT&T pudo mantener las operaciones monopólicas renunciando a participar en la incipiente industria de la informática, además cedió la explotación gratuita de todas sus patentes hasta 1956, y las nuevas patentes a partir de ese momento serían licenciadas con bajas regalías para compañías norteamericanas. También hay que tener en cuenta la poderosa capacidad de negociación de AT&T por haber contribuido con investigación y desarrollo durante la Segunda Guerra y posteriormente iniciada la carrera armamentista y aeroespacial bajo la sombra de la Guerra Fría con la Unión Soviética.

Por tal razón, el sistema Bell no estaba habilitado a explotar bienes o servicios que no estuvieran destinados al servicio y la red de telecomunicaciones, al menos hasta el año 1984 cuando se produjo el proceso de desinversión que por fallo judicial ordenó a la compañía vender sus activos a los efectos de deshacer el monopolio. Por tal motivo, durante la primera década de vida de Unix en los años setenta a AT&T no le estaba permitido vender sistemas operativos. Esa fue la razón por la cual el sistema fue licenciado en términos sumamente laxos a universidades y centros de investigación.

Por una parte, el régimen de operación de la compañía contribuyó a la "viralización" de Unix en universidades de Estados Unidos, Reino Unido y Australia en principio. Pero otro influjo decisivo en este proceso lo constituyó el método científico y su *ethos* característico.

Los BTL funcionaban como un centro de investigación de excelencia, que podía contratar y contar entre sus miembros a los mejores profesionales provenientes de universidades de altísimo prestigio. Según Brian Kernighan

---

[2]Se puede consultar una detallada y por demás apasionante historia de los Bell Labs en el libro de Jon Gertner(Gertner 2012).

los BTL contaban, en los años setenta con alrededor de 3000 profesionales técnicos, de entre los cuales unos 2000 habían obtenido su Ph.D.(Kernighan 2020). Por tanto las decisiones, en el seno de muchos de los departamentos de investigación que comprendían los BTL se tomaban con criterios científicos más que puramente gerenciales o de negocio.

El financiamiento estable que AT&T destinaba a su brazo de I&D lo permitía holgadamente. Al respecto, resulta interesante el testimonio de Brian Kernighan en una entrevista al canal de YouTube *Computerphile* para referirse a la forma en que trabajaban en los BTL:

> "Era un ambiente sumamente gratificante, podías hacer cualquier cosa que quisieras hacer. Como la compañía era un monopolio regulado, los beneficios no provenían directamente de los Bell Labs, por esa razón teníamos plena libertad para investigar lo que quisiéramos, sin el peso de la presión de los gerentes".

Que cada investigador tuviera la libertad de elegir libremente los problemas en los que trabajar, pero que se sometiera continuamente a la opinión y evaluación de sus pares habla por sí solo del nivel de autonomía que el ambiente de trabajo propiciaba. No es que los problemas fueran recortados como resultado del capricho de los investigadores, sino que la mayoría de los problemas tenían relación con el estado del arte en que se hallaba el campo de las ciencias de la computación en cada momento.

Habría que destacar en las palabras de Kernighan el concepto de "ambiente", resultado de diversos factores como la calidad humana e intelectual de los miembros del grupo CSRC, el espíritu científico reinante y el financiamiento relativamente estable.

En el proceso de conformación de ese ambiente fecundo para la construcción de conocimiento hay que destacar la cultura de organización que lo propició: por décadas los investigadores y estudiantes graduados que se sumaban a los Labs podían recorrer el lugar por varios días, tener todas las charlas informales que quisieran y decidir a qué grupo de investigación sumarse. Además los Bell Labs tenían entre sus filas a las mayores autoridades en sus respectivos campos de investigación, Claude Shannon o Schottky por citar solo a un par de ellos. Cualquier recién llegado podía libremente ir a pedir ayuda al "hombre del libro" (Gertner 2012), es decir a la mayor autoridad en un cierto campo. Podían hacerlo libremente y sin que mediara ninguna autorización por parte de sus superiores, por el contrario la cultura organizacional de los Labs promovía ese funcionamiento horizontal. Método científico junto a intercambios libres, de ese modo la innovación fluía.

Los comienzos de Berkeley Software Distribution (BSD)

Los Bell Labs estaban geográficamente localizados en Murray Hill, New Jersey, en la costa Este de los Estados Unidos. Como se ha señalado, las primeras ramificaciones o *forks* del sistema operativo surgieron en el seno de AT&T.

Sin dudas uno de los primeros *forks*, cuya larga vida se extiende hasta la actualidad es BSD, siglas de *Berkeley Software Distribution*.

La Universidad de California en Berkeley es el *alma mater* de Ken Thompson, un factor que no debe pasarse por alto quizá para entender cómo Unix echó raíces en la costa Oeste. Thompson creció y se formó en California y se desplazó a la costa Este cuando fue reclutado para unirse a los BTL.

Thompson y Ritchie habían presentado el primer *paper* sobre Unix en octubre de 1973 en la Universidad de Purdue, en ocasión del 4° Simposio sobre Principios de Sistemas Operativos de la ACM. Tiempo después el paper fue publicado en la revista *Communications of the ACM* y de esa forma Unix empezó a difundirse y desarrollarse sobre todos en universidades. Entre la audiencia del Simposio en Purdue se encontraba Robert Fabry de la Universidad de California en Berkeley. De inmediato, Fabry se interesó en Unix e inmediatamente le encargó una cinta con una copia del sistema a Ken Thompson.

Como señala Marshall McKusick, testigo directo y protagonista de la historia de BSD como desarrollador, a principios de la década de los setenta la Universidad de Berkeley contaba con un gran sistema tipo mainframe para hacer procesamiento tipo *batch* vía ingreso de tarjetas perforadas (McKusick 1999)[3].

Fabry se encargó entre otras cosas para arbitrar los medios para que la universidad adquiriera una PDP-11 de DEC, para correr la cuarta edición de Unix, liberada a fines de 1973. El departamento de Ciencias de la Computación, junto con el Departamento de Matemáticas y Estadística debieron compartir la inversión para adquirir el equipo de DEC y además tuvieron que hacer uso compartido de la computadora.

Cuando DEC entregó la nueva PDP-11 a principios de 1974 un graduado llamado Keith Standiford consiguió instalar la versión 4 de Unix. De por sí, el

---

[3]McKusick ha editado una historia de BSD en DVD y ha ofrecido varias conferencias sobre el tema.

hecho significaba un logro importante porque era el primer despliegue fuera de los BTL en el que no había participado Thompson. Posteriormente para resolver algunos problemas Ken Thompson daba soporte remoto:

> "Thompson llamaba por teléfono a Standiford, que se encontraba en el centro de datos de Berkeley, este colocaba el tubo del aparato en un acoplador acústico y vía módem Ken podía acceder remotamente para depurar algún problema" (McKusick 1999).

McKusick señala además que el hecho de que aquella computadora DEC tuviera que ser compartida entre dos Departamentos trajo una serie de problemas: el departamento de Matemática y Estadística quería correr el sistema propio de DEC, en aquel momento RSTS, mientras que Ciencias de la Computación obviamente quería correr Unix. Se implementó lo que hoy llamaríamos como *dual-boot*, es decir la capacidad de arrancar el equipo con cualquiera de los dos sistemas operativos y se definieron horarios en los que cada uno rodaría y podría se utilizado alternativamente por cada uno de los departamentos.

El interés por Unix por parte de los estudiantes de Ciencias de la Computación iba en aumento, ya que de forma progresiva Unix se volvía más popular: la mayoría de los estudiantes preferían usar la DEC con Unix y no el mainframe que hacía trabajo en lotes.

En el seno de la UC en Berkeley el desarrollo de otro software contribuyó de manera decisiva a impulsar el desarrollo de BSD Unix: ese fue el proyecto *INGRES*. Dirigido por los profesores Michael Stonebreaker y Eugene Wong. *INGRES* fue pionero en el campo de las bases de datos relacionales. El procesamiento por trabajo en lotes (*batch processing*) que ofrecía el mainframe no resultaba útil para el desarrollo de una base de datos como Ingres. Se necesitaba un sistema operativo interactivo y que además brindara un más cómodo entorno de desarrollo. Unix vino a cubrir esa necesidad. Para BSD Unix Ingres fue el socio ideal, porque gracias al presupuesto de la base de datos se adquirió una segunda PDP-11 en la que Unix correría 24/7 sin necesidad de compartir la máquina con otros departamentos.

La historia de Ingres merece un apartado porque de algún modo resume el espíritu que guiaba la investigación y el desarrollo en Berkeley.

De manera similar a otros productos que salieron de la usina de esa universidad, Ingres se distribuyó a un precio mínimo para cubrir el costo del soporte magnético. De esa forma se estima que para 1980 se habían distribuido alrededor de un millar de copias de Ingres, mayoritariamente a universidades y centros de investigación.

El desarrollo de Ingres en Berkeley continuó hasta 1985. La influencia de Ingres en el campo de las bases de datos relacionales fue muy importante. A partir de Ingres se desarrollaron otros motores de base de datos comerciales, tales como Sybase, Microsoft SQL, NonStopSQL y algunos otros. Quizá su heredero directo más célebre es uno de los motores de bases de datos relacionales más usado en la actualidad: PostgreSQL, su nombre proviene de la contraccion post-ingres. PostgreSQL se inició a mediados de los años ochenta, también en Berkeley cuando Michael Stonebraker regresó a la universidad. En la actualidad es uno de los motores de base de datos de código abierto más utilizados.

Por su parte, el proyecto original Ingres fue liberado como código abierto en 2006 bajo licencia GNU GPL. El modelo de liberación y de Ingres, característico de los desarrollos de la universidad de Berkeley tendría un efecto duradero sobre BSD Unix.

Berkeley era el alma mater de Ken Thompson y este brindó soporte remoto para resolver algunos problemas que se presentaron en la primera instalación de la versión 4 de Unix. Esto demuestra que desde el principio existió un lazo estable de colaboración entre el grupo de Bell Labs y Berkeley. Todavía las áreas de legales no habían intervenido.

Para mediados de 1975 los líderes del proyecto Ingres, los profesores Fabry y Stonebraker ya habían conseguido los fondos necesarios y ya se había encargado a DEC el flamante modelo PDP-11/70, que había sido lanzado al mercado muy recientemente. La instalación de la máquina de DEC en Berkeley coincidió con la llegada de Ken Thompson que pasó un año en esa universidad como profesor visitante.

Thompson, Bob Kridle y Jeff Schriebman desplegaron la sexta edición de Unix en aquella 11/70 (Salus 1994a).

Ese mismo año de la estadía de Ken Thompson en Berkeley llegaron dos estudiantes graduados que se interesaron inmediatamente en el sistema y que tendrían un rol central para BSD y Unix en general: Bill Joy y Chuck Haley. Ambos mejoraron y extendieron un Pascal que Thompson había iniciado, y su labor continuaría como principales actores de la distribución de software de Berkeley Unix.

> "Joy y Haley llegaron a mejorar el sistema hasta el punto en que se volvió el entorno de programación preferido por la mayoría de los estudiantes debiado a su excelente esquema de recuperación ante errores y a su velocidad para compilar y correr aplicaciones

(McKusick 1999).

Para la segunda mitad de la década de los setenta no solamente estaba cambiando la tecnología usada para la memoria RAM sino que también las terminales con monitor (basado en TRC) estaban empezando a reemplazar al teletipo como medio principal para la entrada/salida de datos. Esta innovación tenía un impacto profundo ya tendía a redefinir la forma en que el usuario/programador interactuaba con el sistema.

En la era del teletipo se utilizaban para escribir programas o documentos en general editores de texto que operaban al nivel de la línea. Ha sido señalado en varias ocasiones, en especial por parte de Eric Raymond el hecho de que las herramientas de consola de Unix -y por extensión de sus derivados- sean sumamente "silenciosas" (impriman solo lo estrictamente necesario salvo que se les indique lo contrario, por ejemplo que se indique -v o –verbose). La razón de ese hecho hay que buscarla por una parte en la necesidad de no desperdiciar papel en el teletipo, como así también mantener el ruido que el dispositivo generaba en niveles aceptables.

Uno de los editores de texto (a nivel de línea) más utilizados en la primera mitad de los setenta era *ed*, que había sido escrito por Ken Thompson. La aplicación se encuentra disponible en cualquier Unix o derivado y pese a su edad aún puede resultar de utilidad[4].

Con el advenimiento de las nuevas terminales ADM-3 con monitor TRC (Tubo de rayos catódicos), Haley y Joy comenzaron a sentirse limitados por las posibilidades que ofrecían los editores de línea como *ed*.

Las terminales serie como las ADM-3 de la figura 2 fueron las predecesoras de otras acaso más conocidas, las VT-100. En 1976 producían solamente caracteres en mayúsculas y su costo rondaba los 1000 dólares estadounidenses. Joy y Haley partieron de un editor a nivel de línea llamado *em*, que habían obtenido del profesor George Coulouris del Queen Mary's College de Londres y produjeron un editor a nivel de línea al que llamaron *ex*.

George Coulouris había instalado Unix en 1973 en el Queen Mary's College y hacia mediados de la década había desarrollado una versión mejorada de *ed* que podía hacer uso de las nuevas posibilidades que ofrecían las terminales de video como la ADM-3.

---

[4]Quienes den un vistazo a *ed* podrán apreciar la influencia fundamental que ejerció sobre *sed* (*stream editor*), una herramienta sumamente útil que no puede faltar en la consola de cualquier *nix.

Figura 2: Terminal LSI ADM-3. **Fuente**:
http://www.virtualaltair.com/virtualaltair.com/vac_88-ADM3.asp

Cuando Coulouris visitó Berkeley en 1976 y se encontró con Bill Joy éste
por entonces trabajaba en Pascal, Coulouris le mostró a Joy su editor *em*.
Joy se interesó de inmediato y les llevó una copia al equipo de personas que
admnistraban el sistema, los SysAdmins de entonces. La ejecución de *em* en
un sistema monousuario no presentaba mayores inconvenientes, pero en un
sistema que era compartido por al menos una decena de usuarios como era el
caso en Berkeley, la ejecución del editor resultaba excesivamente costosa en
términos de CPU.
Joy se dedicó a estudiar el código de *em* y en poco tiempo lo optimizó y
mejoró de manera que pudiera correr en modo multiusuario sin problemas.
El nuevo editor llevó por nombre *ex*.
El manual de referencia de *ex* de Bill Joy se puede encontrar en línea:

> "Ex es un editor de texto Unix, se basa y es compatible con el
> editor estándar de Unix, *ed*. Ex es un editor de línea y tiene un
> modo de 'comando' similar a *ed*. Ex tiene un modo 'abierto' que
> le permite operar a nivel de línea en terminales de video y un
> modo 'visual' para edición orientada a pantalla en terminales de
> video direccionables por cursor, como las LSI ADM-3a" (Joy
> 1977).

El modo visual de *ex* fue la base del edir *vi*, su nombre ("visual") proviene
del hecho de haber sido de los primeros editores para terminales de video,
que trascendieron la edición a nivel de cada línea del documento.

Bajo un apartado que llevaba por título "Historia del editor" Joy daba cuenta de la genealogía del editor: "Ex se basa mayormente en el editor de texto *ed*. Las primeras versiones de Ex fueron modificaciones de un editor llamado *em*, desarrollado en el Queen Mary's College. *Em* era una versión mejorada de *ed* que incluía funcionalidades agregadas para funcionar en terminales de alta velocidad" (Joy 1977).

Cuando hacia fines de 1976 Ken Thompson regresó a los BTL, Joy y Haley continuaron su estudio y trabajo sobre el kernel del sistema operativo.

Para marzo de 1978 ya se había realizado suficiente trabajo y mejoras en la rama "Berkeley" de Unix de manera que se justificaba darlo a conocer más allá de la división de Ciencias de la Computación en Berkeley. Con Bill Joy como principal encargado de la distribución, de ese modo surgió BSD, siglas de *Berkeley Software Distribution*, que comenzó a distribuirse en cintas magnéticas a un costo nominal del soporte magnético, unos 50 dólares estadounidenses (Salus 1994a).

Aquella primera versión de BSD incluyó la versión de Pascal de Joy como así también el editor *ex*.

Parte de la historia de los primeros editores de texto, como *ed*, *em* y *ex* resulta interesante por varias razones: por un lado es una muestra cómo Unix comenzó a crecer más allá de los Bell Labs. Por otro lado esos editores, que eran las herramientas que en la época se usaban para escribir código, siguen disponibles en la actualidad en la mayoría de los *nix (Unix y sus derivados). Estas mejoras que progresivamente comenzaron a hacerse en Berkeley bajo la forma de un *fork* como BSD volvían al código base del Research Unix de los Bell Labs y se agregaban a sus herramientas.

Basta detenerse un tiempo a tratar de entender cómo operan los editores de línea como *ed* o *ex*. Unos pocos minutos alcanzarán para percibir lo diferente que resultaba escribir código con aquellas herramientas.

Las terminales de video como la ADM-3 rápidamente reemplazaron a los ruidosos teletipos. Las terminales, también conocidas como *dumb-terminals* ("terminales bobas") se denominaban de esa forma porque su única función era funcionar como dispositivo de entrada y salida (monitor y teclado). Es decir, substituían funcionalente a los teletipos. Al igual que esos dispositivos las terminales de video se conectaban a la computadora vía un protocolo serie. Pero más allá de las mejoras de performance (rapidez del display y silencio) permitían el desarrollo de interfaces de usuario más sofisticadas. El software evolucionaría siguiendo esa tendencia. Ese fue el trabajo inicial de Joy, a partir de *ex* este produjo *vi*, el editor visual.

Vi es una herramienta obligada de calquier administrador u operador de Unix. No solo porque su sencillez le permitió resistir el paso del tiempo, sino también por su ubicuidad: *vi* se puede encontrar en cualquier sistema Unix o cualquiera de sus derivados, eso lo hace algo así como un estándar para la edición de configuraciones del sistema o documentos en general.

Este editor visual se basa en *ex*, el primer desarrollo de Joy. Aquel que se detenga un rato a estudiar *ex* percibirá rápidamente el parentezco. En *vi* el manejo del cursor puede hacerse usando las teclas h, j, k, l ¿El motivo de esa elección? Pues simplemente que la terminal LSI ADM-3 tenía en esas teclas las flechas.

¿O por qué en los distintos *shells* ("intérpretes de comandos") el caracter '~' designa al directorio $HOME del usuario? Pues porque la tilde estaba ubicado en la tecla "HOME" de la ADM-3.

Bill Joy no programó a *vi* o *ex* para que pudieran operar solamente con la terminal ADM-3a sino que lo que hizo fue codear una capa de abstracción o librería para poder utilizar cualquier tipo de terminal, la librería[5] *termcap*[6]. Nuevamente, la adhesión a principios de modularización y portabilidad harían que esas herramientas resultaran extensibles y que por lo tanto tuvieran una vida extensa.

Otras de las contribuciones iniciales de Joy junto a Michael Ubell, Eric Allman y Chuck Haley y otros miembros del Departamento de Ciencias de la Computación de Berkeley fue csh (o *c-shell*), un shell de comandos cuya programación resulta más cercana a la sintaxis del lenguaje C. Estos agregados formaron parte de la versión 2BSD, es decir la segunda versión de la distribución que se liberó en mayo de 1978. Se calcula que Joy distribuyó unas 75 copias de aquella versión.

---

[5]Utilizo aquí el término "librería" aunque en lo que hace a una traducción adecuada el término más adecuado sería "biblioteca". Lo hago para acompañar el habla técnica más habitual al menos en esta región del Río de la Plata.

[6]En los sistemas Unix actuales o en sus derivados la variable de entorno TERM remite a la implementación de *termcap*.

Una historia de varios shells

El *shell* de Ken

Una de las ideas que los investigadores/hackers de los Bell Labs habían desarrollado en Multics fue la de concebir al *shell* o interfaz de línea de comandos como un proceso independiente del núcleo del sistema operativo.

El shell es la capa de software que se encuentra entre el usuario y el kernel, es decir que provee una interfaz para controlar aplicaciones y el sistema en general. En el caso de Unix y sus derivados (Linux por ejemplo) el *shell* es una aplicación más, que corre en lo que se denomina *espacio de usuario*, es decir en un área de memoria separada del kernel. De esta forma, el sistema puede recuperarse sin problemas ante un error en el *shell*, puesto que el núcleo corre de manera protegida y aislado de otras aplicaciones del espacio de usuario. En otros sistemas operativos el *shell* o la interfaz de usuario principal no siempre están separados del núcleo del sistema.

Con el tiempo los *shells* se convirtieron en pequeños lenguajes de programación o lenguajes para un dominio específico (en oposición a lenguajes de uso general). Los *scripts* (programas escritos para ser interpretados por el *shell*) suelen usarse para la automatización de tareas de mantenimiento del sistema operativo. En general la mayoría de las distribuciones de Linux actuales traen fuera de la caja una serie de *scripts* encargados de correr tareas recurrentes de mantenimiento del sistema.

Cuando Ken Thompson creó Unix escribió no solamente el kernel sino también un *shell* al que llamó **sh** siguiendo la tradición que habían iniciado con Multics (el archivo binario se encuentra en /bin/sh).

Stephen Bourne trabajó, a comienzos de los años setenta en el Laboratorio de Computadoras de la Universidad de Cambridge, en el Reino Unido. Por entonces, su trabajo se enfocó, entre otras cosas, en producir un compilador para el lenguaje ALGOL68. Este trabajo lo llevó a continuar su investigación en compiladores en el Watson Research Center de IBM en 1973. Allí Bourne entró en contacto con profesionales de los Bell Labs, que tiempo después le ofrecieron unirse al Computer Science Research Center de AT&T, al que Bourne se sumó en 1975.

> "El *shell* de Ken no era en realidad un lenguaje, era más bien un registro, una manera de ejecutar secuencialmente una serie de comandos almacenados en un archivo. El único control de flujo estaba dado por la secuencia *goto* que permitía hacer un salto en la ejecución hacia el punto donde se situara una cierta etiqueta" (. . .) "El shell original era rudimentario, pero en la medida en que los usuarios empezaban a usar Unix como entorno de desarrollo de aplicaciones este resultaba bastante limitado porque no incluía variables, no permitía demasiado control de flujo y tenía muy pocas posibilidades de 'citación' ". (Dahdah 2009).

El shell de Thompson, que fue el *shell* por defecto hasta la séptima versión del Research Unix tenía muchísimas menos funcionalidades incluidas (*built-in*) que los intérpretes de comandos que le sucedieron, por tal motivo se incluían binarios externos que operaban en apoyo del shell, como el mencionado *goto*, que era un binario separado del sh.

Fue con el *shell* de Thompson que se desarrollaron muchas funcionalidades que dejarían una impronta en otros shells de Unix como también en otros sistemas operativos: el shell de Thompson soportaba los *pipelines* (tuberías), comandos secuenciales, comandos asíncronos en segundo plano ('&'), como también redirecciones de entrada/salida (<, «, >, »).

Para aquellos que sientan curiosidad por experimentar este antiguo *shell*, también conocido como v6 (porque se incluyó hasta la sexta edición inclusive), existe un *port* para utilizarlo en sistemas *nix actuales: http://etsh.io, desarrollado por Jeffrey Allen Neitzel, basado en el código fuente original de Ken Thompson. Además constituye una muestra de la portabilidad habilitada por el lenguaje C, en tanto la aplicación puede seguir corriendo más de cuarenta años después de su creación y en un hardware muy diferente a las PDP-11 de DEC.[7]

---

[7]Aquellos que deseen experimentar en primera persona y correr la sexta versión de Unix (1975) pueden hacerlo siguiendo la guía disponible en: https://github.com/retux/unix-v6-on-simh. Se utiliza el software simh para emular por software una PDP-11 e instalar el sistema basado

Cuando Steve Bourne llegó a los Bell Labs un grupo de desarrolladores estaban procurando agregar nuevas funcionalidades al *shell* de Thompson. Se trataba de agregar características propias de un lenguaje de programación, tales como el uso de variables o mejorar el control de flujo.

Como lenguaje de programación los *shells* tienen ciertas particularidades que los distinguen de los lenguajes de programación de uso general. Además de interpretar y ejecutar las sentencias en archivos de texto llamados *scripts*, el *shell* es además la principal interfaz de usuario y por tal motivo este tipo de aplicación debe interpretar los comandos que el usuario ingresa en el "terminal", es por eso que también se los suele denominar interfaz de línea de comandos o *cli* por sus siglas en inglés. Esta doble naturaleza de los *shells* determina que existan algunas limitaciones o compromisos: por ejemplo el espacio funciona como separador de argumentos, también el tratamiento de los *strings* (cadena de texto) funciona de manera diferente. Por estas razones, cuando escribimos un *script* algunas veces un simple espacio en blanco de más, por ejemplo en una asignación de un valor a una variable producirá a un error en la ejecución, cosa que no ocurre en lenguajes de uso general sean estos interpretados o no. Por defecto, el *shell* interpreta casi todo como texto, de manera que aquello que no es un *string* debe señalarse especialmente, por ejemplo el signo '$' por delante de las variables.

Un aspecto por completo innovador que presentó el Bourne *shell* fue la sustitución de comandos. Este mecanismo permitió guardar en una variable el resultado de la ejecución de un comando, fuera este embebido en el propio *shell* (ej. ls) o no. Por ejemplo:

```
lista=$(ls ${HOME})
# /* o también */
lista=`ls ${HOME}`
```

Bourne comenzó a escribir el *shell* apenas unos meses después de unirse al staff de los Bell Labs, durante la segunda mitad de 1975, mientras Ken Thompson pasaba su año como visitante en Berkeley. De esta forma Bourne recordaba los comienzos de la escritura de su *shell* en la entrevista con Howard Dahdah:

> "Un día a mediados de 1975 Dennis Ritchie y yo salimos de
> una reunión en la cual alguien había propuesto producir algunos

---

en las cintas originales de Unix. Para los que prefieran ver un video de la experiencia, pueden encontrarlo en https://youtube.com/watch?v=kdci2a0WwKA.

parches partiendo de las decisiones de diseño que se habían hecho en el *shell* original de Ken. De modo que con Dennis nos miramos el uno al otro y yo le dije 'sabes, tenemos que rehacer esto y repensar algunas algunas de las decisiones de diseño originales' " (..) "Así funcionaban las cosas en el grupo Unix de los Bell Labs, si estabas interesado en algo y nadie estaba trabajando en ello podías tomarlo" (Dahdah 2009).

Es pues indudable, a la luz de su larga vida, que las decisiones de diseño que derivaron en el *shell* Bourne y en su sucesor Bash (siglas de *Bourne Again SHell*) resultaron innovadoras, de manera tal que aún en la actualidad estos sean los *shells* utilizados por la mayoría de los derivados de Unix (*nix).

De forma paralela, pero en la costa Oeste de los Estados Unidos, Bill Joy y el grupo de Berkeley desarrollaron *C-shell*, que se incluyó en 2BSD, la segunda versión de la distribución BSD.

Joy y su grupo habían querido resolver el mismo tipo de problemas que Bourne es decir, crear no solamente un intérprete de comandos sino también un lenguaje de scripting. Si Bourne *shell*, debido a la experiencia previa de su autor, era un heredero directo del lenguaje ALGOL68, *C-Shell* incorporó una sintaxis al estilo del lenguaje C.

También muchas de las innovaciones que incorporó *C-Shell* se incluyeron en el resto de los *shells*. Entre ellas se encontraban: historial de comandos, edición de comandos, alias, notación usando tilde '~' (característica heredada de las terminales LSI ADM-3 que había en Berkeley). Otra novedad fue la introducción de un controlador de tareas (*jobs*).

Todas estas incorporaciones tendían a aumentar la productividad y la comodidad del usuario y desarrollador en la línea de comandos.[8]

Las desarrollos de los *shells* en la segunda mitad de los años setenta muestran claramente cómo el código fuente de Unix circulaba fluidamente entre universidades y centros de investigación. Las mejoras que surgían de BSD se incorporaban al código fuente del Research Unix (BTL) y viceversa.

Diversos centros de investigación en los Estados Unidos y luego en otros países como Australia, Reino Unido y Japón pudieron compartir el código fuente original y fueron introduciendo mejoras que a su vez se incorporaban al código base "original". Esa dinámica de código abierto -antes de que dicho

---

[8]En general las distribuciones de BSD de la actualidad como netBSD y OpenBSD suelen tener a C-Shell como *shell* por defecto.

término siquiera existiese- produjo que el código avanzara más rápidamente y se volviera cada vez más estable.

Otros *shells*

Una de las características de cualquier software de código abierto suele ser, en general, la existencia de múltiples alternativas u ofertas. La disponibilidad del código para estudiarlo libremente o mejorarlo suele derivar en un enriquecimiento de la oferta. Como resultado de ese proceso, los usuarios o desarrolladores tienen hoy a su disposición todo un amplio abanico de *shells*. **Tcsh** es un derivado directo de c-shell, diseñado para ser retrocompatible con aquel y que incluyó una serie de mejoras que luego se extenderían a otros *shells*. Una de esas características fue el autocompletado de nombres de archivo y comandos, hoy presente en la mayoría de *shells* para derivados de Unix. La letra 'T' (en tcsh) proviene de "Tenex" que era un sistema operativo desarrollado por la firma BBN para computadoras PDP-10 (la hermana mayor de las PDP-11) y que incluía la funcionalidad de autocompletado de comandos. Ken Geer, el autor de tcsh partió del código original de c-shell y de esa manera mantuvo la retrocompatibilidad con el *shell* de Joy.[9]

Volviendo a los Bell Labs, allí también se escribió otro *shell* cuya larga vida se extiende hasta la actualidad, el Korn Shell o como más se lo conoce, simplemente ksh. David Korn desarrolló este *shell* a comienzos de los años ochenta. En julio de 1980 se anunció el lanzamiento de ksh durante la convención USENIX.

El trabajo de Korn se basó inicialmente en el *shell* de Bourne, de modo que era retrocompatible con aquel, pero además incluyó varias funcionalidades de c-shell, como alias, control de tareas, historial de comandos.

Ksh resumía lo mejor de las dos costas: Berkeley y New Jersey y sin dudas resultaba un *shell* de avanzada para la época, pero durante los años ochenta y noventa su código permaneció cerrado bajo propiedad de AT&T.[10] Recién en los años 2000 el código de ksh se abrió al público como código abierto

---

[9]En ciertas distribuciones de GNU/Linux como CentOS o Red-Hat, tcsh suele ser un paquete adicional para c-shell, mientras que en Debian o sus derivados suele existir un paquete por separado para cada uno de estos *shells*. Tanto c-shell como tcsh no soportan versiones sino apenas alias.

[10]Como se verá más adelante, los años ochenta no fueron precisamente una década favorable para el código abierto y a su libre circulación, por el contrario fue la década del software propietario (cerrado) por excelencia.

bajo una licencia (*Eclipse Public License*) y se incorporó a la Colección de Software Open Source de AT&T (*AT&T Software Technology Open Source Collection*).

El desarrollo de ksh continuó hasta el presente y se incrementó luego de haber abierto su código base. Con el transcurso del tiempo se agregaron funcionalidades existentes en otros lenguajes, tales como awk, perl o tcl. Pese a estas adiciones, la performance general de ksh se mantuvo ligera. Puede encontrarse más información acerca del desarrollo actual de ksh en su sitio oficial: http://kornshell.com.

El hecho de que ksh fuera uno de los *shells* más avanzados pero que su código fuente se mantuviera cerrado y bajo la propiedad de AT&T derivó en el hecho de que durante los ochenta y noventa se desarrollaran otros *shells* de código abierto.

Si bien el código fuente del Korn shell no estaba públicamente disponible sí lo estaban sus definiciones, por lo que a partir de las especificaciones de ksh fueron implementándose las mismas funcionalidades en otros *shells* modernos, entre ellos bash y zsh.

En relación a los *shells* que cada sistema operativo derivado de Unix incluye en su distribución de software por defecto, los diferentes BSDs suelen mantenerse ligados más fuertemente a la tradición de Unix: ksh es el *shell* por defecto de OpenBSD mientras que c-shell es utilizado por NetBSD. Las distribuciones de GNU/Linux en general optan por Bash. Por supuesto, todas las alternativas en cuanto a shell de comandos se refiere están allí disponibles para que el usuario elija el *shell* que prefiera.

ZSH

El *shell* de Bourne y c-shell han sido los intérpretes de comandos más influyentes, a partir de los cuales fueron desarrollándose *shells* más modernos. Un ejemplo de entre ellos es zsh, que es otro *shell* para derivados Unix, iniciado en 1990 por Paul Falstad, mientras estudiaba en la Universidad de Princeton. El *shell* zsh se basa en Korn shell (ksh) -recuérdese que en los años noventa ksh tenía su código bajo licencia privativa- e incluyó muchas funcionalidades de Bash y tcsh.

De acuerdo con el sitio 'Z Shell Lovers' http://www.guckes.net/zsh/lover.htm l, las principales características de zsh son su configurabilidad: zsh tiene más de 130 opciones, que permiten que el usuario lo adapte a sus necesidades.

Por otra parte zsh tiene una arquitectura modular, lo que permite aligerarlo retirándole módulos, de forma que es posible reducir al mínimo los requerimientos de hardware para que pueda correr.

Paul Falstad denominó a su *shell* zsh en honor a uno de sus profesores en Princeton, Zhong Shao. Falstad recordaba que el nombre de *login* del profesor era "zsh" (Falstad 2005).

Algunas de las características de zsh son:

- Completado de comandos programable, tanto para comandos como para argumentos.
- Historial de comandos compartidos entre diferentes sesiones o terminales virtuales.
- Diferentes tipos de niveles de compatibilidad: zsh puede configurarse para que se comporte como bash.
- Módulos incrustables, que permiten agregar funcionalidades al *shell*.
- *prompt* de comandos configurable.

Pero sin dudas uno de los puntos sobresalientes de zsh es la comunidad de usuarios y desarrolladores lo que redunda en un gran número de módulos o *plugins* para extender las funcionalidades del *shell*.

El sitio de la comunidad, "Oh My Zsh" http://ohmyz.sh dispone de una colección de más de 200 extensiones (*plugins*) y más de 140 temas, desarrollados por más de un millar de programadores.

El sitio oficial de zsh es http://www.zsh.org.

Puede consultarse un artículo recomendable acerca del desarrollo y la evolución de los *shells* de Unix y derivados en *Evolution of Shells in Linux. From Bourne to Bash and Beyond*, de M. Tim Jones (Jones 2011).

Bourne-Again SHell (más conocido como bash)

Posiblemente el *shell* de uso más extendido en la actualidad sea GNU Bash, aunque siempre nos referimos a él como "bash" a secas. GNU Bash se desarrolló como uno de los componentes del proyecto **GNU** (acrónimo recursivo del *GNU is Not Unix* -GNU No es Unix-), el proyecto iniciado en los años ochenta por Richard M. Stallman (RMS) cuyo principal objetivo era construir un sistema tipo Unix totalmente libre, es decir que su código fuente fuera 100 % abierto.

Los desarrolladores de GNU ya habían desarrollado las herramientas del sistema, todas ellas derivadas "libres"/abiertas de las herramientas originales de Unix y BSD, como también compiladores y depuradores como gcc, que serían una pieza fundamental en el desarrollo de Linux, como se verá más adelante. Bash fue la respuesta de la *Free Software Foundation*, el colectivo que dirigía Richard M. Stallman para que el sistema GNU tuviera un *shell* 100 % software libre. Recuérdese que en los años ochenta y noventa la mayoría de los *shells* más avanzados como Bourne shell, ksh o tcsh eran productos que se distribuían bajo licencias privativas y cuyos código fuente no estaba abierto. Por tal motivo si GNU quería ser un sistema operativo por completo "software libre", desde luego su *shell* tenía que serlo.

Brian Fox comenzó el desarrollo de Bash en 1985 con el objetivo central de que el *shell* fuera retrocompatible con Bourne shell, de manera tal que la mayoría de los *scripts* que habían sido escritos para el Bourne shell corrieran en bash sin problemas.

Con el tiempo Bash continuó su evolución y se le fueron sumando funcionalidades presentes en otros lenguajes de *scripting* tales como awk, perl y especialmente Korn shell (ksh).

Más adelante también se le agregó soporte nativo para expresiones regulares y *arrays* asociativos, entre otras mejoras.

Además, GNU Bash es una implementación completa del estándar POSIX de la IEEE y de la especificación para *shells* del Open Group.

Entre las características sobresalientes de Bash se encuentran:

- Control de tareas.
- Edición de comandos interactiva usando comandos de edición de vi o emacs.
- Funcionalidades al estilo de c-shell, como historial de comandos.
- Búsqueda de comandos en el historial.
- A partir de la versión 2.0 Bash soporta *arrays* ("arreglos") de tamaño ilimitado.
- Prácticamente todas las operaciones aritméticas del lenguaje C están presentes en bash

Bash posee además una utilidad incluida (*built-in*) sumamente práctica y muy utilizada: time. Dicha herramienta sirve para medir con suma facilidad el tiempo que requirió la ejecución de cierto programa o función *built-in* de bash.

Brian Fox comenzó a codear Bash en 1985, poco tiempo después de que se creara, gracias al impulso de Richard M. Stallman, la *Free Software Foundation*. Fox tenía entonces 27 años y fue el primer empleado pago de la FSF.

Además de trabajar en Bash, Fox fue autor de otras utilidades que componen la extensa caja de herramientas de GNU, de la FSF. También él fue el encargado de mantener el editor Emacs e incluso escribió un *port* de emacs para la computadora Apple II, al que llamó Amacs.

En 1989 Bash se presentó en sociedad, como versión beta. Fox continuó trabajando en él hasta 1993, cuando Chet Ramey -otro de los desarrolladores de Bash- lo relevó como desarrollador principal del *shell*.

El 6 de agosto de 1989, en un mensaje en los foros de Usenet la FSF anunció la liberación de la versión 0.99 de Bash:

> "Bash versión 0.99 está disponible por ftp desde prep.ai.mit.edu en el archivo /v2/emacs/bash-0.99.tar.Z. Esta es una *release* beta de Bourne Again SHell. Fue compilada para arquitecturas Sun3, Sun4, Vax, Sony, Convex, HP, Hp9ks300. El shell tiene una sintaxis compatible con Bourne shell, junto con otras funcionalidades de csh para hacer la vida interactiva más fácil, tales como pushd y popd y el signo '!' para invocar entradas guardadas en el historial de comandos".

Para fines de la década de los ochenta el proyecto GNU ya contaba con las herramientas del sistema, un *shell* de avanzada y herramientas de desarrollo como compiladores y depuradores de altísima calidad. Sin embargo, lo que se estaba demorando para poder contar con un sistema tipo Unix pero libre era el *kernel* del sistema operativo. Pero no nos adelantemos a esa historia.

Ash - Alchmist *shell*

El año 1989 podrá recordarse por diversos episodios, quizá el más sobresaliente fue la caída del muro de Berlín, pero también fue el año de los *shells*. El 30 de mayo de aquel año Kenneth Alchmist dio a conocer su nuevo *shell*, al que llamó ash, en el *newsgroup* de Usenet comp.sources.unix.

El *shell* de Alchmist, se diseñó para ser compatible con la versión del Bourne shell incluida en el Unix System V Release 4 de AT&T. Originalmente ash se incluyó en la versión 4.3-Net/2 de BSD.

Como se ha visto, durante la segunda mitad de los años ochenta el campo de los *shells* estuvo en plena efervescencia. Los problemas no eran de índole técnica sino más bien legales: Bourne shell, ksh se distribuían bajo licencias propietarias y no se podía acceder al código fuente. La implementación de ash del Alchmist se caracterizó por ser peso pluma, el archivo binario resultante apenas pesaba 92K. Esta característica hizo de ash un *shell* sumamente interesante para sistemas con bajos recursos y además con el tiempo, el *shell* demostró ser más veloz que otros más sofisticados, porque resultaba pequeño y liviano, aún cuando se le habían incluido funcionalidades que le permitieron cumplir con el estándar POSIX (que veremos a continuación). Para mantenerse leve, ash no incluyó funcionalidades presentes en *shells* más grandes, como Bash, Ksh o tcsh, como por ejemplo historial de comandos.

En 1993 ash fue portado de NetBSD a Debian por Herbert Xu. Con el tiempo, esa versión tomaría el nombre de dash (por Debian Almchmist Shell). Dash se utiliza en sistemas Debian y Ubuntu, por ejemplo, sobre todo para scripts de inicio del sistema o mantenimiento, por el hecho de que el minimalismo de dash permite que esos *scripts* corran más velozmente que con bash.

Las Guerras Unix y el desarrollo de *shells*

Resultado del estallido de las Guerras Unix, nombre que remite a la feroz competencia que se desató entre los diversos *vendors* de Unix, surgieron Ash, Bash y otros *shells*, con el objetivo principal de ofrecer alternativas al *shell* de Bourne.

Ya fuera debido a la falta de estándares o porque cada fabricante pretendía explotar ciertas ventajas "propias", el resultado fue sumamente perjudicial para Unix, porque derivó en múltiples implementaciones y versiones del sistema que no eran del todo compatibles entre sí. Como coletazos de este proceso hubo varios litigios judiciales contra la UC en Berkeley, entre ellos el de USL (*Unix System Labs*, que era el brazo comercial de AT&T en los ochenta) versus los regentes de la UC en Berkeley y la compañía BSDi.

Unix Wars, con la fuerza de la remisión al universo ficcional de George Lucas, pareciera sugerir que un gran imperio de súbito descubrió el enorme potencial de un sistema operativo que se había desarrollado en su interior. Un ejército de abogados de pronto se dio cuenta de que era necesario poner en marcha la Estrella de la Muerte.

Por varios frentes, el impulso contracultural y alternativo -entremezclado con el espíritu científico, que desde sus comienzos dió origen a Unix- fue dando forma a una rebelión (en sentido figurado) que fundó las diferentes vertientes del software de código abierto.

Como con cualquier guerra, los resultados de las Guerras Unix fueron desastrosos. Sin embargo, en lo que refiere al desarrollo de múltiples *shells* los resultados fueron globalmente positivos. En cualquier dominio, cuanto más variada es la oferta mejor es el impacto en toda la comunidad.

Piensa estándar

A menudo cuando se piensa en sistemas operativos Unix o derivados -como es GNU/Linux- suele hablarse de la serie de estándares POSIX.

Históricamente POSIX resulta muy relevante por haber contribuido a la estandarización: un conjunto de interfaces de programación (APIs) y herramientas que deben estar presentes en cualquier sistema que adhiera al estándar.

Este impulso estandarizador contribuyó a cerrar algunas de las heridas que habían abierto las Unix Wars.

POSIX son las siglas de *Portable Operating System Interface* ("Interfaz de Sistema Operativo Portable"). La 'X' final se agregó para hacer referencia a Unix, que se eligió como modelo de sistema operativo "portable".

El esfuerzo de POSIX ocurrió en momentos en que Unix se había dispersado en diferentes implementaciones, lo cual implicaba que un programa compilado en un Unix del fabricante A no pudiera correrse en un Unix del fabricante B. POSIX respondió a esos problemas.

En los documentos que definen el estándar se describen todas las características que debe tener un sistema operativo para ser considerado *tipo-Unix* (*Unix-Like*).

La primera versión de POSIX se publicó en 1988, pero los esfuerzos para redactar el estándar habían comenzado a mediados de la década.

Richard M. Stallman propuso el nombre POSIX al IEEE. El comité del Instituto consideró apropiada la propuesta de Stallman y terminó por adoptarla" (Wikipedia 2011). El propio Stallman se refirió a este proceso de este modo:

> "En los ochenta yo estaba en el comité del IEEE que escribió el estándar que se conocería como POSIX.
>
> El comité se había propuesto estandarizar las especificaciones de las interfaces para un sistema tipo Unix, pero no teníamos un nombre corto y fácil de recordar. Cuando la primera parte de la especificación estuvo lista alguien propuso el nombre de **IEEEIX** junto con un subtítulo que incluía *Sistema Operativo Portable*.
>
> A mí me parecía que la pronunciación de IEEEIX era simplemente aterrorizante, por lo que todo el mundo lo llamaría simplemente Unix. Así que reuní las iniciales de *Portable Operating*

System junto con el mismo sufijo *IX* y resultó **POSIX**. Sonaba bien y no vi motivo para no usarlo, de modo que lo sugerí al comité y este terminó por aceptarlo" (Stallman 2011).

Las especificaciones del estándar POSIX tendrían una influencia decisiva en el desarrollo de las herramientas (*shells* incluídos) del proyecto GNU como también de Linux.

Cuando Microsoft amó Unix, mucho antes que Linux

Steve Ballmer, ex CEO de Microsoft no es precisamente una persona a la que los usuarios de Linux tengan particular aprecio.

En 2001, cuando GNU/Linux contaba sus primeros diez años, Ballmer declaró a un periodista del Chigago Sun-Times que "Linux era un cáncer" que enfermaba a las empresas, debido a que se distribuía bajo la licencia GPL (*General Public License*).

Con aquellos términos poco afortunados, Ballmer se quejaba de que Linux (y la licencia GPL) se adhería y expandía como un tumor que impedía a las empresas usufructuar derechos de propiedad.

Richard M. Stallman pergeñó la licencia GPL poco después de iniciar su rebelión al frente de la *Free Software Foundation* (Fundación para el Software Libre) luego de que los últimos *hackers* del MIT se desperdigaran por diferentes empresas. La particularidad de la licencia es su componente "viral": si una pieza de software, sea esta una aplicación o todo un completo sistema operativo, utiliza otro software o librería de software que ha sido licenciada bajo la licencia GPL, el producto final hereda esta licencia y no puede sino ser liberado también bajo la misma licencia. El objetivo básico de Stallman era que nadie pudiera meter un cerrojo al código que utiliza software libre incluido. Dicho brevemente, si un software determinado contiene aunque sea mínimos componentes o fragmentos de software libre, el producto final debe liberarse como software libre.

De esta forma respondía Ballmer la pregunta del periodista del Chicago Sun-Times consultado sobre si él creía que el movimiento de Código Abierto y Linux significaban una amanaza para Microsoft:

> "Sí, es una buena competición. Va a obligarnos a ser innovadores, va a forzarnos a justificar los precios y el valor que entregamos. Eso solo puede ser saludable.
>
> El único problema surge cuando un gobierno financia el trabajo

de código abierto.
El financiamiento gubernamental debería aplicarse para que el
trabajo esté disponible para todos. El código abierto no está
disponible para empresas comerciales. De la manera en que la
licencia está redactada, si alguien usa algún software de código
abierto, esa persona tendrá que abrir el resto de su código fuente.
(...) Linux no forma parte del dominio público. Linux es un
cáncer que se adhiere a todo lo que toca hablando en el sentido
de la propiedad intelectual. Esa es la manera en que la licencia
funciona" (Ballmer 2001).

Las declaraciones de Ballmer en aquella ocasión, propias de un lobbista,
rápidamente se hicieron eco en la prensa de todo el mundo. Como suele
ocurrir, el fragmento más incendiario e incontinente ("Linux es un cáncer")
fue el que más circuló no solo en publicaciones especializadas.
A la larga, la verborragia de Ballmer como CEO de Microsoft hubo de cos-
tarle caro a la imagen de su compañía. Un sistema operativo desarrollado
por un grupo creciente de *hackers* distribuidos alrededor del mundo parecía
estar carcomiendo las bases de un gigante. Goliat acorralado por una legión
anónima de Davides distribuidos alrededor del globo.
Las declaraciones polémicas del entonces CEO de Microsoft sirvieron más a
todos aquellos que nos sentíamos parte y deseábamos que el software libre y
Linux se extendieran. Todos queríamos ser parte de la flota rebelde.
Seguramente en aquellos días de junio de 2001 quien más disfrutó de las
declaraciones de Ballmer fue Stallman. El odio de Ballmer tenía por objeto su
licencia GPL, de la cual Linux era una encarnación. Era la victoria personal
de Stallman, el hombre que en solitario había vislumbrado un mundo de
software libre, que concretó con la ayuda de otros, al producir herramientas
de software (compiladores, depuradores), *shells* (Bash) y la licencia GPL.
Sin embargo, mucho tiempo antes de las declaraciones incendiarias de Ballmer, Microsoft había comercializado su propia versión de Unix.
Como se ha mencionado, las regulaciones que impedían a AT&T operar
en el mercado informático de hardware o software fue uno de los motivos
por los que el código fuente de Unix circuló con bastante fluidez y libertad
durante los años setenta. Eso fue así hasta la versión séptima del Research
Unix, de 1977, cuando AT&T intentó que el sistema operativo, sobre todo su
código fuente, circulara más restrictivamente. A partir de esa versión, cuando
Unix demostraba ser un sistema robusto y estable, AT&T comenzó a otorgar

licencias a terceros para la explotación comercial de Unix.

En 1978 Microsoft adquirió una licencia de la versión séptima. Como la marca "Unix" la retenía AT&T y no podían utlizarla terceros Microsoft bautizó como Xenix a su versión de Unix.

En agosto de 1980 Microsoft anunció que Xenix estaría disponible para sistemas con arquitecturas de 16 bits.

Unos meses antes de esos hechos, Steve Ballmer se había sumado a la compañía fundada por Allen y Gates para hacerse cargo de las áreas de Operaciones, incluyendo Personal y Finanzas (VVAA 2010).

A principios de los años ochenta Microsoft estaba indudablemente dando en el clavo: desde los comienzos de la compañía Allen y Gates habían apostado por el mercado incipiente de las microcomputadoras de bajo precio que sentaron las bases de la computación personal.

Con Xenix, Microsoft apostaba de lleno a explotar la portabilidad de Unix llevándolo a la línea naciente de computadoras basadas en procesadores de 16 bits como los 8086 y 80286 de Intel, los Motorola 68000 y los Z8000 de Zilog.

Gates y Allen, al igual que otros *hackers* que se habían iniciado en los setenta acompañando el advenimiento de la Altair 8800, tenían claro que el negocio de las computadoras personales explotaría durante la siguiente década. Tenían alrededor de 25 años en aquel momento.

IBM por varias décadas se había adueñado del mercado de las grandes computadoras y *mainframes*. La cultura del gigante azul consistía en controlar y producir todos los eslabones de la cadena de producción de su hardware, desarrollando ellos mismos las CPUs como demás circuitos que componían sus equipos. Como resultado, las computadoras que IBM fabricaba dependían mayoritariamente de los chips que la misma compañía desarrollaba.

Algunas empresas por entonces jóvenes, como Apple o Atari, brindaban ejemplos de que en el futuro resultaría más conveniente integrar procesadores desarrollados por terceros, como los chips de MOS Technologies, Zilog, Motorola e Intel.

La competencia entre los principales fabricantes de CPUs llevaría a la drástica disminución en los costos de las computadoras personales.

Siguiendo su tradición y prácticas habituales, IBM había intentado producir una computadora portátil durante la última parte de la década del setenta, con una línea de productos que denominó 5100. El precio estuvo quizá por encima de las expectativas, superando los 10.000 dólares estadounidenses

(Maher 2017).

Según Maher, Microsoft conocía los planes de IBM para incursionar en el mercado de las PC en el que la Apple II había sido pionera. Fue a mediados de 1980 cuando Jack Sams, lider de desarrollo de software de IBM recomendó que hablaran con Microsoft para informarse de primera mano sobre las PCs y su mercado. Esa reunión tuvo lugar en julio de 1980.

El uso de componentes desarrollados por Intel y otros fabricantes, junto con el aprovechamiento de una arquitectura abierta le permitió a un equipo de IBM establecido en Boca Ratón y liderado por Don Estridge y William Lowe desarrollar la IBM PC 5150 en poco más de un año. Para agosto de 1981 la IBM PC 5150 estaba lista para el mercado. IBM consideraba a la PC como una computadora *entry-level*, pero su expansión y reproducción bajo la forma de diversos clones habría de revolucionar la industria para siempre.

Las decisiones de diseño de la PC de IBM tuvieron en cuenta experiencias previas del gigante azul que no habían prosperado como la mencionada modelo 5100 o el IBM System/23 Datamaster que estaba basado en el procesador 8085 de Intel. Un interesante artículo de David Bradley, uno de los miembros del equipo de desarrollo de la IBM PC publicado en la revista BYTE permite revisitar cuáles fueron las principales decisiones que el equipo de desarrollo tomó (Bradley 1990).

> "Desde el principio, decidimos publicar toda información relativa a las interfaces de hardware y software. Cualquier persona que estuviera diseñando un adaptador o una aplicación que fuera a correr en la PC de IBM tendría a su alcance la misma información que nosotros teníamos. En el Manual de Referencia Técnico se publicó una compilación exhaustiva de todas las especificaciones del sistema." (Bradley 1990).

Para esa misma época Microsoft tenía lista la primera versión de Xenix. El primer *port* para otra arquitectura fue para el Zilog Z8001, un procesador de 16 bits. Le siguió un port para el Intel 8086 que equipaba el Altos Computer System en 1982 (Wikipedia 2019).

Si Microsoft desde 1978 tenía una licencia de AT&T para un Unix propio y había comenzado a portar Xenix para diversos procesadores, por qué de entrada Xenix no se consideró como el sistema operativo para la PC que IBM estaba proyectando.

Hay varias razones que podrían explicar las razones de esta decisión:

- Al promediar 1980 estaba claro que portar Xenix para el CPU que usaría la IBM 5150, el 8088 de Intel, implicaría un gran esfuerzo. También había dificultades propias del 8088 (ver más abajo).

- Resulta bastante plausible que IBM no quisiera que los costos dependieran de licencias de AT&T, esa dependencia no les debía resultar nada deseable.

A principios de los años ochenta el concepto de *Personal Computer* (PC) remitía de manera unívoca a las computadoras personales existentes: Apple II (en rigor, la primera PC) y en menor grado a la Commodore PET y a la Atari 400. Ese dato no se les escapaba a los ingenieros y analistas de *marketing* del equipo que diseñaba el PC de IBM.

Según señala Maher en el artículo citado, IBM habría considerado seriamente la adquisición de Atari (Maher 2017).

Atari era el modelo de innovación a seguir y aquellas "modestas" -desde el punto de vista de IBM- y relativamente económicas computadoras eran los competidores a los que la PC de IBM tendría que disputar cuota de mercados.

Desde el Apple II a las TRS-80 de Radio Shack todas ellas era computadoras con arquitectura de 8 bits, eran además monousuario.

Si el diseño procuraba producir una computadora de uso general pero "personal" quizá un sistema multiusuario y multitarea resultara algo excesivo.

Si se pensaba en un único usuario para el sistema, la IBM personal debería competir con las pocas computadoras personales del mercado, en especial con la Apple II.

También, los analistas pudieron pensar es que un "gran" sistema operativo podía terminar ubicando a la PC de IBM en competencia con máquinas de mayor porte que el gigante azul producía.

Había además algunas razones técnicas. El microprocesador que finalmente se eligió para el primer modelo de la IBM PC y que también habría de equipar la siguiente generación, el PC XT, fue el 8088 de Intel.

Dicho procesador era un hermano menor del 8086. Presentado en julio de 1979, el 8088 tenía un bus de interfaz externa de 8 bits. Más allá de eso los registros eran de 16 bits y el rango de direcciones de memoria era de 1 Megabyte. La única diferencia respecto del 8086 era el bus de expansión externa.

Había otro aspecto en el que el IBM PC se asemejaba a las computadoras personales de 8 bits que la habían precedido. El bus de expansión abierto y simple permitió que floreciera un sistema de terceras partes que desarrollaron hardware para el Apple II. Steve Wozniak adoraba esa decisión de diseño del Apple II que la hacía "abierta" y "hackeable". El tiempo hubo de mostrar que Steve Jobs por su parte no compartía del todo esos valores. Las generaciones que siguieron a la Apple II, Lisa y McIntosh fueron cajas firmemente cerradas que dificultaban que terceras partes diseñaran hardware para tales máquinas. Las prestaciones que IBM diseñó para el modelo 5150 (PC) muestran a las claras que el gigante azul buscaba disputar el mercado de computadoras para el hogar, que venían usufructuando Apple, Commodore, Atari, entre otras. Un artículo de la revista BYTE de enero de 1982 titulado "Un vistazo de cerca a la IBM PC" calificaba a la PC como "una síntesis de la mejor computadora hasta la fecha" y además comparaba la flamante máquina de IBM con la Apple II, las TRS-80 de Radio Shack y las máquinas de Atari (Williams 1982).

El modelo 5150 incluía una interfaz de E/S para conectar cintas de cassette utilizando un grabador convencional. En aquel momento ese era el medio de almacenamiento más accesible para los usuarios de las computadoras del segmento hogareño. Asimismo, IBM diseñó un adaptador de video a colores CGA que podía incluir un modulador NTSC de modo que pudiera conectarse a un aparato de televisión estándar. La interfaz de cassette como medio de almacenamiento, pensado para los usuarios hogareños no tuvo un uso extendido y pronto los discos flexibles superaron ampliamente al uso de cassettes. En su artículo Bradley ofrece algunos detalles sobre la inclusión de la interfaz de cassette:

> "Habíamos planeado que la gente usara la IBM PC en sus casas incluimos una interfaz para cassette para que se pudiera utilizar un grabador de cassettes corriente como medio de almacenamiento económico. Si no se utilizaban floppies para iniciar un sistema operativo, la computadora arrancaba un intérprete basic y con él se podían cargar tus programas desde cassette" (Bradley 1990)

En la versión básica la PC no incluía unidades de discos flexibles, estaba equipada con 16KB de memoria RAM. El modelo concebido para uso corporativo tenía 64KB de memoria y unidades de disco flexibles. Como se ve, en su versión básica la IBM PC no se distiguía demasiado de otras computadoras hogareñas o PC, la diferencia era que resultaba expandible.

El costo de venta del PC IBM 5150 con esa configuración básica orientado al mercado hogareño rondó los 1500 dólares estadounidenses. Mientras que una configuración más "profesional" , con monitor CGA de IBM y un par de unidades de disco flexible se vendió en 1981 por 3000 dólares.

Como no se disponía de mucho tiempo y portar Xenix al 8088 requería sortear obstáculos difíciles, tales como la ausencia de una MMU (Unidad de Gestión de Memoria o *Memory Management Unit*), Xenix se descartó para la PC de IBM.

La historia del nacimiento de DOS de Microsoft es bastante conocida. Esa jugada hubo de valerle a la compañía de Redmond una posición dominante en el mercado informático pocas veces conocida.

Seattle Computer Products era una compañía establecida en la misma zona geográfica que Microsoft. Para 1979 Tim Paterson, un *hacker* de 22 años que Rodney Brock, fundador de SCP, había contratado tiempo antes, había desarrollado un prototipo de computadora basada en el 8086 de Intel y el bus S-100.

Las primeras unidades de la SCP Gazelle se entregaron a los clientes de SCP a fines de 1979, casi un año y medio antes de que se lanzara la IBM PC (5150).

La Gazelle de SCP se entregaba con una versión del Basic de Microsoft, pero en ese momento no existía aún un sistema operativo disponible.

El candidato más firme para equiparla era CP/M, un sistema operativo que estaba convirtiéndose en un estándar de facto, pero que en aquel momento solo corría en procesadores de la línea Z-80 de Zilog y derivados. Los sistemas operativos que se escribían en *assembler* para equipos de bajos recursos tenían como principal limitación su difícil portabilidad, ya que debían reescribirse si se necesitaba que corrieran en a otras arquitecturas.

Digital Research, la compañía que había creado CP/M trabajaba en un *port* de su sistema para el 8086, aunque a comienzos de los años ochenta ese trabajo estaba demorado.

Tim Paterson estudió las APIs de CP/M haciendo ingeniería reversa y en unos cuatro meses tuvo listo su *Quick and Dirty Disk Operating System*, que se empezó a comercializar en septiembre de 1980 bajo el nombre -más serio que el original- de 86-DOS (S. Wikipedia 2019).

Microsoft y SCP se conocían bien entre sí. Ante la necesidad de proveer un sistema operativo en tiempo récord para el IBM 5150, Microsoft compró a SCP los derechos de propiedad para poder vender 86-DOS a otros fabricantes. Este primer acuerdo consistió en unos 25.000 dólares. Algo después Microsoft desembolsó 50.000 más para adquirir los derechos completos de 86-DOS. Lo que SCP no sabía es que del otro lado estaba IBM.

Ese trato le permitió a Microsoft ganar el tiempo que se necesitaba para entregar a IBM el PC-DOS, el cual luego pasaría a llamarse MS-DOS.

En algunos documentales los desarrolladores de SCP aparecen como unos *hackers* ingenuos. Tim Paterson es sin dudas un *hacker* de excepción y quizá Rod Brock si bien pecó de cierta ingenuiudad, pero jamás pensó que Microsoft estaba actuando como intermediario entre ellos e IBM.

SCP fue sin dudas una compañía innovadora, puesto que tuvo en el mercado una computadora técnicamente superior a la IBM 5150 un año antes que lo hiciera gigante azul. Las características técnicas de la *Gazelle*, la PC de SCP pueden encontrarse en: http://www.old-computers.com/museum/computer.as p?c=614. Con lo que SCP definitivamente no podía contar era con la campaña de marketing y difusión que sí tendría la IBM PC.

Con PC-DOS Microsoft cubrió el mercado *low-end* de sistemas monousuario y Xenix para sistemas "corporativos".

En 1982 Microsoft decidió compartir el desarrollo de Xenix en conjunto con la compañía SCO (*Santa Cruz Operation*). Más de una década después esta compañía se volvió célebre por intentar bloquear legalmente el desarrollo de Linux.

Durante los años ochenta la unión de Microsoft y SCO portó Unix a diversas arquitecturas basadas en el Motorola 68000 y luego exclusivamente basadas en x86 de Intel. De esa forma, llegó a tener una porción muy importante del mercado de Unix para PC.

Cuando Microsoft inició el desarrollo de Windows NT dejó el negocio de Unix en manos de SCO. Curiosamente, para desarrollar NT Microsoft reclutó a David Cutler de DEC, quien había sido uno de los principales ingenieros de VMS, el sistema operativo rival de Unix en las PDPs de DEC.

En el terreno del *marketing* Windows NT intentó disputarle el mercado corporativo a Unix.

Los Clones despegan

De la computación comunitaria a la personal

Uno de los objetivos primordiales del grupo Unix en los Bell Labs era crear un ambiente de desarrollo para que una comunidad de programadores compartieran eficientemente los recursos de la computadora. Dicha búsqueda se enfocó en buscar la eficiencia de sistemas operativos de tiempo compartido. Unix fue uno de ellos, entre otros.

Este capítulo describe un proceso complementario: cómo el abaratamiento de los productos de la microelectrónica y la labor de comunidades de *hackers* dieron nacimiento a una nueva revolución, la de la computadora personal. Dos grandes obras cubren en detalle este proceso: "Hackers. Héroes de la Revolución de la Computadora" de Steven Levy (Levy 2010), publicado original en 1984 y reeditado y revisado en 2010. El otro es el libro de Michael Swaine y Paul Freiberger titulado "Fuego en el Valle: nacimiento y muerte de la computadora personal" (Swaine 1985). El lanzamiento de la PC IBM (modelo 5150) en 1981 tuvo efectos profundos y decisivos sobre la industria y el modo general en que los usuarios comenzaron a interactuar con las computadoras.

Hasta más de mediados de los años setenta las computadoras, ya fueran grandes *mainframes* como los que construía IBM o minicomputadoras como las de DEC, estaban confinadas a las universidades de los países centrales y a las grandes empresas.

En los setenta se aceleró el proceso de creciente miniaturización de los componentes electrónicos lo que derivó en la presentación del primer microprocesador, el 8008 de Intel. Ese sería el principal impulso para que distintos grupos de *hackers* y entusiastas de la electrónica comenzaran a materializar progresivamente el sueño de poder tener una computadora en casa.

El puntapié inicial en ese proceso fue el lanzamiento de la computadora Altair 8800. La computadora estaba diseñada para satisfacer la demanda de *hackers* y aficionados a la electrónica puesto que se vendía como un kit que el comprador, una vez que había recibido las partes tenía que soldar y ensamblar.

La interfaz de entrada/salida más básica la constituían una serie de interruptores y leds dispuestos en la parte frontal del equipo.

La computadora había sido diseñada por Ed Roberts, su empresa se llamaba MITS y estaba establecida en Albuquerque, Nuevo México. Roberts había comenzado su empresa enfocándose en la fabricación de calculadoras electrónicas. Sin embargo en 1974 estaba atravesando serias dificultades debido a la competencia de pesos pesados como Texas Instruments y Hewlett-Packard.

La Altair 8800 se presentó a comienzos de 1975 en la portada de la revista *Popular Electronics* y fue un furor inmediato entre la comunidad de aficionados. Entre esos grupos de *hackers* se contaba al *Homebrew Computer Club* y entre sus miembros, Steve Wozniak (Levy 2010).

Paul Allen y Bill Gates escribieron un intérprete de lenguaje Basic que podía correr en los escasísimos 2KBytes de la Altair. Posteriormente, Gates se quejó en una carta a los hobistas del club acerca de cómo se compartía, o "pirateaba" desde su óptica, el Basic de Microsoft. Quejas al márgen aquel logro técnico le permitió a Microsoft consolidarse como el principal proveedor de intérpretes Basic, el lenguaje que dominaría los comienzos de la computadora personal.

Ese y otros clubes sirvieron como instituciones que nuclearon a una entusiasta comunidad de *hackers*. En clubes como el *Homebrew* los miembros compartían libremente información y por lo tanto construían conocimiento.

El lanzamiento de la Altair fue como un terremoto que de súbito los puso a las puertas de la materialización del sueño de tener su propia computadora. Para ensamblar exitosamente el kit de la Altair muchas personas necesitaban la ayuda de otras, proceso que resultaba mutuamente enriquecedor. El tipo de intercambios y el hecho de que el conocimiento se construyera y compartiera horizontalmente tuvo una influencia importante sobre el desarrollo de una generación de computadoras personales, entre ellas la Apple II.

Un hecho que no hay que pasar por alto fue la decisión estratégica de Intel de concentrarse exclusivamente en el diseño de microprocesadores y no en la manufactura de dispositivos electrónicos. Los fabricantes de computadoras serían sus principales clientes.

Este hecho fue importante en tanto iría confluyendo junto con otros, como fue el diseño de la Altair y un tiempo después la IBM PC, en el proceso de construcción de una arquitectura predominantemente abierta.

La arquitectura abierta formaba parte del ADN de la Altair de Ed Roberts. La computadora estaba basada en el Intel 8080 y el diseño de su bus, bautizado como S-100 se convirtió en un estándar hasta la llegada del bus ISA de IBM. La Altair exponía conectores de su bus, de manera que podían conectarse placas de expansión, de memoria y periféricos. Lo fundamental de esta arquitectura abierta consistía en que el hardware resultaba expandible y habilitaba a que terceros participaran en el diseño y construcción de periféricos.

La máquina de MITS, la firma de Roberts era un producto hecho por y para *hackers* entusiastas del hardware. Ensamblar el kit requería ciertas habilidades en electrónica, y quedaba por lo tanto fuera del alcance de lo que hoy consideraríamos un usuario promedio. Sin embargo los clubes como el *Homebrew* tendieron a achicar esa brecha creando un incipiente mercado.

Como la arquitectura era abierta, rápidamente se desarrollaron clones de la Altair, como fue por ejemplo la IMSAI 8080. Se lanzó al mercado a fines de 1975 y se produjeron entre 17.000 y 20.000 unidades.

A pesar de que estas computadoras estaban destinadas a entusiastas del hardware, la demanda superó ampliamente las expectativas de sus fabricantes. Está claro que esa demanda estaba impulsada por el deseo creciente de poder tener una computadora personal. La primera que se lanzó al mercado fue la Apple II.

Steve Wozniak desarrolló un kit -que luego sería denominado Apple I- que presentó a sus compañeros del *Homebrew Computer Club*. El diseño se basó en un microprocesador de MOS Technologies, el 6502. Woz eligió ese chip debido al precio super competitivo al que podía comprarse el chip, veinte dólares.

Woz compartió el circuito esquemático de su computadora entre los asistentes del club. Debido a la economía de recursos y a la pequeña cantidad de chips utilizados, los expertos sostienen que aquel diseño de Woz era una obra de arte.

Múltiples trabajos describen la historia del pasaje de aquel prototipo de Woz, la Apple I a la primera PC, la Apple II. Producto de la genialidad de Woz, de la intuición y tesón de Jobs como también al criterio empresarial de Mike Markkula.

Durante el breve lapso de los dos años que va de 1975 a 1977 surgieron un número importante de pequeñas empresas fundadas por *hackers* del hardware sin embargo en 1977 muchas de ellas estaban al borde de la quiebra, incluso

MITS e IMSAI.

En 1977 tres empresas ingresaron en el incipiente mercado de las computadoras personales, dos de ellas tenían una larga trayectoria: Commodore y Radio Shack. La otra era una *start-up* en ascenso: Apple Computers.

Ese año es conocido como "el año de la trinidad", compuesta por las tres máquinas de estos fabricantes: TRS-80 Model I de Radio Shack, la Commodore PET y la Apple II.

A diferencia de los intentos de Altair e IMSAI aquellas por entonces nuevas máquinas eran objetos listos para su uso, el usuario podía desembalar y comenzar a usar tan pronto los conectaba al tomacorriente.

Entre las computadoras de aquella tríada la Apple II descollaba por su diseño y características técnicas. Fue la primera computadora de consumo equipada con una fuente de alimentación conmutada, lo que la hacía más liviana que sus competidoras. El precio de la Apple II era superior a las demás, unos 1200 dólares estadounidenses).

Había ciertas características que hicieron de la Apple II el equipo que otras compañías, incluso IBM habrían de imitar. Su arquitectura era abierta y su placa disponía de un bus de expansión con numerosos *slots* disponibles.

Cuando se lanzó la Apple II no existían placas de expansión, pero muy rápidamente Apple y otras empresas comenzaron a vender modems, discos flexibles, y otros periféricos para la computadora diseñada por Wozniak.

El *Red Book*, la documentación en la que Apple publicó todas las especificaciones técnicas de la Apple II fue un gran éxito. Chris Espinosa fue el encargado de redactar el *Red Book*, el cual contribuyó enormemente a que en muy poco tiempo terceras partes comenzaran a desarrollar software y hardware para la Apple II (Swaine 1985).

Rápidamente se desarrolló un ecosistema de empresas de software, sobre todo de juegos. Sin embargo, la aplicación que catapultó a la Apple II fue Visi-Calc. Esta fue la primera planilla de cálculo y se convirtió en la *killer-app* que permitió que la Apple II se posicionara como un PC "de usos serios". Sus creadores, Bob Frankton y Dan Bricklin presentaron Visi-Calc en 1979 y fue un gran *hit* durante la década siguiente.

Gracias a las aplicaciones la Apple II se posicionó como líder en un nuevo segmento de mercado: la informática educativa. Con la Apple II la PC empezó a llegar a las aulas.

Por tal razón IBM en su segundo intento de crear una PC, la 5150 intentó seguir el camino y competir con Apple.

La Apple II dejó sobre la IBM PC una impronta muy marcada. Casi cuatro años después de la aparición de la Apple II, la IBM 5150 siguió un camino similar, quizá por razones un tanto diferentes: arquitectura abierta, documentación abierta. Dicha fórmula permitió una vez más que en muy poco tiempo otros fabricantes, además de IBM, desarrollaran muchísimas aplicaciones y hardware.

Con sus modelos sucesivos, Lisa y McIntosh, Apple abandonó el estilo Woz de arquitectura abierta. Sus máquinas se convirtieron en cajas extremadamente bellas, pero que le complicaban al usuario final acceder e interactuar con el hardware.

El estándar de PC florece

Probablemente aquellos que hayan experimentado el pasaje de la era relativamente breve de las máquinas de 8 bits o *Home Computers* como se las llamaba entonces a los nuevos tiempos de las flamantes PC compatibles podrán haber experimentado una suerte de sentimiento de "paraíso perdido".

Todas aquellas computadoras de 8 bits, posiblemente a raíz de los efectos de la Apple II, tenían diseños super "cool": gabinetes de plástico inyectado en tonos crema o negros, teclados mecánicos, juegos de video a colores y sonido casi a la altura de las máquinas *arcade*.

El lapso de tiempo que va desde fines de los años setenta hasta la segunda mitad de la década de los ochenta fueron los años en que todos creímos que el futuro sería en 8 bits.

Toda la variedad de pequeñas máquinas existentes (era raro que superasen los 64K de memoria RAM) eran incompatibles entre sí, todas estaban basadas en diferentes microprocesadores. Lo que era común fue el lenguaje Basic, que se convirtió por entonces en una especie de lengua franca, a pesar de que existían múltiples dialectos.

Los principales micros de la época eran el 6502 de MOS Technologies, el Z80 de Zilog, que era una mejora del 8080 de Intel. El fundador de Zilog, Federico Faggin, antes ingeniero de Intel había participado del diseño del 8080.

Otro de los fabricantes de microprocesadores que pisaba fuerte era Motorola, con su serie de procesadores 6800 para sistemas de 8 bits y luego la serie 68000 de 16 bits, que fue el corazón de las McIntosh de Apple, como también de la Commodore Amiga y las ST de Atari algo más tarde.

Commodore adquirió MOS Technologies a fines de los setenta, hecho que significó el ingreso de esa compañía al naciente mercado de computadoras personales. Anteriormente la compañía se había dedicado a fabricar máquinas de escribir.

El modelo más popular fue la Commodore 64, que se presentó en la CES (*Consumer Electronics Show*) de Las Vegas en enero de 1982 y llegó a convertirse en la computadora más vendida de la historia.

Este ecosistema de plataformas incompatibles entre sí y marcado por una competencia sumamente hostil entre los diferentes fabricantes dio sin embargo origen a una creciente industria del software, en particular el segmento de los juegos de video se volvió un negocio redituable. Levy (Levy 2010) describió de manera muy interesante el proceso de despegue de esa industria. Cada fabricante luchaba por imponer su propio estándar y la heterogeneidad del hardware dificultaba o dispersaba el desarrollo de software.

Durante la primera mitad de los años ochenta se desarrolló un intento de estandarización, el MSX, que fue desarrollado y posteriormente comercializado por Microsoft Japón. Su autor fue Kazuhiko Nishi. Las siglas MSX significaban *Microsoft eXtended*.

Este estándar permitió que diferentes fabricantes de Japón primero y luego de otros países implementaran MSX en sus computadoras, por ejemplo Sony, Toshiba, Sanyo, Casio entre otros. En la Argentina se produjo la DPC-200 y más tarde una implementación de MSX2 llevada a cabo por Talent, que la produjo hasta 1990.

Sin embargo, para esa época otro estándar, el de IBM PC y sus clones ya se había terminado por imponer.

BIOS para todos

Uno de los problemas que surgían de la ausencia de estándares era que los precios del hardware, de las máquinas y sus diferentes accesorios resultaban más costosos. Los clones de PC fueron los protagonistas de la siguiente ola de expansión de la industria informática y sus efectos serían por demás revolucionarios.

Con la IBM 5150 la compañía siguió los pasos de la Apple II y de la Altair un tiempo antes. Lo que es difícil de evaluar retrospectivamente es si sus productores fueron conscientes de que la "apertura" y la consiguiente estandarización de la arquitectura ocasionaría que el producto se les escapara de sus manos.

Como antes había hecho Apple, IBM publicó una extensa y detallada documentación de la arquitectura de su PC. El *IBM PC Technical Reference*

Manual incluía circuitos esquemáticos del 5150, también se daba a conocer el código fuente del BIOS, junto a otras informaciones.

La documentación permitió que rápidamente creciera toda una serie de terceras partes que desarrollaron hardware y software. Esta apertura trajo aparejada, del lado del hardware sobre todo, un progresivo descenso de los precios que favorecieron a los consumidores.

En 1982 comenzaron a aparecer competidores para la PC de IBM (5150).[11] Agravó la situación el hecho de que esas máquinas eran además compatibles con la PC de IBM.

IBM había publicado las especificaciones del bus y del BIOS previendo que eso promoviera la fabricación de accesorios y periféricos construidos por terceros. Posiblemente no esperarían que el equipo fuera clonado como en efecto ocurrió. El BIOS estaba protegido por lo que si alguna compañía lo copiaba literalmente infringía el *copyright* de IBM. El caso de Apple vs Franklin Computers había sentado un precedente acerca de cómo habrían de expandirse los efectos del *copyright* sobre el software a partir de los años ochenta. Poco tiempo después Richard M. Stallman inició su campaña en contra de ese estado de cosas.

Resultaba factible reproducir e incluso incluir mejoras respecto del PC "original" de IBM, porque su arquitectura era predominantemente abierta, pero bajo ningún concepto podía copiarse el BIOS original, porque este estaba bajo *copyright* del gigante azul. Quien acaso intentara hacerlo, de seguro correría la misma suerte que Franklin Computers, salvo que desarrollara un método para reescribir el código del BIOS sin incluir nada del original.

BIOS, la pieza clave de los nuevos clones

Todos aquellos que hemos crecido con la PC, por alguna u otra razón nos hemos cruzado o interactuado con el "BIOS", pero ¿Qué es esa cosa llamada BIOS? Y sobretodo ¿Por qué resulta relevante desde el punto de vista de una historia de la computadora personal? Veamos algunas de esas razones.

La idea que motivó el desarrollo del BIOS era la de aislar una serie de interfaces que permitieran abstraer las particularidades específicas de cada sistema.

---

[11]La Apple II había transitado un camino similar. Apple inició un litigio contra la firma Franklin Computers en 1983. Un juzgado de Pennsylvania determinó que la computadora Franklin ACE 1000, un clon de Apple II contenía una copia de la memoria ROM de Apple y por eso determinó que había infringido derechos de propiedad de Apple.

Así, ciertos subsistemas de hardware podrían variar, pero el BIOS proporcionaría al sistema operativo una interfaz uniforme.

El primero en implementar esta interfaz o BIOS (siglas de *Basic Input/Output System*) fue Gary Kildall, el autor del sistema operativo CP/M en 1975.

A partir de allí, fue evolucionando la noción de BIOS como una capa de abstracción entre los diferentes subsistemas de hardware (discos, teclados, impresora, etc) y el sistema operativo.

Kildall fue un *hacker* y un emprendedor infatigable. Sus desarrollos fueron mucho más allá de CP/M. Hasta su trágica desaparición participó como conductor televisivo, junto a Stewart Cheifet, en la emisión *The Computer Chronicles* que se emitió desde 1983 hasta 2002 por la cadena PBS de los Estados Unidos. Actualmente la mayoría de esas emisiones están disponibles en YouTube.

La empresa de Kildall, Digital Research fue la primera candidata a proveer el sistema operativo (CP/M) para la PC de IBM. Pero no hay que desestimar el hecho de que IBM decidió equipar a su PC 5150 con un intérprete Basic en ROM para no ser menos que sus competidoras en 1980. Por entonces Microsoft era el proveedor indiscutido de intérpretes Basic.

Aparentemente, la firma de Kildall no habría estado del todo de acuerdo con los términos que IBM buscaba imprimirle al acuerdo. IBM procuraba pagar una suma fija para poder disponer del sistema operativo para la 5150 pero no estaba dispuesta a abonar derechos adicionales por copias.

Posiblemente, al disponer de mejor información Microsoft fue lo suficientemente astuta para obtener el trato soñado: IBM dispondría de PC-DOS para la 5150 y Microsoft no tendría impedimento alguno para vender MS-DOS a terceros. Cuando se disparó el mercado de los clones, esa cláusula resultó ser la base sobre la cual Microsoft obtuvo una posición absolutamente dominante en el mercado del software.

PC-DOS era una reescritura de CP/M portada a la arquitectura x86 a través de ingeniería inversa realizada por Seattle Computer Products.

El DOS dependía estrechamente de la interfaz con el hardware que proveía el BIOS.

Los sistemas operativos primitivos, como DOS o CP/M tenían una dependencia directa del BIOS. Los sistemas operativos más avanzados, como Linux o BSD no dependen del BIOS más que como un simple pasamanos a su gestor de arranque (*bootloader*).

Los primeros BIOS hasta las PC XT no tenían una interfaz de usuario para su configuración, conocida como *bios setup*. Las configuraciones, por ejemplo de la prioridad del dispositivo de arranque (búsqueda de dispositivos para arranque) se hacía a través de una serie de DIP switches presentes en la placa principal (*motherboard*). El PC de IBM (5150) buscaba el sector de arranque en la primera unidad de floppy y si no lo encontraba entonces iniciaba un intérprete Basic de Microsoft desde una memoria ROM. Estaba claro que en aquel momento la PC tenía que competir con toda una serie de computadoras "hogareñas" que iniciaban un intérprete Basic con solo apretar el botón de encendido.

En junio de 1982 Columbia Data Products (CDP) presentó su modelo MPC 1600, que promocionaba como una Multi PC (*Multi Personal Computer*). El nombre venía dado por el hecho de que el equipo podía correr el sistema operativo MP/M-86 que fue la variante multi-usuario de CP/M. Además, MPC 1600 podía también arrancar MS-DOS con lo que resultaba compatible con la IBM 5150 PC.

Para evitar cualquier litigio a raíz del *copyright* del BIOS CDP utilizó una técnica de ingeniería inversa conocida como *clean room design* ("Diseño en cuarto vacío"). El método, también conocido como "muralla china", consiste en que un equipo de desarrolladores estudie el producto a reimplementar. A partir de ese análisis un primer equipo debe describir el producto y escribir una serie de especificaciones y requerimientos. Los documentos resultantes se le entregan a un segundo equipo, totalmente diferente y aislado del primero, para que escriba el código. El aislamiento o el efecto "muralla" contribuye a que el código de la reimplementación no incluya nada del código original. Esa fue la técnica que utilizaron los ingenieros de CDP para reescribir el BIOS, por entonces unos 8KB que se almacenaban en una memoria EPROM. La computadora de CDP comenzó a competir en cuanto al precio con la PC de IBM, pero poco después comenzaron a aparecer PC compatibles que fueron incluso mejorando las prestaciones de la PC original, la 5150 de IBM. A principios de 1983 una empresa basada en Texas presentó su Compaq Portable. Se trataba de una PC basada en Intel, pero en un gabinete en forma de valija de modo que resultaba transportable.

Los ingenieros de Compaq utilizaron la misma técnica *clean room* y lograron un asombroso 95 % de compatibilidad con el BIOS original de IBM, logro hasta entonces nunca obtenido.

El documental "Silicon Cowboys" narra la historia de Compaq con los testimonios de sus fundadores y otros ingenieros que participaron del diseño del "Portable".

El siguiente y enorme paso adelante a propósito de BIOS de PC lo dio la compañía Phoenix Technologies que a partir del mismo método logró la compatibilidad al 100 %. A partir de entonces su negocio principal fue el licenciamiento de BIOS a fabricantes de computadoras y *motherboards* de PC.

Los clones habían nacido y habrían de revolucionar la computación personal, como se la había conocido hasta entonces.

El despliegue de la industria de los clones de PC tuvo como resultado la *commoditización* del hardware. El consiguiente aumento y dispersión de la oferta provocó que los precios descendieran al tiempo que la capacidad de cómputo seguía creciendo, acompañando la curva prevista por Moore.

Unos años más tarde, el primer día hábil del mes de enero en Helsinki un jóven llamado Linus Torvalds retiraba uno de esos clones, una caja color beige no demasiado atractiva pero equipada con un Intel 80386 dentro.

Unix Wars

Desde los comienzos del Sistema Bell AT&T se constituyó como un monopolio regulado. Contrariamente a lo que se hubiera podido esperar de un monopolio la compañía invirtió altos porcentaje de sus ingresos en investigación y desarrollo, mayormente a través de los Bell Telephone Labs. En 1956 se revisaron las regulaciones, pero la compañía consiguió mantener las condiciones monopólicas de un "único sistema y servicio universal". Los directores de la compañía siempre tuvieron poder de *lobby* y buena llegada a funcionarios del gobierno. Se debe tener en cuenta además que durante la Segunda Guerra AT&T había contribuido activamente a través de sus científicos e ingenieros, quienes colaboraron en diversas áreas, como radiocomunicaciones, radares, criptografía, etc. Además esta colaboración se mantuvo cuando comenzó a gestarse el proceso conocido como "Guerra Fría", entre los Estados Unidos y la Unión Soviética.

El prestigio y el poder de negociación de AT&T se incrementaba gracias a los logros y reconocimientos obtenidos por los Bell Labs. Los Labs habían sido por décadas un faro de innovación tecnológica. El transistor y la electrónica de estado sólido, la teoría de la información, el uso de microondas para telecomunicaciones, el desarrollo del laser, junto con los primeros satélites de comunicación fueron solo algunos de los más grandes logros de los Bell Labs en la posguerra.

Durante los años setenta el Departamento de Justicia se cuestionó acerca de la posición dominante de AT&T. A mediados de esa década comenzaron los procesos judiciales, pero su desarrollo fue más bien lento. Al respecto puede consultarse a (Salus 1994a) y (Gertner 2012).

El proceso judicial recién concluyó en 1984, con un fallo que obligó a AT&T a desinvertir en ciertos activos y reestructurar algunas de sus empresas. Por ejemplo, dicho fallo, conocido en inglés como *disvestiture* obligó a que se disolviera la subsidiaria de hardware, Western Electric.

Desde el punto de vista de Unix, el hecho más trascendente fue que a partir de ese momento AT&T sí estuvo habilitada a participar en el mercado de hardware y software informático. En 1983 se presentó Unix System V y a partir de entonces se lo comenzó a promocionar con una intensa campaña de marketing.

Si bien desde la séptima versión de Research Unix el código fuente ya no se distribuía con los medios de instalación de Unix, a partir de 1983 las condiciones se endurecieron aún más. El costo de las licencias se incrementó significativamente tanto para universidades como para empresas.

Las restricciones a la circulación del código fuente y al intercambio entre las diferentes instituciones que trabajaban en el código de Unix, tuvieron como resultado que las distintas variantes del sistema operativo empezaran a diverger entre sí. Cada *vendor* de Unix pretendió además agregar funcionalidades que distinguieran *su* Unix del de sus competidores. Esta fue la tendencia general a lo largo de la década de los ochenta como parte del proceso que se denominó *Unix Wars*. A tal punto se habían cerrado y aislado a quienes codeaban Unix que diferentes versiones del sistema operativo comenzaron a dejar de ofrecer compatibilidad entre binarios, de modo que una cierta aplicación compilada en el Unix de un fabricante podía no correr en el de otro fabricante.

En la medida en que el costo de los chips y las memorias disminuía, y la capacidad de cómputo y de integración de transistores no dejaban de crecer, nuevos jugadores entraron en el mercado del hardware: las *workstatations*. En un principio, las *workstations* se basaban en el procesador Motorola 68000, el mismo que equipó las Apple Lisa y McIntosh.

Andy Bectholsheim diseñó la primera *workstation* SUN, como parte del programa *Stanford University Network Communications* cuando aún era un estudiante de grado en Stanford. Se trataba de una workstation potente con capacidad gráfica. Tenía además un chip para MMU (Unidad de Gestión de Memoria), que le permitía correr BSD con memoria virtual.

La universidad de Stanford licenció el diseño, lo que originó que algunas compañías comenzaran a comercializar *workstations* con Unix. Entre ellas,

la que más prosperó fue SUN, la compañía que Bechtolsheim fundó junto a
Vinod Khosla y Scott McNealy. Poco después, en 1982 se les sumaría Bill
Joy, que dejó su trabajo en el CSRG de Berkeley para pasar a trabajar en SUN
Microsystems.
El mercado de las *workstations* se expandía con rapidez. El principal motivo
era que una *workstation* tenía la capacidad de cómputo similar a una VAX de
DEC, con la diferencia que una *workstation* cabía sobre un escritorio.
A través del mercado de *workstations* Unix y computadoras como McIntosh
de Apple, muchas de las innovaciones que se habían desarrollado en los
laboratorios PARC de Xerox llegaron al mercado.
Las innovaciones nacidas en el PARC (*Palo Alto Research Center*) de Xerox
eran numerosas y el mercado de *workstations* habilitó que ellas llegaran al
mercado y progresivamente ganaran masividad. Entre esas innovaciones se
encontraban el desarrollo de interfaces gráficas de usuario, y la conectividad
en redes (*networking*). Las *workstations* y las Apple fueron el vehículo para
que las innovaciones del PARC, a las que Xerox había dado la espalda, finalmente llegaran a los consumidores.
El caso de Xerox y su centro de investigación en Palo Alto constituye un caso
opuesto al de AT&T y sus Bell Labs. Xerox entonces tenía sus beneficios
asegurados atendiendo el mercado en el que se enfocaba: las fotocopias. Tan
estrecho era ese vínculo que de hecho, en algunos idiomas "Xerox" es el
sustantivo con el que se designa a las fotocopias. En los principios de SUN
Microsystems sus workstations estaban equipadas con BSD que era en gran
medida la obra de Bill Joy. Por supuesto, el mercado inicial de las *workstations* no era la computadora de escritorio promedio, dicho segmento era el
que cubrirían la PC y sus clones. Las *workstations* tuvieron como mercado
principal a la computación de alta performance, en las que podían correr
aplicaciones gráficas y en *clusters*.
La industria naciente de la animación gráfica por computadora utilizó las
workstations ya fueran de SUN, Sillicon Graphics o NExT. *Toy Story*, el primer largometraje de Pixar en 1995 utilizó una granja de más de un centenar
de equipos de SUN para el proceso de renderización del filme.
En restrospectiva, durante los años ochenta, muchas empresas competían
por hacerse con las mayores cuotas del mercado de Unix. El marketing de
AT&T no solo fue agresivo sino que también incluyó una poderosa campaña
judicial. El nombre que había surgido como una humorada *nerd* -Unix no
era Multics- se había convertido en una marca valiosa en sí misma que ahora
AT&T guardaba bajo siete llaves, custodiada por un ejército de abogados.

Cuando en los años ochenta comenzaron a desarrollarse sistemas tipo-Unix cuyo código fue escrito sin incluir código perteneciente a AT&T, mamá Bell miró a esas compañías con desconfianza e incluso las vigiló de muy cerca. Es importante destacar el caso de "Coherent", un sistema operativo tipo-Unix que desarrolló la compañía Mark Williams. Como un verdadero Unix, Coherent soportaba multitarea y multiusuario. Lo desarrollaron tres graduados de la Universidad de Waterloo en Ontario, Canadá: Dave Conroy, Randall Howard y Johan George. Ellos construyeron no solo el kernel del sistema, sino también un compilador C, todas las utilidades y un *shell*.

AT&T rápidamente apuntó contra la Compañía Mark Williams y una delegación técnica de la empresa revisó el código fuente de Coherent para verificar que el derecho de propiedad de AT&T no había sido vulnerado. Dennis Ritchie fue uno de los miembros de ese comité examinador.

El análisis del código de Coherent permitió concluir que Mark Williams no había utilizado código alguno de AT&T para codear su Coherent.

Coherent mostraba que era posible crear un sistema tipo-Unix, se requería estudiar el funcionamiento interno del sistema. La principal fuente disponible para estudiantes e ingenieros era el libro del australiano John Lions. Este libro incluía el código fuente de la sexta versión del Research Unix explicado con los comentarios del propio Lions. Esa fue la última versión a la que AT&T permitió la distribución del código fuente.

La delegación de AT&T de la que Ritchie formó parte determinó que la compañía MWC había escrito el código de Coherent desde cero, sin incluir código de AT&T.

A Coherent, junto con algunos otros sistemas tipo-Unix de la época le corresponde un mérito importante: ellos se centraron en lo que por entonces era apenas un nicho de mercado, pero que habría de convertirse en *mainstream*: el hardware commodity, incluidas las PC basadas en micros de Intel.

Coherent se desarrolló inicialmente para la PDP-11 de DEC, pero en poco tiempo pudo ser portado a múltiples arquitecturas: Motorola 68000, Zilog Z8000 y luego Intel 8086, 80286 y 80386.

Este hecho fue importante porque los grandes jugadores de la industria de Unix habían menospreciado sistemáticamente el mercado incipiente de la computadora personal. Quizá la excepción, como se ha visto, haya sido Microsoft con Xenix, pero luego cedió el sistema a la compañía SCO. Al nicho en que se ubicaban las PC económicas -en principio modestas- ni BSD, ni DEC ni AT&T prestaron en principio la atención que se merecía.

Hacia fines de los ochenta o comienzos de los años noventa podía comprarse un clon de PC por unos 900 ó 1000 dólares. Para equipar una PC con Coherent el usuario debía desembolsar unos 500 dólares estadounidenses adicionales. Hacia los años noventa el precio de aquel sistema operativo disminuyó a menos de la mitad. Con todo, es posible que para el usuario promedio el costo de Coherent resultara en principio bastante costoso. Mark Williams Company cerró en 1995. En 2015 el código de su sistema operativo se liberó como código abierto[12].

Los diferentes Unix, ya fueran derivados del código AT&T como Xenix, o derivado de BSD todos debían pagar por el licenciamiento de AT&T. Originariamente, y a lo largo de la década del setenta, a las universidades se les otorgaba una única licencia por institución. Cuando se inició el proceso de desinversión y fragmentación[13] de la compañía, es decir cuando comenzó a competir en el mercado de Unix, AT&T endureció los términos de licenciamiento, por lo que muchas universidades se vieron en serios problemas para mantener sus sistemas Unix, y por consiguiente sostener los cursos de sistemas operativos y lenguaje C. Este hecho motivó que el profesor Andrew Tanenbaum comenzara el desarrollo de un sistema operativo tipo-Unix, que luego sería conocido como Minix. Su ambiente de desarrollo fue en sus inicios un Coherent corriendo en una PC.

---

[12]El código fuente de Coherent puede encontrarse en http://www.nesssoftware.com/home/mw
c/source.php.

[13]*disvestiture* es el término jurídico que en inglés designa la decisión judicial que ordena a una compañía, que goza de una posición dominante o monopólica a desinvertir y diversificarse. En el caso de AT&T, Western Electric Co., su subsidiaria de hardware debió disolverse.

Hackers, escuela del Software Libre

RMS. Que el código te acompañe (*Copyleft*)

Parece haber un acuerdo general en torno al hecho de que el término *hack* y su complementario *hacker* surgió en el seno del MIT (Instituto Tecnológico de Massachusetts) durante los años cincuenta y sesenta.

Son valiosísimos los detalles que presenta Steven Levy en su libro, en el cual se ocupa de la historia de los primeros *hackers* (Levy 2010).

El término *hack/hacker*, como ya debe haber intuido el lector tiene aquí un significado diametralmente opuesto al uso más actual que los medios y el periodismo suelen hacer de él.

Hacker no es aquel que comete un delito informático o que roba monedas virtuales o que filtra archivos privados.

Acaso el punto de contacto entre *hacker* como un programador de excelencia, compenetrado y apasionado con la labor de codear y un "pirata informático" provenga del hecho de que el grupo inicial de los *hackers* del MIT tenía una disposición especial por abrir cerraduras para ingresar a áreas del campus a las cuales el acceso les estaba vedado. Es cierto, uno puede pensar que en el estilo *hacker* de hacer las cosas había un impulso a quebrar las reglas y las medidas de seguridad. Sin embargo, dicha disposición era más bien resultado de la atmósfera de un cierto anarquismo ordenado que imperaba en el ambiente del Laboratorio de Inteligencia Artifical del MIT, sobre todo.

Las humoradas para vulnerar las cerraduras o las *passwords* de acceso a la línea de comandos del sistema, más que pretender "romperlo" procuraban, tal vez sin proponérselo explícitamente, mostrar que un *hack* hábil e ingenioso les permitía tener acceso a una computadora que de otro modo no podrían usar. Hay que pensar, que en los setenta el tiempo de acceso a las computadoras disponibles era un bien escaso.

Quebrar barreras burocráticas, fueran estas cerraduras o *passwords* suponía demostrar los principios que guiaban la práctica del desarrollo en el Laboratorio de Inteligencia Artificial del MIT: cualquiera debía tener acceso a la computadora y el conocimiento debía compartirse. Todos, además, debían poder tener acceso al código que otros habían escrito, para reutilizarlo y mejorarlo si era necesario. El código de los programas debía estar a disposición de todos y circular como recetas de cocina, sus autores podían ser múltiples y quizá sus nombres podían ser olvidados pero lo que importaba era que el código estuviera abierto.

En su libro, Levy refiere la historia del TMRC (*Train Model Railroad Club*) del MIT, cuya existencia se remonta a mediados de la década de los años cuarenta y que constituyó la cuna de la primera generación de *hackers*.

Los miembros del TMRC habían desarrollado una maqueta o *layout* de trenes a escala que ocupaba el edificio número 20 del MIT. El edificio era una estructura provisoria que se había erigido en tiempos de la Segunda Guerra para albergar al laboratorio de Radiaciones, sin embargo continuó en uso más de lo esperado inicialmente, y esa característica hizo de él un ambiente mucho más "hackeable":

> "Su carácter temporario permitió a sus ocupantes de cierto modo abusar de la estructura de una forma que otras edificaciones no lo habrían permitido. Si alguien quería tender un cable entre un laboratorio y otro, solo tenía que sacar un destornillador, hacer un agujero en la pared y pasar el cable" (VVAA 1998).

Como el interior del edificio era de madera resultó adecuado para la instalación de la gran maqueta a escala del TMRC. El club tenía un ambiente de respetuoso desapego a la autoridad y una natural disposición a la libertad creativa. Funcionaba como una fraternidad en donde se reunía la comunidad de estudiantes interesados por el ferromodelismo. Para ser admitido como miembro pleno del club el recién llegado debía trabajar unas cuarenta horas en el "sistema" del TMRC. De esa forma se accedía a una copia de la llave de la puerta de la entrada.

Uno de los miembros del club durante los años cincuenta, Peter Samson, escribió un diccionario con las palabras que se habían acuñado en el TMRC.

Como todo buen *hack*, el diccionario era también un juego humorístico. Se puede encontrar allí una definición recursiva del verbo "hackear" (*to hack*) en el sentido al que se hace referencia aquí:

"1) Un artículo o proyecto sin un fin constructivo.
2) Trabajo comenzado a partir de un mal autoconsejo.
3) Un amplificador de entropía.
4) Producir, o intentar producir un hack" (Samson 1960).

Las actividades del club se dividían en dos grandes áreas: una basada en cola y pinceles para la costrucción de objetos de la superfície visible de la maqueta, la otra se basaba en relés y otros componentes electromecánicos. Estas dos áreas se correspondían con dos tipos diferentes de aficionados: unos, artistas que construían edificios a escala y montañas de papel *maché*, pintaban vagones y locomotoras. En la otra vereda estaban los miembros del Comité de Señales y Energía, conocido por sus siglas S&P (*Signalling and Power Commitee*), que se encargaba de construir, mantener y mejorar la obra de ingeniería que daba vida al conjunto. Se trataba de un sistema electromecánico basado en relés y otros dispositivos usados por lo general en telefonía que permitía que múltiples formaciones de trenes compartieran las vías y evitaban que se produjeran colisiones.

Los materiales utilizados por S&P (como se conocía a *Signalling and Power*) principalmente interruptores de barras cruzadas *crossbar switches* y relés provenían de las donaciones que la Western Electric hacía regularmente al MIT. En el seno del S&P se formó la primera generación de *hackers*, como los llama Steve Levy. Los principios que regulaban el funcionamiento de las centrales telefónicas fueron los primeros dispositivos que cautivaron la atención del grupo y muchos de sus principios los trasladaron al sistema ferroviario a escala. Ya se tratara de una central telefónica o de un sistema autogobernado para controlar los trenes, ambos sistemas se asemejaban a una computadora. Ambos cambiaban de estado o conmutan circuitos siguiendo ciertas entradas y una cierta lógica.

El responsable de introducir a los druidas del TMRC a la computación fue el profesor Jack Dennis, que había sido miembro del TMRC y que posterior- mente trabajó en el desarrollo de Multics. Dennis los introdujo en un cuarto en donde había una TX-0, una de las primeras computadoras de estado sólido (basada en transistores), que había sido diseñada a mediados de los años cin- cuenta. El equipo tenía una memoria *core* magnética de 64KB organizada en palabras de 18 bits. Los dos primeros bits de cada palabra se utilizaban para designar el tipo de instrucción que el procesador debía ejecutar ("adicionar", "almacenar", "ramificación condicional", etc). Esa razón era la principal causa por la que escribir un lenguaje *assembler* para esa máquina resultaba una tarea compleja.

La computadora había sido diseñada por el Lincoln Lab del MIT y en 1958 fue cedida por tiempo indeterminado al *Research Laboratory of Electronics* del que Jack Dennis formaba parte. Éste reclutó a los *hackers* del TMRC, que en poco tiempo fueron capaces de mejorar sustancialmente la TX-0. Modificaron la máquina de modo que se utilizaran cuatro bits para las instrucciones en lugar de los dos originales, lo cual mejoró drásticamente la programabilidad de la máquina.

A partir de 1963 la agencia DARPA (*Defense Advanced Research Projects Agency*), dependiente del Departamento de Defensa de los Estados Unidos impulsó y financió el proyecto MAC (*Mathemathics and Computation*). En el proyecto MAC confluyeron las mentes más poderosas y los mejores profesionales de su tiempo. Pese al estricto secreto que debía regir sus actividades, se trataba de un proyecto de Defensa en tiempos de la Guerra Fría, fue un campo fértil en el que habría de florecer la cultura *hacker*.

En el seno del proyecto MAC se formó el Grupo de Inteligencia Artificial, liderado por los pioneros Marvin Minsky y John McCarthy. Este último fue quien acuñó el término Inteligencia Artificial y creó el lenguaje de programación LISP.

El proyecto desarrolló investigaciones de punta en sistemas operativos de tiempo compartido, Inteligencia Artificial, Robótica, teoría de la Computación, entre otros campos. Además, dentro del marco del proyecto MAC se inició el desarrollo de Multics, el sistema operativo que influyó a Unix en el desarrollo de varias de sus funcionalidades.

En 1970, por iniciativa del profesor Marvin Minsky se fundó el Laboratorio de Inteligencia Artificial, al cual convocó al grupo de *hackers* de la TX-0 y miembros del TMRC. Ellos fueron los desarrolladores que dieron vida al sistema operativo ITS, siglas de "Sistema Incompatible de Tiempo-compartido" (*Incompatible Time-sharing System*). El nombre era una humorada que respondía a las siglas de otro sistema operativo, el CTSS (*Compatible Time-sharing System*), que también había sido desarrollado en el MIT por un equipo liderado por el profesor Fernando Corbató.

Los líderes intelectuales del AI Lab contribuyeron a promover un cierto clima de *laissez-faire* que resultó ser por demás productivo.

Mientras algunos científicos se enfocaban en la producción de conocimiento teórico, el grupo de *hackers* se centraba en el desarrollo aplicado a sistemas operativos y aplicaciones con completa libertad. El ambiente general del AI Lab tenía cierta continuidad con el reinante en el TMRC: la ética *hacker* siempre descreía del principio de autoridad impuesta. El respeto y la autoridad emanaban de habilidades concretas para producir soluciones prácticas y elegantes.

Richard M. Stallman se unió al laboratorio de IA solo un año después de su creación. Stallman era un estudiante de la vecina universidad de Harvard, también localizada en Cambridge, Massachusets. Cuando comenzó a frecuentar el laboratorio, Stallman había completado el primer año de su formación de grado. En 1974 se graduó en Física con los máximos honores.

En palabras del propio Stallman, según refiere Levy, el Laboratorio de Inteligencia Artificial se convirtió en su hogar (Levy 2010).

La atmósfera reinante en el Laboratorio de Inteligencia Artificial permitía a los investigadores trabajar de forma colaborativa y comunitaria. El código que se producía estaba disponible para que cualquier otra persona pudiera utilizarlo, analizarlo o mejorarlo. No existían barreras burócráticas de acuerdo con los principios *hacker* que se habían convertido en la cultura técnica a lo largo de las décadas previas.

El sistema operativo ITS estaba codeado en lenguaje assembler para la computadora PDP-10 de DEC, que era uno de los modelos mediano/grandes de Digital Equipment, marcadamente más poderosa que la PDP-11 que para la misma época se usaba para Unix en los Bell Labs.

Uno de los trabajos tempranos de Richard Stallman en el labratorio de IA estuvo ligado al editor de texto Emacs.

El editor que se usaba en ITS anteriormente se llamaba TECO, siglas de *Text Editor and Corrector*, que además era un lenguaje de programación interpretado. El editor había sido desarrollado en 1962 para usarse en máquinas DEC. TECO incluía un lenguaje de *scripting* que permitía escribir macros y de ese modo extender las funcionalidades del editor. Con el tiempo, se convirtió en una suerte de metalenguaje que podía servir para escribir editores de texto.

Stallman concibió Emacs *(Editor MACros)* como una forma de sintetizar las mejores ideas de otros editores y pretendió construir uno que reemplazara a todos los demás (Moody 2001).

La versión inicial de Emacs vio la luz en 1975, estaba escrito en TECO y corría únicamente en ITS. Sus autores fueron Stallman, Guy Steele y algunos otros *hackers* del laboratorio de IA. En sus inicios Emacs circuló en el Lab de IA y en algunos otros departamentos y laboratorios vecinos.

Como era costumbre del MIT, cualquier persona podía utilizar libremente la aplicación. Sin embargo Stallman había establecido una regla adicional: las mejoras que diferentes desarrolladores introdujeran a Emacs debían ser remitidas a él, para integrarlas en la base de código fuente principal de Emacs. De esa forma, toda la comunidad de desarrollo podía beneficiarse del trabajo colectivo.

Aquella era ciertamente una regla no escrita en el Lab de IA, pero con la expansión que Emacs habría de experimentar más allá de los límites del Laboratorio aquello suponía de alguna forma difundir la ética hacker más allá del MIT.

Richard M. Stallman incluyó en el código fuente de Emacs los términos de uso que se aplicaban a su programa: cualquier persona podía utilizar, modificar y distribuir libremente el editor, con la única condición de que en el caso en que lo modificaran debían enviar el código nuevamente a Stallman. Él bautizó a este tipo de contrato como "Comunidad Emacs".

Como el editor era por naturaleza extensible, el trabajo de la comunidad le agregaba mucho valor. La desventaja del esquema de licenciamiento original que Stallman había pergeñado como "Comunidad Emacs" era que resultaba por completo centralizado. Todas las contribuciones tenían que pasar por las manos del propio Stallman. En los primeros tiempos la licencia funcionó satisfactoriamente, y pese a sus limitaciones logísticas resultó ser el germen de la licencia GPL.

El IA Lab del MIT fue la cuna de los estudios en Inteligencia Artificial. LISP, el lenguaje de programación creado por John McCarthy, fue la lengua franca del Laboratorio.

LISP -siglas de *List Processor*- era para la época un lenguaje de avanzada. McCarthy había diseñado un mecanismo que tiempo más tarde sería también utilizado en otros lenguajes, el denominado *Garbage Collector*. Dicho mecanismo libera al programador de tener el debido cuidado de liberar la memoria que su programa ya no utiliza. En caso de no hacerlo eficientemente o debido a errores, puede provocar un tipo de falla conocida como "goteo de memoria" (*memory leaks*). Por el contrario, el *Garbage Collector* escanea automáticamente la memoria y libera espacio de memoria que ya no es utilizado debido a que variables u otro tipo de estructuras de datos han quedado fuera de alcance.

Steve Russell llevó a cabo las primeras implementaciones de LISP en grandes *mainframes* de la época, como la IBM 704.

Como de alguna manera LISP estaba algo adelantado a su tiempo, la principal dificultad suponía encontrar la computadora que fuera capaz de satisfacer los requerimientos del lenguaje.

En el Lab de Inteligencia Artificial, Richard Greenblat junto con Tom Knight y otros *hackers* fueron quienes, durante los años setenta, iniciaron el desarrollo de una máquina LISP que sería conocida luego como *LISP Machine*. Una máquina a la medida del lenguaje de McCarthy y del por entonces incipiente campo de la Inteligencia Artificial.

Durante la segunda mitad de la década del setenta el MIT financió el desarrollo de esas computadoras y recibió fondos de la ARPA (*Advanced Research Projects Agency*). Ya promediando los años setenta el MIT había vendido una decena de las máquinas LISP (Levy 2010).

Estaba claro que tarde o temprano la máquina de Greenblatt sería explotada comercialmente a mayor escala. Fue en efecto, ese proceso de comercialización de las máquinas LISP el que acabaría vaciando el Laboratorio de IA de sus mejores *hackers*.

Russell Noftsker había sido uno de los administradores del Laboratorio y además el que decidió la contratación de Richard M. Stallman. Noftsker pasó unos años en Sillicon Valley y regresó al Laboratorio con el plan de crear una compañía basada en las LISP Machines (Levy 2010).

Esa firma se llamó Symbolics y con abundante financiamiento proveniente de capital de riesgo procedió a contratar a casi todos los *hackers* del IA Lab del MIT, a excepción de Richard Greenblatt y Richard Stallman. Greenblatt tenía una visión más conservadora que la de Nofstker sobre cómo debía consolidarse una empresa. Él descreía del capital de riesgo ya que en su opinión una empresa saludable debía mantener las cosas simples y no deberle nada a nadie. En la medida en que las órdenes de las máquinas comenzaran a llegar y fueran entregadas, parte de las utilidades se reinvertirían en la compañía. Para Greenblatt, de esa forma la búsqueda *hacker* del perfeccionamiento técnico no tendría que negociar con la gerencia comercial. Basado en estos ideales Greenblatt fundó LMI (*Lisp Machines Inc*).

Richard Stallman decidió permanecer en el Laboratorio de IA, aunque aquello significó para él un dolor inmenso. Era como perder su hogar, con el agravante de que a principios de los años ochenta el Laboratorio se convertió en un campo de batalla para las dos compañías que habían surgido de su seno, Symbolics y LMI.

Ambas compañías tenían derecho a utilizar códigos y diseño de las máquinas LISP que se habían originado en el Laboratorio. Sin embargo, al igual que ocurriría en otros centros de investigación y empresas, los años ochenta fueron el escenario de la privatización del código que antes había sido abierto. La puja entre Symbolics y LMI produjo una creciente grieta, al derivarse en base de códigos independientes y que además competían entre sí, lo que a su vez debilitaba la interoperabilidad entre los LISP y las máquinas de una empresa y otra. LISP en las versiones de una y otra compañía comenzó a diverger.

En su libro, Levy califica a Stallman como "el último *hacker*" (Levy 2010). En efecto Stallman resistió en soledad en el Laboratorio del MIT. Su trabajo durante 1982 consistió en mantener actualizado el código fuente del sistema LISP del MIT para intentar mantener a toda costa la compatibilidad con el sistema de Symbolics. Al principio esta empresa permitía a Stallman acceder y analizar el código fuente, pero no copiar nada de él.

Como refiere Sam Williams, esto era un pacto de caballeros que habían acordado Symbolics y el MIT. Sin embargo, significaba una labor titánica para un solo hombre en la trinchera. Mientras pudo, Stallman intentó equilibrar la balanza de forma que LMI, que sí compartía el código fuente del sistema de las LISP Machines con el MIT se mantuviera en carrera.

Como Williams ha señalado, aquel año el Laboratorio de Inteligencia Artificial fue campo de batalla entre Symbolics y LMI, y un año terriblemente doloroso para Stallman. El laboratorio se había vaciado de *hackers* y él era uno de los últimos aún allí.

Tomó partido por LMI, la compañía de Greenblatt con más alma *hacker* y decidió dar pelea con las herramientas que mejor manejaba: el código. En solitario codeó de sol a sol reescribiendo las funcionalidades que sus antiguos camaradas del Lab agregaban al sistema operativo de Symbolics. Era una tarea agotadora y extremadamente solitaria.

Con justicia, Williams comparó el idealismo de Stallman con John Henry, el héroe popular de la cultura norteamericana que decidió trabajar tan duro como para vencer a la máquina de vapor.

Gracias al trabajo de Stallman la versión del operativo del MIT y también la de LMI se mantuvieron compatibles con la versión de Symbolics.

Sin embargo, en marzo de 1982 se quebró el pacto de caballeros entre el MIT y Symbolics, cuando los abogados de la compañía determinaron que el Laboratorio de IA ya no tendría libre acceso al código fuente (Williams 2002).

Ya sin el código que agregaba Symbolics disponible para analizarlo, Stallman continuó su trabajo sobre la base de sus propios criterios e ingeniería reversa. En esa época Stallman se encontraba emocionalmente comprometido en aquel conflicto: "Iba a castigar a Symbolics, aunque aquello fuera lo último que hiciera" (Williams 2002). Stallman se ocupó de que su código siempre estuviera disponible para LMI y él les informaba los *bugs* tan pronto como era posible.

Como un John Henry del siglo XX, Stallman estaba equiparando el trabajo de más de una decena de desarrolladores de Symbolics. Debió ser una tarea por demás desgastante.

Conviene analizar también los hechos relativos a la guerra de las LISP Machines en función de las implicancias que esos hechos habrían de tener en el trabajo sucesivo de Stallman: Symbolics usufructuó el código fuente originado en el MIT, ya que esa institución lo licenció en términos más bien laxos. Sin embargo, poco tiempo después Symbolics se adueñó del código fuente y lo cerró, de modo que ni el Laboratorio de IA ni la competencia de LMI pudieran aprovecharlo.

Con todo, estos episodios de la competencia por las LISP Machines serían apenas una de las tantas batallas que se librarían en la industria y en el mercado del software durante la década de los ochenta.

Como resultado de aquella tarea quijotesca y debido a su intensa implicación en el conflicto Symbolics/LMI, el pensamiento de Richard Stallman ingresó en una etapa de politización creciente.

El proceso de privatización del código fuente, legalmente fundado sobre las leyes que habían surgido del *Copyright Act* de 1976 se convirtió en una tendencia dominante a partir de los años ochenta. También habría de proliferar su contracara ilegal, la piratería.

Hacia fines de 1982 sus amigos de LMI ya habían encontrado la forma de hacerse con una cuota del mercado y gracias a la ayuda que le brindó la inversión de Texas Instruments la empresa salió a flote y se mantuvo activa hasta 1987. Para entonces, la primera oleada comercial de la Inteligencia Artificial estaba declinando. Aquel año LMI se adhirió al Capítulo 11, de reorganización por bancarrota. Symbolics sobrevivió algunos años más.

A las máquinas LISP les corresponde el mérito de haber desarrollado características innovadoras para la época: fueron pioneras en el mercado de workstations, utilizaron *displays* gráficos basados en mapas de bits de alta resolución, entre otras.

Se puede pensar: Richard Stallman era un *hacker* del sistema operativo ITS y del que equipaba las LISP Machines, no había tenido demasiado contacto directo desarrollando aplicaciones para Unix: ¿Por qué su objetivo siguiente fue crear un sistema operativo tipo-Unix?

Los primeros años de la década del ochenta marcaron un verdadero punto de inflexión. Por un lado, la guerra de las máquinas LISP había diezmado el Laboratorio de IA del MIT, pero también el sistema operativo ITS (*Incompatible Time-sharing System*) estaba llegando al final de sus días.

El sistema operativo ITS, originario del Laboratorio de IA, solo podía correr en el *mainframe* del Laboratorio, una PDP-10 de DEC. El sistema no era fácil de portar a otras arquitecturas porque estaba desarrollado en *assembler* para la computadora de DEC.

La serie de PDP-11, en donde Thompson y Ritchie habían iniciado Unix era una computadora de características mucho más modestas que la de la serie PDP-10.

DEC anunció que discontinuaría la serie PDP-10 en 1983 y lo reemplazaría por una nueva línea de productos, llamada VAX.

El Laboratorio de IA del MIT anunció que reemplazaría la antigua PDP-10 por una VAX 11/780 cuyo sistema operativo era VMS, desarrolado por DEC. La mayoría de los *hackers* de ITS ya no estaban en el Laboratorio, ya que se habían marchado a Symbolics.

Richard Stallman debió prever que un sistema operativo portable -Unix ya había demostrado que lo era- se adaptaría mejor a un mundo en el que el hardware cambiaría a un ritmo acelerado. La enseñanza que ITS había provisto era concluyente. Las ventajas de utilizar un lenguaje de más alto nivel como C eran evidentes a la hora de permitir portar el código.

Aquel año de 1982, fue en efecto un punto de inflexión para Stallman. En sus propias palabras:

> "Una vez que terminé de castigar a Symbolics tenía que decidir qué es lo que yo haría. Tenía que crear un sistema operativo libre, eso estaba claro. Esa sería la única manera de que la gente pudiera trabajar en forma conjunta y compartir el producto de su trabajo" (Stallman 2002).

No es que la posibilidad de crear un sistema libre pero basado en LISP Machines fuera del todo ajeno a las intenciones de Stallman:

> "Al principio pensé en hacer un sistema basado en LISP, pero me di cuenta de que eso no sería, técnicamente hablando, una buena idea.
> Para poder tener algo semejante al sistema de una máquina LISP se necesitaba un microcódigo de propósito especial. Eso es lo

que hizo posible ejecutar programas tan rápido como lo harían otros sistemas pero además obteniendo el beneficio de la verificación de tipos. Sin eso el sistema se convertiría en algo similar a los compiladores de LISP existentes en otros sistemas. Los programas podían ser rápidos, pero serían inestables. No surgirían demasiados problema si tu estás escribiendo aplicaciones generales que corren en un sistema de tiempo compartido y tu programa falla. Eso no es un gran problema salvo que estés escribiendo un sistema operativo, por eso rechacé la idea de un sistema basado en las LISP Machine" (Stallman 2002).

Stallman se refería en aquel discurso de 2002 a la diferencia que supone escribir el kernel de un sistema operativo y las aplicaciones que corren en espacio de usuario[14].

"Decidí en cambio hacer un sistema operativo tipo Unix que tendría implementaciones de LISP para poder correr aplicaciones de usuario. El *kernel* del sistema no estaría escrito en LISP, pero habría LISP disponible" (Stallman 2002).

Un impredecible salto al futuro

Con el Laboratorio de IA vacío por la competencia desatada entre las dos compañías de LISP Machines y con su querido ITS llegando al fin de su ciclo de vida, Richard Stallman estaba solo. Su toma de partido a favor de LMI le había valido distanciarse de sus antiguos camaradas *hackers*, que ahora estaban trabajando para Symbolics.
La década del ochenta, con el proceso de abaratamiento del hardware debido a su "commoditización" mostró cómo la industria del software podía crecer de forma sostenida. Los videojuegos eran uno de esos campos como también el software de oficina para PCs (hojas de cálculo, procesadores de texto). En el marco de ese proceso, el avance del software propietario -nombre que el propio Stallman hubo de darle- era una tendencia irreversible.
Luego de pasar un año codeando frenéticamente para equiparar el sistema operativo de las LISP Machines del MIT y LMI con el sistema de Symbolics, Stallman ponderó si dejar el MIT para intentar otro proyecto.

---

[14]Unix y sus derivados actuales, como GNU/Linux le garantizan al kernel un espacio de ejecución protegido de cualquier tipo de interferencia con las aplicaciones.

El martes 27 de septiembre de 1983 Richard M. Stallman envió un mensaje en el *newsgroup* de Usenet net.unix-wizards. Los *newsgroups* eran grupos de discusión en torno a una temática dada, bastante similares al funcionamiento de listas de correo y foros actuales[15].

Los mensajes se distribuían entre diferentes nodos de la red ARPANet - antecedente de Internet- que por entonces interconectaba universidades y empresas en los Estados Unidos y algunos países angloparlantes.

Aquel día de comienzos del otoño en el hemisferio norte, los lectores del *newsgroup* Unix wizards pudieron leer:

"From: RMS@MIT-OZ@mit-eddie.UUCP (Richard Stallman)
Newsgroup: net.unix-wizards, net.usoft
Message-ID: <771@mit-eddie.UUCP>
Subject: New Unix implementation Date: Tue, 27-Sep-83 13:35:59 EDT
Organization: MIT AI Lab, Cambridge, MA
Lines: 90
Unix gratis!
A partir de este Día de Acción de Gracias voy a escribir un sistema compatible con Unix completo, se llama GNU (por"GNU no es Unix") y se lo entregaré gratis a todo aquel que pueda usarlo. Se necesitan imperiosamente contribuciones de tiempo, dinero, programas y equipamiento.

Para empezar GNU será un kernel más todas las utilidades que se necesitan para escribir y ejecutar programas en C: editor, shell, compilador C, linker, ensamblador y algunas otras cosas más.

Luego de eso, le agregaremos un formateador de texto, YACC, un juego del Imperio, una hoja de cálculo y cientos de otras cosas más. Esperamos proveer eventualmente todo lo que suele incluirse en un sistema Unix, como también documentación en línea e impresa.

GNU será capaz de ejecutar programas Unix, pero no será idéntico a Unix. Haremos todas las mejoras que sean convenientes, basándonos en nuestra experiencia con otros sistemas operativos.

---

[15] Usenet con sus grupos podría ser considerada la primera red social. Si hubiera que comparar el funcionamiento de los *newsgroups* con una red social actual, tal vez la más parecida sea reddit.

En particular planeamos tener nombres de archivos más largos, versionado de archivos, tal vez autocompletado de nombres de archivos, soporte para display independiente por terminal, sistema de archivos a prueba de *crashes* y eventualmente un sistema de interfaz gráfica de ventanas basado en LISP a través del cual varios programas basados en LISP como también programas Unix normales puedan compartir la misma pantalla. Tanto C como LISP estarán disponibles como lenguajes de programación.

Tendremos un software de conectividad en red basado en Chaosnet del MIT, por lejos superior a UUCP. También tendremos algo compatible con UUCP" (Stallman 1983).

Para entonces, Richard M. Stallman tenía un sueño. No mucho más que eso, pero estaba dando un giro de timón a su carrera en el MIT para procurar preservar y hacer perdurar el modo en que los *hackers* del Laboratorio de IA producían software y hardware. En los términos en que los planteaba, era un proyecto de largo aliento. Se trataba pues de crear un sistema tipo-Unix, como Coherent por ejemplo, pero en una manera mucho más ambiciosa.

GNU era un acrónimo recursivo (*GNU no es Unix*) que se ubicaba en la misma línea del juego de palabras ITS. Además el nombre dejaba bien claro de antemano que "aquello no sería" Unix, no incluiría nada del código propiedad de AT&T, de manera que no podría ser atacado por el ejército legal que AT&T estaba desplegando.

Si se lee en restrospectiva el mensaje de 1983 arriba citado, se puede apreciar como una suerte de hoja de ruta que Richard Stallman había fijado para sus próximos años de trabajo. A través de aquel mensaje la hizo pública. Tenía entonces 30 años y estaba trazando su plan de vida para poder seguir disfrutando y divirtiéndose tal como lo había hecho durante los doce años precedentes en el Laboratorio de IA del MIT.

Como el proyecto quizá podía sonar demasiado grandilocuente, incluso para los círculos profesionales que tenían conexión a ARPANet y Usenet, en el mismo mensaje Stallman procedía a presentarse:

"¿Quién soy?

Yo soy Richard Stallman, inventor del original y tan imitado editor EMACS, actualmente en el Laboratorio de Inteligencia Artificial del MIT. He trabajado ampliamente en compiladores, editores, depuradores, intérpretes de comandos (*shells*), el *Incom-*

patible Time-sharing System y el sistema operativo de las máquinas LISP. Fui pionero en el desarrollo del display de terminales independientes en ITS, como así también en la implementación de un sistema de archivos a prueba de *crashes* y dos sistemas gráficos de ventanas para máquina LISP.

¿Por qué tengo que escribir GNU?

Mi regla dorada consiste en considerar que si un programa me gusta debo poder compartirlo con otras personas a las que probablemente también les guste.

No me quedo con la conciencia tranquila al tener que firmar un acuerdo de licencia de software o un acuerdo de confidencialidad (*non-disclosure agreement*).

De manera que, para que yo pueda seguir usando computadoras sin violar mis principios, he decidido crear un cuerpo de software libre lo suficientemente grande como para que pueda arreglármelas sin ningún software que no sea libre.

¿Cómo puedes contribuir?

Estoy solicitando a los fabricantes de computadoras donaciones de maquinas y dinero. A aquellas personas que puedan colaborar les solicito donaciones de programas y trabajo.

Un fabricante de computadoras ya se ha ofrecido a proveer una máquina, pero podríamos usar más de una. Un resultado que podrían esperar si donan equipos es que GNU correrá y estará probado en ese hardware de manera anticipada.

Preferentemente, la máquina debe poder operar en un área residencial y no requerir un sistema de aire acondicionado demasiado sofisticado.

Se agradecería la colaboración de programadores individuales que puedan contribuir escribiendo versiones compatibles de algunas de las utilidades de Unix y enviármelas. En la mayoría de los proyectos, esa forma de trabajo, a tiempo parcial y distribuido, sería muy difícil de coordinar, ya que las diferentes piezas de software escritas de forma independiente tenderían a no funcionar bien juntas. Sin embargo, para la tarea de reemplazar Unix ese problema está ausente. La mayor parte de las especificaciones de interfaces quedan establecidas a través de la compatibilidad Unix. Si cada contribución individual funciona con el resto de los Unix habrá también de funcionar bien con GNU.

Si obtengo donaciones de dinero podría contratar a algunas personas a tiempo parcial o completo. El salario no será gran cosa, pero estoy buscando personas para las que ayudar a la humanidad sea tan importante como el dinero. Veo esto como una manera de permitir que las personas que trabajen en GNU puedan destinar todas sus energías al proyecto, sin tener que ganarse la vida de otra manera.
Para mayor información, contáctenme:
Arpanet mail: RMS@MIT-MC.ARPA
Usenet:
... !mit-eddie!RMS@OZ
... !mit-vax!RMS@OZ[16]
US Snail:
Richard Stallman
166 Prospect Street
Cambridge, MA 02139" (Stallman 1983).

Nos permitimos citar en extenso el mensaje con el que Stallman inauguró su proyecto GNU en 1983 no solamente por su significación histórica. Él tenía una vasta experiencia en la programación de ITS y el operativo de las *LISP Machines* y compiladores. Stallman confiaba en el hecho de que las herramientas de Unix, cada uno de los programas utilitarios que se incluían en el Unix original se podrían desarrollar independientemente. Sin embargo, en su opinión, el desarrollo del kernel habría de requerir un grupo "quirúrgico" de pocas manos y mentes por completo dedicadas a esa tarea delicada.
Asimismo, corresponde preguntarse acerca de quiénes eran los lectores de aquel mensaje del *newsgroup* unix-wizards en Usenet.
En 1983 la red ARPANet, la antecesora de Internet, estaba bajo la administración del Departamento de Defensa de los Estados Unidos y tenía alrededor de cien nodos. La mayoría de ellos se encontraban en el territorio continental estadounidense más un nodo en Londres y otro en Hawai, que se interconectaban con el resto a través de enlaces satelitales.
Los interlocutores de Stallman eran pues mayoritariamente colegas de la comunidad científica en las principales universidades de ese país que se

---

[16]En las direcciones de Usenet se puede ver que la máquina que utilizaba en el MIT (le facilitarían el acceso y proveerían servidores ftp para el proyecto GNU) llevaba por nombre de host OZ, lo que indicaría que se trataba de la nueva VAX de DEC del Laboratorio, que corría el sistema operativo TOPS-20 al que Richard Stallman bautizó como "Twenex" (Williams 2002).

encontraban interconectadas por la red. Su mensaje de septiembre de 1983 podía interpretarse como un plan de trabajo a alto nivel, pero también como una llamada a los pares que se le quisieran unir para intentar reconstruir un ambiente de trabajo como el que había conocido en el Laboratorio de IA. El mensaje no tardó en generar controversias. De inmediato suscitó adhesiones como también rechazos.

En el grupo de las adhesiones resulta significativo un mensaje enviado por Richard Spanbauer de la Universidad de Nueva York en Stony Brook porque anticipó de forma muy temprana un posible modelo de negocios en torno al software libre.

Por una parte Spanbauer señalaba -en época del despliegue de las Guerras Unix- el peligro que se cernía sobre los cursos universitarios:

> "La comercialización de Unix seguramente solo causará problemas a la comunidad de investigadores. Estoy por completo seguro de que en algún momento el código fuente de Unix dejará de estar disponible para las universidades. La excusa que darán será 'Consideramos que este material es propietario'.
>
> Mi sentimiento personal es que el libre flujo del conocimiento científico, ampliamente aceptado, debería asimismo aplicarse al software.
>
> Sugiero que si los hombres de negocios siempre elegieran pagar para tener un soporte completo del producto, entonces no habrá pérdida de beneficios al entregar el software gratis a programadores que lo soliciten (o cobrar el costo requerido para la copia) y permitir que una compañía privada lo comercialice para la industria. Los términos de la licencia para programadores serían: sin soporte y que el producto no pueda ser revendido con fines comerciales.
>
> Otra motivación para obtener el código fuente, además de agregar valor a sistemas existentes) es que hoy muchos productos llegan a lanzarse al mercado sin haber sido depurados" (Spanbauer 1983).

La respuesta de Spanbauer, del 10 de octubre de 1983, planteaba en términos simples los que serían en los años sucesivos algunas de las ventajas competitivas del software de código abierto y libre. Las mismas podrían resumirse:

- Contribución a la producción de conocimiento científico, aplicando los mismos principios.

- Mejora de la calidad general del software: cuanto más sean los ojos que tengan acceso al código más rápida y eficaz será la corrección de *bugs*.

- El modelo podría beneficiar tanto a desarrolladores como a las empresas, que comercializarían y ofrecerían soporte.

De algún modo Spanbauer pensaba en preservar el modo en que Unix se había desarrollado. El código iniciado por los Bell Labs había circulado libremente en universidades hasta que se desataron las guerras Unix.

Spanbauer proponía que el código fuente circulase libremente entre desarrolladores. La principal limitación de ese modelo era quizá que en ocasiones la frontera entre un programador y un usuario podría resultar difusa. Afortunadamente Stallman llevó las cosas unos cuantos pasos más adelante.

El mensaje enviado por Stallman el 27 de septiembre de 1983 citado más arriba comenzaba con el título "Free Unix!". El mismo podía resultar exagerado porque no había ningún Unix gratuito por entonces. Sin embargo el asunto del mensaje era bastante más cauteloso: "Nueva implementación de Unix". Aquí se ha traducido al castellano como "Unix gratis!" porque en el primer párrafo Stallman declaraba que en el siguiente día de Acción de Gracias comenzaría el desarrollo de un sistema tipo Unix y que lo entregaría gratuitamente a toda persona que quisiera usarlo.

Es posible que algunos miembros del *newsgroup* de Usenet hayan encontrado algo decepcionante el anuncio de algo que estaba por hacerse desde cero, pero Richard Stallman estaba buscando colaboradores y recursos para el proyecto que estaba comenzando.

Con los precios de las licencias de Unix por las nubes y en un mundo en que el software se estaba convirtiendo velozmente en un producto propietario, la posibilidad de tener un Unix gratuito era una idea muy poderosa.

En lo sucesivo Stallman, junto a sus colaboradores, tendrían que encargarse de enfatizar el hecho de que el proyecto procurase crear y difundir software libre y no solamente gratuito. La ambigüedad que se produce en inglés con la palabra "free" tendría que mitigarse. Tiempo después el proyecto acuñaría la frase *Free as in freedom, not as free beer*[17].

---

[17]*free* refiere tanto a "gratis" como a libre. Por tanto en inglés la frase privilegia el caracter libre por sobre el atributo de gratuito.

El objetivo primordial era que siempre el código fuente estuviera disponible para todos, no solo para programadores. Aquellos que no lo fueran, pero necesitaran mejorar una aplicación, podrían contratar los servicios de programadores profesionales.

Pero el mensaje de Stallman también suscitó reacciones contrarias. Básicamente, algunos de los que reaccionaron negativamente al mensaje inaugural del proyecto GNU no veían con buenos ojos el hecho de que el sistema operativo fuera gratuito, lo cual tendría -según ellos- efectos negativos sobre la competencia y por consiguiente en la calidad general del software. El argumento sonaba similar al que un joven Bill Gates había esgrimido contra los miembros de la comunidad de usuarios de Altair en los setenta, cuando compartían el intérprete Basic con el que Microsoft inició su franquicia.

En en mensaje del 7 de octubre de 1983 en respuesta al de Stallman en el citado *newsgroup*, puede leerse:

> "Una propuesta reciente de RMS@MIT-OZ propone la existencia de un sistema tipo Unix de dominio público. Esta idea podría ser la cosa más peligrosa para el mundo del software y podría resultar en un atraso terrible en el progreso de la calidad del software".

Desde un punto de vista como el citado, la preocupación principal era que al ser gratuito GNU competiría de manera desleal con el resto de los fabricantes de Unix, lo que supondría también una disminución de la inversión en el sector.

El autor de aquel mensaje argumentaba que aún si GNU no resultaba ser un buen producto, de cualquier manera este acapararía una buena porción del mercado por el simple hecho de ser gratuito.

Como puede verse, Richard Stallman no solo tenía que librar sus batallas en el dominio específico del desarrollo de software sino que otra batalla clave tendría que librarse en la mente de los usuarios. Para que su proyecto fuese exitoso tendría que dar batalla en lo cultural y posicionar -en el sentido que le da al término el marketing- a GNU como un sistema operativo libre y no solamente gratuito.

Emacs ahora es GNU

El período que va de septiembre de 1983 hasta entrado 1985 fue intenso en cuanto a la escritura de código para el proyecto GNU. Ese período también sirvió para depurar las ideas y los textos acerca del proyecto, en especial se procuró enfatizar que software libre significaba mucho más que software gratis.

Una de las primeras herramientas que GNU necesitó fue un editor de textos. Para ello, Stallman se ocupó de portar su Emacs a los principales Unix de la época.

Como ya hemos mencionado, Richard Stallman había desarrollado Emacs para el sistema operativo ITS en el Laboratorio de IA del MIT. Uno de los puntos sobresalientes y novedosos del editor era su arquitectura extensible. En su libro *Free as in Freedom* Sam Williams recogió el testimonio de Hal Abelson, un graduado del MIT en los setenta y que luego formó parte del directorio de la *Free Software Foundation*, quien describió a Emacs en los siguientes términos:

> "Emacs es una creación brillante, porque les da a los programadores una manera de agregar nuevas funcionalidades sin necesidad de alterar el núcleo de la aplicación. De esta forma Stallman allanó el camino para que grandes proyectos colaborativos de software pudieran desarrollarse" (Williams 2002).

Para crear GNU Emacs Stallman reescribió la aplicación por completo en lenguaje C y además creó una implementación de LISP que permitía crear extensiones para el editor.

Para marzo de 1985 Stallman finalizó la primera versión de GNU Emacs, a la cual asignó el número de versión 13.

Dr Dobb's Journal[18], una revista dedicada al software que había iniciado sus actividades en 1976, publicó en marzo de 1985 su número 101 (Vol 10) en el que se incluyó un artículo de Richard Stallman ampliamente conocido hasta la fecha, bajo el título **GNU Manifesto**.

En la nota editorial de ese número 101, el editor de la revista, Michael Swaine se hacía eco la preocupación que despertaba la eventual existencia de un Unix gratuito:

> "Digamos por ejemplo, que un programador brillante, convencido de que el software debe ser gratis (o libre), se pone a desarrollar con una pequeña ayuda de sus amigos un sistema operativo

---

[18]La revista *Dr Dobb's Journal* se editó hasta el año 2014. A lo largo de su larga vida editorial incluyó una sección llamada **"Fantasías Realizables"**, en la cual se publicó el Manifiesto GNU en 1985.

compatible con Unix y además lo distribuye gratis para todo
aquel que lo quiera.
Eso no es un ejemplo hipotético sino que es exactamente lo que
Richard Stallman propone en su GNU Manifesto, en las páginas
de *Fantasías Realizables* de este mes" (Swaine 1985).

Además Swaine hacía extensiva esta eventual oposición Unix vs.GNU a otro
tipo de aplicaciones de software: "Esta confrontación imaginada entre Unix y
GNU podría ocurrir en cualquier otra parte del mercado de software" (Swaine
1985).
Resulta evidente que la prédica de Stallman era leída a la luz de las Guerras-
Unix en las cuales diferentes vendors de Unix (incluído AT&T a través de su
empresa USL) se disputaban el mercado en términos sumamente agresivos y
destructivos. Continuaba el editorial:

"El hecho es que tanto el software comercial como el libre -
escrito y distribuido por diversión, por el deseo de superación o
por razones filosóficas- están aquí para quedarse. Nadie puede
evitar que la gente escriba programas. Pero el software gratis (o
libre) no va a destruir el mercado comercial de software. Los
programas son demasiado complejos como para ser evaluados
solamente sobre la base de su precio" (Swaine 1985).

La sección *Fantasías Realizables* de aquel número del *Dr Dobb's Journal*
llevó por título **GNU Manifesto**. El artículo se convirtió en uno de los textos
fundacionales del Software Libre.
El texto sigue la misma línea argumental del mensaje "Una nueva implementación de Unix", con el que Stallman había hecho público su proyecto el 27
de septiembre de 1983 en el foro de discusión *unix-wizards* de Usenet.
Había transcurrido más de un año y medio desde aquel día de Acción de Gracias de 1983 y para 1985 el proyecto GNU ya contaba con varias herramientas,
como las enumera Stallman en ese número del *Dr Dobb's Journal*:

"Por ahora tenemos un compilador C y Pascal portable, el cual
compila para VAX y 68000 (de Motorola), un editor tipo Emacs
con LISP para la escritura de comandos de edición, un analizador
sintáctico compatible con YACC, un *linker* y 35 utilidades más.
Está prácticamente completo un *shell* (intérprete de comandos).
Cuando hacia fines de 1985 estén listos el kernel y el depurador
espero sea posible distribuir un sistema GNU utilizable para

desarrollar aplicaciones" (Stallman 1985).

El texto del *GNU Manifesto* de 1985 señalaba que tanto el kernel como un depurador (*debugger*) estaban aún por hacerse. Algunas modificaciones que se le hicieron al texto, por ejemplo la que aparece publicada en el sitio web del Proyecto GNU (Stallman 2019) indica la existencia de un kernel, aunque se indicaba que se debía continuar trabajando para que este fuera utilizable. Stallman había intentado partir de un kernel existente que pudiera distribuirse libremente, es decir que su código fuente también pudiera distribuirse para cualquiera que lo deseara.

Stallman argumentaba en el *GNU Manifesto* que diversos programadores, geográficamente distribuidos y sin necesidad de interactuar demasiado entre ellos, podían desarrollar las diferentes utilidades que componen un sistema tipo Unix. Sin embargo, él pensaba que debido a la complejidad técnica del kernel, un pequeño grupo de programadores que trabajaran juntos y en colaboración estrecha debería ser los responsables de su desarrollado.

Stallman era por demás optimista, ese grupo quirúrgico de desarrolladores en "colaboración estrecha" en que pensaba para codear el kernel, junto con otros obstáculos, harían que el desarrollo del kernel de GNU se dilatara varios años.

A lo largo del Manifiesto Stallman se ocupaba de refutar uno a uno los argumentos contra el proyecto GNU que se habían esgrimido en los *newsgroups* de Usenet. Básicamente se planteaba cómo los desarrolladores podrían recibir un pago justo por su creatividad aún cuando distribuyeran el producto de su trabajo libremente.

Por otra parte, el autor del Manifiesto indicaba de manera muy temprana cuál podría ser un modelo de negocios sustentable para el Software Libre: había que insistir en el hecho de que en inglés términos como *give away* y *free* no implicarían exclusivamente que el software que estaban construyendo para GNU fuera solamente gratuito sino que lo fundamental era el hecho de que este fuera "libre".

Ese concepto iría construyéndose durante aquellos primeros años del proyecto GNU, hasta llegar a la licencia GPL (*General Public License*), que tendría un efecto multiplicador sobre la producción de software de código abierto.

A juzgar por los intercambios citados en Usenet, Stallman ya vislumbraba, tanto en el mensaje inaugural de 1983 como en la publicación del Manifiesto de 1985, que nada impediría a un individuo o a una empresa cobrar un precio por distribuir Software Libre o por brindar soporte bajo la forma de horas de trabajo de desarrolladores.

Para entonces Richard Stallman había dejado su trabajo rentado en el Laboratorio de IA del MIT para poder dedicarse a tiempo completo al proyecto GNU. En especial, deseaba que ningún tipo de relación contractual entre él y el MIT pudiera afectar a la propiedad de GNU. Sin embargo, el MIT le permitió continuar utilizando sus instalaciones, en especial la conexión a la red ARPANet.

La institución que Stallman ideó para sustentar, financiar y dar un marco legal al proyecto GNU fue la *Free Software Foundation*, que fue legalmente fundada en octubre de 1985. La Fundación, inscripta como institución sin fines de lucro en el estado de Massachusetts sería la encargada de administrar los fondos que se recaudaran, de manera que se pudiera pagar un salario a los programadores. Más tarde, la Fundación se centró en asuntos legales y de promoción del Software Libre.

Una primera y no despreciable fuente de financiamiento de la Fundación y por lo tanto del proyecto GNU, provino de la distribución de copias de GNU Emacs. Ese paquete de software se distribuía en cintas a un precio de 150 dólares estadounidenses, según el Boletín n° 1 del proyecto GNU, de 1986.

En marzo de 1986 se publicó el primer número del *GNU Bulletin*, que sirve para acompañar retrospectivamente el desarrollo del proyecto, como también para encontrar quiénes eran las personas que acompañaban a Stallman: Leonard Tower era el primer empleado a tiempo completo. Robert Chassell era "el único Tesorero generoso del mundo". Los profesores Hal Abelson y Gerald Sussman (ambos conocidos de Stallman del Lab de IA del MIT) "actúan como consejeros y merodean el Directorio".

Según el boletín, entre los voluntarios, Dean L. Elsner estaba por entonces desarrollando el GNU assembler. Richard Mlynarik actuaba como "gurú de Emacs".

El voluntario más reciente era Eric Albert que se había sumado en enero de 1986: "Hasta el momento" -decía el boletín- "él ha conseguido acelerar el programa ld de GNU para que sea más rápido que el de Unix. Actualmente continúa arreglando un par de *bugs*, pero luego de eso (Eric) va a trabajar para resolver el problema de límites de longitud fija en GNU CPP".

En julio de 1986 los editores de la influyente revista Byte, David Betz y Jon Edwards entrevistaron a Richard Stallman. La entrevista se publicó en los boletines electrónicos que tenía la revista.

En la década del ochenta Byte era una de las revistas de informática más influyentes. La difusión que la revista dio al proyecto GNU constituye un impulso para nada despreciable. Más aún en una época en que Internet (ARPANet) estaba limitada a instituciones universitarias y de investigación. Para la época, una publicación como Byte tenía una gran audiencia a escala mundial[19]. Sin embargo en los años que precedieron al lanzamiento del compilador GNU C (gcc) no parece haber habido demasiada confianza en el proyecto. El software de dominio público o lo que más tarde sería llamado como *freeware* o *shareware* despertaba interés en las páginas de BYTE, pero algunos articulistas declaraban abiertamente que no coincidían con las posiciones de Stallman. Todo ello cambiaría drásticamente cuando se liberase GCC.

En la entrevista Stallman señalaba que él estaba abocado a lograr mejoras para Emacs y a portarlo a otras máquinas. Asimismo, estaba trabajando en el compilador de C y en un depurador a nivel de código fuente. Esta aplicación ofrecía como novedad la posibilidad de guardar estados, lo que la hacía superior a cualquier depurador existente por entonces. Stallman estaba volcando a Unix su experiencia de trabajo en las Máquinas LISP del MIT. Con relación al estado de desarrollo del kernel del sistema operativo Stallman mencionaba que aún se hallaba en una etapa de desarrollo muy temprana. Se encontraba analizando un kernel llamado TRIX, que había sido desarrollado en el MIT. El problema del kernel no parecía de tan fácil resolución. Las máquinas LISP, pese a toda su complejidad eran sistemas monousuario. Sobre el desarrollo del kernel decía Richard Stallman en aquella entrevista a Byte:

> "Este kernel se llama TRIX; se basa en Llamadas a Procedimientos Remotos (RPC por sus siglas en inglés). Aún es necesario agregarle compatibilidad para muchas de las funcionalidades de Unix que actualmente ese kernel no tiene. No he empezado a trabajar en ello todavía. Estoy terminando el compilador antes de ponerme a trabajar en el kernel" (Betz y Edwards 1986).

---

[19] Por alguna razón la entrevista se anunció en la edición impresa, en el número 9 de octubre, dentro del apartado "Próximo mes en BYTE" (BYTE 1986a) (BYTE. Vol 11, n° 9, página 461), sin embargo en el número 10 la entrevista no se publicó sino que aparentemente circuló por medios electrónicos (BBS). En el número siguiente de la revista, una sección central llevó por título *Public Domain Powerhouses* y estaba dedicada al software disponible en el dominio público. Sobre la entrevista con Stallman, que no se incluyó en dicho número se decía "Hemos subido (a BYTENet y BIX) el texto de una entrevista que hicimos a Richard Stallman, autor de GNU (GNU's Not Unix) un sistema compatible con Unix" (BYTE 1986b).

Luego, los editores de Byte le preguntaron acerca del esquema de distribución y en qué se diferenciaba de publicar obras o programas en el "dominio público":

> "Yo no pongo software o manuales en el dominio público, por la simple razón de que quiero asegurarme de que todos los usuarios tengan la libertad de compartir. No quiero que nadie haga mejoras a los programas que escribí para volverlos propietarios. Quiero promover las mejoras libres a los programas y la mejor manera de hacerlo es deshacerse de cualquier tentación para que alguien introduzca mejoras que no sean libres. **BYTE**: ¿Y cómo podría garantizar eso?
>
> **RMS**: Lo hago aplicando *copyright* a los programas y agregando una cláusula que da a la gente el derecho a copiar programas y modificarlos, pero con la condición de que a partir de entonces debe distribuirse en los mismos términos legales. Nadie te obliga a distribuir los cambios que le hagas a un programa si esos cambios son solo para tu uso, nadie te obliga a informar sobre esos cambios a nadie. Pero si en cambio, cedes el programa a otros, tenés que hacerlo exactamente en los mismos términos que yo uso". (Betz y Edwards 1986)

Esos textos permiten seguir y reconstruir el desarrollo de producción y maduración de la licencia GPL, la cual aún no había sido explicitada. Sin embargo la idea del componente "viral" del *copyleft* ya había madurado entre los miembros de la FSF. Ese componente "viral" de la licencia -contra el que protestaba Steve Ballmer- es la línea que marca una frontera entre poner un producto gratuitamente en el dominio público o hacer software (o cualquier otro producto) libre. El instrumento legal para hacer concreto el concepto de *Copyleft* sería la licencia GPL (*General Public License*).

En otro de los párrafos de la entrevista con los editores de *Byte*, Stallman señalaba:

> "**BYTE**: Entonces para usted es muy importante que la gente adopte GNU. No es un mero ejercicio académico el hecho de producir software y entregárselo gratis a todo el mundo. Usted piensa que esto cambiará la forma en que funciona la industria del software.
>
> **RMS**: Trato de cambiar la forma en que la gente se relaciona

con con el conocimiento y la información en general. Pienso que intentar adueñarse del conocimiento, intentar controlar lo que la gente pueda hacer usando el conocimiento o promover que el conocimiento no pueda compartirse es un acto de sabotaje. Es una actividad que beneficia a la persona que explota esas trabas, pero al costo de empobrecer al resto de la sociedad.

(...) El principio del capitalismo es la idea de que las personas se las arreglan para ganar dinero produciendo cosas, en consecuencia, están incentivados a hacer cosas que sean útiles. Sin embargo, esto no funciona en lo que se refiere a la propiedad del conocimiento. En este caso están incentivados a hacer algo que no es útil y lo que de veras es útil no resulta incentivado. Es importante subrayar el hecho de que la información es diferente de los bienes materiales, porque ésta puede copiarse y la gente puede compartirla y -si nadie se lo impide- pueden mejorarla ellos mismos".

El proyecto GNU continuó siendo tema de conversación en diversos *newsgroups* de Usenet. Para cuando se publicó el Manifesto GNU podría decirse que fueron más las voces escépticas que las optimistas. A pesar de todo, con el correr del tiempo fue creciendo el número de personas que comenzaron a colaborar con Richard Stallman.

El 21 de marzo de 1985 Brian Kantor, de la Universidad de California en San Diego publicó un mensaje en el cual incluyó el *Manifesto* completo. Kantor, entre otras cosas, es el autor del protocolo NNTP, que fue el sucesor de UUCP como protocolo de base de Usenet.

Otras personas comenzaron a ofrecerse para informar sobre la evolución del proyecto GNU y así aliviar un poco la carga de trabajo del grupo de Stallman. En marzo de 1985 el código fuente de GNU Emacs estuvo disponible en ARPANet, en el servidor ftp MIT-PREP, en el directorio /u2/emacs. Así lo anunció Chuck Wegrzyn de Encore Computer Co., otro de los colaboradores tempranos del proyecto.

El domingo 16 de junio Richard Stallman publicó un mensaje en el grupo net.emacs cuyo asunto decía "Se busca un *hacker* GNU para empleo a tiempo completo". Por esta época comenzaron a llegar los fondos para financiar el proyecto. Stallman señaló que gracias a la donación de un filántropo él estaba buscando contratar a un desarrollador GNU a tiempo completo.

En agosto de 1985 Leonard Tower en un mensaje que por su asunto podría pasar desapercibido, anunció el lanzamiento de la *Free Software Foundation* (Fundación para el Software Libre).

Pese a que Stallman había dejado su cargo en el Laboratorio de IA, como puede apreciarse en el nombre de los *hosts* y servidores ftp, el MIT le permitió seguir utilizando sus instalaciones y su acceso a ARPANet, lo cual resultó de crucial importancia para que GNU se esparciera y floreciera.

El asunto del mensaje de Tower del 6 de agosto de 1985 era "Otra distribución de software GNU" y el cuerpo del mismo decía:

> "El proyecto GNU se está organizando bajo el ala de la *Free Software Foundation*. Continuaremos con los mismos objetivos:
> 1) La creación de GNU como un sistema operativo completo.
> 2) Distribución GNU y otras utilidades de software con código fuente y permisos para copiarlos y redistribuirlos.
> La nueva distribución incluye:
> **GNU Emacs** (versión 16.54) incluyendo manual en formato TeX.
> **Bison**: un analizador sintáctico compatible con YACC de Unix.
> **Scheme**: un dialecto de LISP, estructurado en bloques".

En lo sucesivo, la *Free Software Foundation* se encargaría de gestionar los fondos del proyecto GNU. Los mismos habían comenzado a llegar, no solo bajo la forma de donaciones sino también por las ventas de las cintas magnéticas que contenían la distribución GNU . Conviene subrayar el hecho de que en ese momento, la distribución no era un sistema operativo, sino las aplicaciones mencionadas arriba. Entre ellas, la más demandada era el editor GNU Emacs, que en esos primeros años se convirtió en la primera *killer-app* del proyecto.

La venta de cintas, pues, se convirtió en una de las principales fuentes de financiamiento. Cada cinta se vendía a 150 dólares y por 15 cada copia impresa del manual de Emacs.

Asimismo, el mensaje de Tower señalaba que para aquellos que tuvieran conexión a la red, la distribución se hallaba disponible para descarga gratuita:

> "Si estás en Internet, se puede obtener una copia de la presente distribución GNU Emcas del host MIT-PREP, en el archivo /u2/emacs/edist.tar".

Nótese el cambio de terminología, ya se hablaba de "Internet" en vez de ARPANet. Esos son los años en que se hizo esa transición. El ambiente en donde se desarrollaba GNU en aquellos momentos era un BSD 4.2 que corría en una arquitectura VAX, de DEC.

Durante 1986 muchos de los intercambios en los grupos de discusión de Usenet giraban en torno a Emacs, en particular había mucho interés por portar la aplicación a otras arquitecturas, incluso a las PC basadas en 80286 de entonces. Eso no era algo trivial, porque Emacs tenía requerimientos bastante elevados para la época: 1MB de memoria RAM y además memoria virtual. Esas funcionalidades no estaban disponibles aún en las PC y compatibles de la primera mitad de los años ochenta.

Sin embargo, el reinado de Emacs sería breve. Pronto dejó el lugar de *killer-app* del proyecto para cederlo a otra aplicación. El 22 de marzo de 1987 Len Tower en un mensaje, reenviaba un email de Richard Stallman, donde este anunciaba que la versión beta del compilador C de GNU (gcc) estaba disponible.

> "El compilador GNU C está disponible por ftp en prep.ai.mit.edu, en el archivo /u2/emacs/gcc.tar".

La calidad del compilador de C era un hecho de suma importancia para el proyecto GNU. Como sostiene Moody, un compilador de altos estándares produciría que inevitablemente el proyecto GNU fuera tomado en serio. Si por el contrario, el compilador no resultaba satisfactorio pondría en riesgo el proyecto en su totalidad (Moody 2001).

Como buen *hacker* Richard Stallman no intentó reinventar la rueda. Su primer intento fue contactar al profesor Andrew Tanenbaum, quien había pasado algún tiempo trabajando en los Bell Labs para establecerse después en los Países Bajos, donde desarrolló su carrera de profesor en la Universidad Libre de Amsterdam. Tanenbaum desarrolló un sistema tipo Unix para fines educativos. Como se verá más adelante, su sistema operativo Minix fue uno de los resultados de las Guerras Unix, cuando a las universidades se les volvió excesivamente caro correr Unix, y sobre todo dificultoso acceder al código fuente legalmente.

Tanenbaum tenía un compilador C que él había desarrollado y formaba parte de una suite de herramientas conocida como el *Amsterdam Compiler Kit*. Stallman intentó preguntarle a Tanembaum si su compilador podría ser "libre" para así pasar a formar parte del proyecto GNU. Señala Moody, que el profesor hizo una contraoferta: propuso a Stallman que colaborase con él para expandir y mejorar ACK (Moody 2001). La respuesta fue negativa.

Hay que considerar que la negativa de Tanenbaum se debía al hecho de que la Universidad de Amsterdam había establecido un modelo de comercialización para las herramientas de desarrollo que componían el ACK y lo que recaudaban de ese modo estaba destinado a financiar programas de estudio.

Ante la imposibilidad de contar con el compilador C del ACK, Stallman intentó reescribir un compilador desarrollado en el Lawrence Livermoore Lab, que había sido desarrollado en un lenguaje derivado de Pascal llamado "Pastel". Inició el desarrollo con la ayuda de su compañero del proyecto GNU Len Tower. Stallman escribió un nuevo *front-end* para el lenguaje C, mientras que el *back-end* lo constituía el compilador del Lawrence Livermoore Lab. Sin embargo, había un escollo complicado: Stallman concluyó que el compilador precisaba memoria en el orden de los Megabytes, lo cual era algo costoso y raro por entonces. Stallman estaba trabajando en una *workstation* basada en el 68000 de Motorola con 128KB de memoria RAM. Por esa razón decidió que debía escribir el compilador desde cero, aunque el trabajo del *front-end* sería reutilizado para dar forma a *GNU C Compiler* (GCC).

GCC en poco tiempo pasaría a formar parte de *GNU Compiler Collection*, porque rápidamente se le sumaron *front-ends* para otros lenguajes.

Hacia fines de 1987, en el grupo comp.emacs se envió un mensaje que llevaba por asunto: "Distribución de GNU C++" y decía:

> "Una versión de pruebas de GNU C++ (version 1.15.3) está disponible en prep.ai.mit.edu en el archivo ~rms/tiemann.dist-1.15.3.tar.Z.
>
> Por el momento, solo está disponible en formato comprimido por falta de espacio de almacenamiento en prep.
>
> GNU C++ no es un preprocesador sino un compilador de código nativo que usa como *back-end* a GNU CC. Actualmente GNU C++ se puede compilar para sistemas Sun3 y VAX (igual que GNU CC). En la distribución se incluye un depurador de código fuente, GBD+. Este último es una extensión de GBD que permite un mejor control de depuración en lo referente a las llamadas a métodos.
>
> El código está orientado más que nada a gurús en GNU CC, ya que aún está evolucionando y una buena comprensión de GNU CC es más bien un prerrequisito para entender GNU C++".

El mensaje citado llevaba la firma de Michael Tiemann. Por entonces Tiemann era un graduado reciente de la Universidad de Pennsylvania. Este hecho resulta significativo, porque demuestra que desarrolladores externos al núcleo duro del proyecto GNU ya estaban contribuyendo activamente.

Este compromiso temprano con el proyecto GNU le permitió a Tiemann fundar Cygnus Solutions en 1989, una de las primeras empresas comerciales en ofrecer servicios y soporte a productos de software libre. Empresas como Cygnus demostraron que el software de código abierto o libre -en la nomenclatura preferida por la FSF- podía competir en el mercado.

Para principios de 1987, como indican los mensajes de Usenet, el compilador GNU C y C++ estaban aún en fase de pruebas. Su arquitectura modular permitiría que en poco tiempo el compilador se volviera estable y disponible para uso productivo. En poco tiempo se desarrollaron *front-ends* para diversos lenguajes de programación, como ADA y, años más tarde Go.

Hacia fines de la década de los ochenta GCC ya jugaba en las ligas mayores de las suites de desarrollo y disputaba cuotas de mercado a compiladores de código propietario. GCC despuntaba en varios aspectos: portabilidad, apego al estándar ANSI y eficiencia.

Disputar cuotas de mercado no era el objetivo primordial de la Fundación para el Software Libre, pero sí crear software de alta calidad. Que GCC resultara un éxito fue un hecho muy importante para la FSF y en lo sucesivo se volvería su nueva *killer-app*. Peter Salus con acierto calificó a GCC como el primer gran *hit* de Stallman y su FSF (Salus 1994b).

Las razones por las que la suite de desarrollo *GNU Compiler Collection* (compiladores y depuradores C y C++ además de otros lenguajes) pasó a liderar los *top charts* de compiladores a fines de los ochenta y durante los noventa responde a dos factores: por un lado la calidad de esas piezas de software y, por otro, al sangriento mercado de Unix, envuelto de lleno en las Guerras Unix. Dichos factores serán analizados en el próximo capítulo.

En el segundo boletín del Proyecto GNU, fechado en enero de 1987 se describía el estado de desarrollo del proyecto. Se indicaba: "GNU Emacs y GDB ya han sido lanzados. Berkeley está distribuyendo Emacs con la distribución 4.3 de BSD y DEC hará lo propio en los sistemas Unix de sus computadoras VAX" (FSF 1987a).

En el boletín citado se mencionaba brevemente a gsh, una implementación GNU de C shell. A propósito de ese shell se indicaba: "un lanzamiento de una versión beta se espera para fines de enero. El programa se propone imitar el funcionamiento de sh, pero aún no funciona".

Además, entre otras novedades se mencionaba también un ensamblador, GNU Chess, Stdio, MIT Scheme (una variante de LISP) y un sistema de ventanas:

"X Window System: X es un sistema de ventanas para displays

tipo bitmaps, portable y capaz de funcionar en modo transparente
en red" (FSF 1987a).

GNU Compiler Collection, el gran impulso a la FSF

Durante el final de los ochenta Richard Stallman y sus colaboradores se
abocaron a mejorar GCC, y lo lograron de tal forma que la colección de
compiladores GNU superó en prestaciones a muchas alternativas comerciales.
Este logro contribuyó a que proyecto GNU ganase credibilidad. Los ingresos
derivados de la distribución de cintas de software GNU, impulsados por la
demanda de compiladores y herramientas de desarrollo, constituyeron la base
de la financiación del proyecto.

El correlato de las guerras Unix no significó solamente la restricción al acceso al código fuente de Unix y sus aplicaciones. De manera irrefenable, los
diferentes *vendors* de Unix comenzarían a comercializarlo sin "pilas incluidas", es decir, no incluirían las herramientas de desarrollo con el sistema
operativo. Estas formaban parte de Unix desde sus inicios, como se ha visto
anteriormente.

Muchos fabricantes y licenciatarios, entre ellos USL (*Unix Systems Labs*),
que era la cara comercial de AT&T para vender Unix, decidieron que las
herramientas de desarrollo serían comercializadas como un paquete separado
del sistema operativo base.

Este hecho podía explicarse quizá desde un punto de vista pragmático: como
Unix se desplegaba en más y más usos productivos, los servidores de aplicaciones no se utilizarían para desarrollo, sino simplemente para correr software
24x7. En esos casos, las herramientas de desarrollo incluidas podrían haber
encarecido de forma innecesaria esos sistemas. Sin embargo, lo concreto es
que la venta de las herramientas de desarrollo por separado se hizo a precios
bastante elevados.

Un artículo de la revista *Unix World* de noviembre de 1992 refería este hecho
de la siguiente forma:

> "El paseo gratis se acabó. Cuando la nueva versión de Unix Sys-
> tem V 4.2 llegue a las calles a comienzos del año próximo, esta
> ya no vendrá equipada con herramientas de desarrollo de soft-
> ware. De esta forma, USL se suma al grupo de otras compañías
> como Sun Microsystems Inc, Hewlett-Packard, The Santa Cruz
> Operation Inc., entre otras, que en conjunto han decidido que

el usuario típico de Unix ya no precisa de las herramientas de desarrollo incluidas con el sistema operativo.
Eso significa que aquellos usuarios que en cambio sí las precisen, tendrán que pagar más caro por ellas. Por ejemplo, los compradores del nuevo Solaris 2.0 de Sun deberán pagar alrededor de 2000 dólares por herramientas como compiladores y depuradores C" (Hayes 1992).

El artículo citado ofrecía una lista de diferentes proveedores de herramientas de desarrollo, entre ellos figuraban varias compañías que hoy ya no existen como SCO. La lista incluía a GCC, provisto por la Fundación para el Software Libre a un costo de 200 dólares estadounidenses. También a unos 1000 dólares era posible comprar GCC con soporte incluido, el cual era provisto por Cygnus, la compañía que Michael Tiemann (autor de g++) había fundado junto a John Gilmore y David Henkel-Wallace.
La nota mencionada (Hayes 1992) de *Unix World* incluyó asimismo un recuadro que llevó por título: "Casi gratis".

"Una opción para los programadores que enfrentan el panorama de perder sus herramientas de desarrollo es el software de la *Free Software Foundation*. El objetivo de la Fundación es crear software que pueda ser libremente distribuido. Su propósito más ambicioso es llegar a crear un clon de Unix libre bajo el nombre de GNU (...). Por ahora los productos más conocidos de la Fundación son sus herramientas de desarrollo: un compilador C, depurador, *profiler* y el resto de las herramientas que en el pasado han sido estándares en Unix. Dichas herramientas, incluido su código fuente pueden adquirirse gratuitamente a través de redes, BBSs o grupos de usuarios" (Hayes 1992).

También la FSF ofrecía cintas y manuales impresos con la distribución GNU a unos 200 dólares.
Hayes continuaba con una ponderación crítica de GCC:

"Siendo optimistas, el software gratuito para Unix ha sido en el pasado de calidad dispar. Ese no parece ser el caso de las *GNU tools*. Los programadores informan que el compilador C de GNU se ajusta a los estándares oficiales ANSI mejor que varios compiladores comerciales. Las herramientas de GNU han sido adoptadas por firmas comerciales, como es el caso de NeXT

Computer Inc.. Sun Microsystems incluirá GNU C en su CD-ROM gratuito que se incluye con sus workstations.

Solo hay un problema: el precio gratuito de las herramientas GNU no incluye ningún tipo de soporte. A diferencia de los *vendors* comerciales, la FSF provee la ayuda mínima ante problemas de clientes, sin embargo muchos usuarios GNU se ayudan mutuamente a través de *newsgroups* en Usenet y otras redes. Por otra parte, compañías como Cygnus Support de Palo Alto ofrecen contratos para servicios de soporte convencional" (Hayes 1992).

El artículo de Hayes resulta significativo por varias razones. Por una parte, muestra a las claras cómo el proyecto GNU pasaba de ocupar un lugar tímido y algo marginal en las revistas del *mainstream* como BYTE a ocupar un lugar de mucho más prestigio. GCC fue el responsable de esa escalada.

Por otra parte, el artículo detalla las características que hacían de GCC una de las mejores alternativas del mercado en lo que se refiere a herramientas de desarrollo. Despuntaba entre sus pares y además no sólo era gratis sino que también libre (cualquiera que quisiera y pudiera, no tenía límites para estudiarlo y mejorarlo).

En su libro *The Daemon, the GNU, the Penguin* Peter Salus relata cómo él mismo fue testigo del hecho de que Sun retirase sus herramientas de desarrollo de Solaris (como indicaba el artículo de *Unix World*) y cómo ese hecho terminó beneficiando a la *Free Software Foundation*.

Desde 1990 Salus fue director ejecutivo del *Sun Users Group*. La octava convención de usuarios de Sun, que tuvo lugar en San José (California) a fines de 1990, fue el escenario de un evidente descontento por parte de los usuarios de Sun en relación con dos hechos: por un lado, el fin del soporte a Sun 386i -la aventura de Sun en el dominio de procesadores Intel, que acabó siendo un fracaso para Sun- y por otro lado, los usuarios y desarrolladores estaban furiosos con la retirada de las herramientas de desarrollo de los sistemas operativos de Sun.

¿Por qué razón los clientes de Sun habrían de pagar un costoso compilador C de Sun, cuando podían obtener uno mejor y a menor precio (casi gratis, pero libre) de la FSF?

"El resultado neto fue un salto real en las ventas de CDs de la FSF. Unos años más tarde, cuando organicé la *Freely Redistributable Software Conference* -en febrero de 1996- y era al mismo tiempo vicepresidente de la FSF tuve una mejor idea acerca de cuánto

Sun había beneficiado a la FSF. Estoy seguro de que esto no fue una consecuencia prevista" (Salus 1994b).

Tal como muestra el artículo de *Unix World* de 1992, Sun no era el único actor de aquella pieza. La retirada de los paquetes de desarrollo de las distintas versiones existentes de Unix era un proceso generalizado, que llevaron a cabo la mayor parte de los principales proveedores de Unix: HP, USL, SCO, Sun, etc.

Este proceso se ensamblaba perfectamente con el retiro y la prohibición de distribuir el código fuente del kernel Unix que había ocurrido tiempo antes, a partir de la séptima versión del *Research Unix*. Iniciado el proceso de desinversión y diversificación de AT&T, cuando entró en el mercado informático con la empresa USL, esta custodió a uñas y dientes el código fuente, como lo demuestran los sucesivos procesos judiciales.

El ambiente dominante durante la década de los ochenta, con las modificaciones que se habían hecho a las leyes de *copyright* en los Estados Unidos en 1976-1978 era definitivamente un ambiente hostil al software de código abierto.

Hasta entonces Unix se había "viralizado" a través de cursos y dentro de los claustros universitarios. *Commentary on Unix 6th Edition*, un libro escrito por un australiano, John Lions que se había publicado en 1977 en la Universidad de South Wales fue el libro de texto de muchos cursos y seguramente libro de cabecera de muchos *hackers* Unix. En él se ofrecía el código de la sexta edición del *Research Unix* (Bell Labs) con comentarios explicativos.

A partir de 1979 cuando se anunció la séptima edición de *Research Unix* la universidades no pudieron seguir utilizando el código fuente para fines educativos, por lo que el libro de Lions pasó a circular en fotocopias "ilegales".

El "libro de Lions", como se lo conocía, se convirtió en el libro prohibido de Unix durante los años ochenta, una edad oscura para la libre circulación del código. Recién en 1996 la compañía SCO autorizó la reedición del libro. En ese momento el código de la Sexta Edición ya tenía más de veinte años de antigüedad.

Como se verá más adelante, estas limitaciones fueron las que impulsaron al profesor Andrew Tanembaun a codear Minix y su libro, "Sistemas Operativos: diseño e implementación" se convirtió en el libro de cabecera de estudiantes y entusiastas del código de los sistemas tipo Unix.

GCC fue uno de los catalizadores para el desarrollo y despegue del software libre o de código abierto. Por supuesto, no se debe olvidar la importancia de

BSD en ese proceso.

Si Emacs fue el primer gran *hit*, la aplicación que dió fama a Richard Stallman, GCC era el segundo gran éxito de su Fundación (FSF) hasta ese momento, como ha señalado Salus.

Aquello que hace al Sistema Operativo

A lo largo de estas páginas nos hemos referido a sistemas operativos, mayoritariamente Unix y sus derivados o algunos otros como CP/M, MS-DOS, Windows, etc. Hemos partido de un acuerdo tácito: considerar que el lector tiene cierta familiaridad con ellos y muy probablemente los utiliza en la interacción cotidiana con diferentes dispositivos: computadoras, tabletas, teléfonos "inteligentes", etc.

A los fines de poner en perspectiva los temas de los capítulos que siguen, quizá resulte conveniente tener una cierta visión -que será inevitablemente a vuelo de pájaro- sobre las funciones y algunos componentes esenciales de un sistema operativo.

Describir el funcionamiento interno de un sistema operativo es un trabajo extenso y complejo, que está más allá del alcance de este trabajo. Acerca de ello hay excelentes libros sobre el tema, como los de Tanenbaum (A. Tanenbaum y Bos 2016) o Stallings (Stallings 2000), entre otros. Por tal razón, aquí sólo se ofrecerá una visión rápida y sin entrar en detalles profundos, con algunos puntos que permitan comprender las razones históricas y los obstáculos técnicos que debieron sortear proyectos como GNU, Minix, BSD y más tarde Linux.

Resulta interesante revisar algunas de las funciones centrales del sistema operativo para comprender cómo estos extienden las capacidades del hardware de la computadora.

Lejos en el tiempo, entre los años cuarenta y cincuenta, cuando se desarrolló la primera generación de computadoras, que ocupaban superfícies inmensas y funcionaban a válvulas, en general toda la programación de esos artefactos gigantescos se hacía absolutamente en código de máquina y lo que era aún más dificultoso, la programación se hacía realizando conexiones entre millares de cables dispuestos para tal fin[20].

---

[20]En el argot cotidiano de la programación pervive el término *hardcoded* utilizado en sentido literal, para designar "cableados" que en sentido figurado se realizan en el código como atajos y que tarde o temprano tendrán que ser revisados para darle la flexibilidad que en general el hecho de "cablear" le resta.

La programación de software en aquellas circunstancias era terriblemente dificultosa sin la ayuda de un sistema operativo que mediara entre el hardware y el programador.

Por tal razón varios autores, entre ellos Tanenbaum, describieron a alto nivel, dos grandes funciones del sistema operativo o el *kernel*:

- El sistema operativo como extensión del hardware.
- El sistema operativo como gerenciador de recursos (A. Tanenbaum y Bos 2016).

En cualquier sistema moderno la programación a más bajo nivel, en código de máquina sería algo sumamente complejo, en especial en lo que hace a la Entrada/Salida de datos.

> "Ningún programador en su sano juicio querría jamás tener que lidiar directamente con un disco rígido a nivel del hardware" (. . .) "Una de las principales tareas de un sistema operativo es esconder el hardware y en vez de eso presentar abstracciones limpias y elegantes para que los desarrolladores y sus aplicaciones las utilicen" (A. Tanenbaum y Bos 2016).

Esta es una de las formas a través de las cuales el sistema operativo expande y en ocasiones puede inclusive potenciar las capacidades del hardware. Si un sistema operativo presenta mejores interfaces, con abstracciones más limpias y funcionamiento más eficaz de alguna forma permitirá que esa computadora sea para el desarrollador más poderosa de lo que esta sería con otro sistema operativo. Se presentará en breve también un caso más bien reciente donde se puede apreciar cómo el sistema operativo sirvió para mitigar deficiencias en el hardware de las CPUs.

Hay que subrayar el hecho de que los principales consumidores de las interfaces del sistema operativo son las aplicaciones y que además, cuando hablamos de ellas no necesariamente nos estamos refiriendo a las interfaces de usuario, sean estas gráficas, de línea de comandos, etc.

En un sistema tipo Unix eso puede verse claramente, porque el *shell* o intérprete de comandos es una aplicación independiente y similar a cualquier otra aplicación.

En general cuando se habla de un sistema operativo tipo Unix suele señalarse que son tres sus componentes básicos: el núcleo o *kernel*, el *shell* de comandos y una serie de aplicaciones que funcionan como herramientas auxiliares (por ejemplo mkfs, df, du, etc). El núcleo es el componente más delicado de los tres. El motivo de ello es que el *kernel* es el programa fundamental, el que tiene el control absoluto sobre los recursos que gestiona, es decir, los diferentes subsistemas que componen el hardware de la computadora. Esta característica corresponde a la segunda definición de Tanenbaum, la del sistema operativo como gestor de recursos.

En un sistema multiproceso y multiusuario, como son los *nix el sistema operativo es el director de orquesta que debe ordenar la ejecución de aplicaciones y asignar el tiempo de CPU a cada proceso. Asimismo debe proveer protección para que una aplicación no escriba erróneamente en posiciones de memoria que utilizan otros, o evitar que si dos usuarios deciden imprimir sus documentos al mismo tiempo que estos no salgan entremezclados en la misma hoja de papel de la impresora.

La CPU, el chip que de manera figurada podría ser comparado al "cerebro" lógico de la computadora es el encargado de ejecutar las instrucciones de los programas, realizar operaciones lógicas y aritmética básica, como también controlar los flujos de entrada/salida, provenientes de distintos dispositivos. La función básica de la CPU es ejecutar una por una las instrucciones del programa, que están almacenadas en la memoria RAM. En la memoria, el programa se encuentra en el estado más cercano al hardware o de bajo nivel posible, el llamado "código de máquina" que es una sucesión de unos y ceros que representan instrucciones.

Una CPU super elemental, es decir muy alejada en el tiempo de las CPUs actuales, sería capaz de ejecutar una instrucción por vez: leería una instrucción de la memoria (operación denominada *fetch*), la copiaría a un registro interno de la CPU, la ejecutaría y recién entonces procedería a leer la siguiente instrucción y el ciclo se reiniciaría. Se dice que una CPU elemental de ese tipo, también llamada "subescalar" ejecuta en la práctica menos de una instrucción por cada ciclo de reloj. Este último es el metrónomo que determina el ritmo interno, es decir la frecuencia de la CPU. Por tal razón la frecuencia del reloj suele expresarse en unidades de frecuencia (Mhz, Ghz).

Las CPUs modernas incluyen mecanismos que les permiten alcanzar performances tipo escalar (una instrucción por ciclo de reloj) o incluso superior a eso.

Una técnica relativamente simple para mejorar la performance es la llamada "entubamiento de instrucciones" (*Instruction Pipelining*). Para imaginárnosla gráficamente se puede pensar en una línea de montaje en una fábrica. Lo que procura este método es separar el proceso en diferentes partes, de ese modo, se lee y se comienza a decodificar una instrucción del programa antes de que la instrucción precedente se haya incluso terminado de ejecutar.

La mayoría de los procesadores modernos utilizan *pipelining* en conjunto con otros muchos métodos que se han desarrollado para llegar a CPUs de tipo superescalar, capaces de ejecutar más de una instrucción por cada ciclo de reloj. Entre esas técnicas complejas se encuentran por ejemplo la "predicción de ramificaciones" (*branch prediction*) o la ejecución especulativa (*speculative execution*). Por supuesto, todas estas optimizaciones en el *pipelining* resultaron en un aumento en la complejidad de la arquitectura de las CPUs.

Algunas de las razones por las cuales vale la pena detenerse unos instantes para analizar brevemente estos aspectos del diseño de las CPUs es porque sirve para ilustrar el principio del sistema operativo como extensión del hardware, del que hablaba Tanenbaum. Por ejemplo, en 2017 se detectaron una serie de vulnerabilidades en las implementaciones de la mencionada ejecución especulativa. Estas vulnerabilidades se denominaron *Meltdown* y *Spectre*.

Se trató en efecto de problemas en el diseño de este complicado mecanismo de los procesadores. Simplificando en exceso, la falla se presenta a nivel del hardware, debido a un error en el diseño del mecanismo de pipeline de la CPU. Corregirlo a nivel de hardware habría supuesto fabricar procesadores con la falla corregidas para substituir los defectuosos en sistemas productivos y muchos de ellos incluso corriendo aplicaciones de misión crítica ¿Cómo se mitigó el problema? Con software. Los diferentes sistemas operativos tuvieron que emparcharse con urgencia para intentar reducir las posibilidades de que *crackers* sacaran provecho de aquellas vulnerabilidades. Los cambios necesarios a nivel del software de los operativos implicaron un cierto costo en pérdida de performance.

En este ejemplo puede observarse cómo el sistema operativo contribuyó a extender las capacidades del hardware corrigiendo o mitigando algunas fallas detectadas en su diseño.

El *kernel* de un sistema operativo multiproceso y multiusuario se presenta a los ojos de sus usuarios efectivamente ejecutando múltiples aplicaciones a la vez. Para lograrlo el núcleo cuenta con un mecanismo conocido como *scheduler*, que hace las veces de un director de orquesta: controla, distribuye y asigna porciones de tiempo de la CPU a las diferentes aplicaciones. En los sistemas antiguos, como la PDP-11 de los Bell Labs, donde los recursos como memoria primaria y CPU eran bastante limitados, el número de aplicaciones que podían correr en simultáneo no era tan elevado como el que hoy pueden correr nuestros Linux o BSDs.

En junio de 1987 se publicó el tercer boletín del proyecto GNU. En este se indicaba que un *shell* denominado gsh continuaba demorado pero estaba en desarrollo, sin embargo ese *shell* nunca vería la luz. Asimismo en cuanto al desarrollo de un *kernel* el boletín informaba acerca del avance en estos términos:

> "*kernel*: Estamos negociando con el profesor Rashid de la Universidad de Carneghie-Mellon acerca de la posibilidad de trabajar con ellos en el desarrollo del *kernel* MACH. MACH es un *kernel* que se basa en el intercambio de mensajes. Probablemente reemplazará al *kernel* 4.3bsd como el *kernel* estándar utilizado por el sistema operativo auspiciado con fondos de ARPA. Si llegamos a un acuerdo, utilizaremos MACH como el *kernel* de GNU. Por el contrario, es probable que utilicemos el *kernel* que se basa en llamadas a procedimientos remotos (RPC) llamado TRIX, el cual fue escrito en el MIT y es libre. TRIX corre y soporta compatibilidad básica con Unix pero necesita muchísimas de funcionalidades más" (FSF 1987b).

Luego también en el boletín citado se indicaba que el desarrollo de GCC y GDB se encontraba avanzado. Sin embargo, tanto el *shell* como el *kernel* parecían mostrar señales preocupantes que indicaban que su desarrollo se encontraba demorado o algo empantanado.

Cuando ocho meses después, en febrero de 1988, se publicó el cuarto número del boletín del proyecto GNU este daba muestras de que el proyecto gozaba de buena salud.

Por una parte, se mencionaban hechos relevantes, como la donación que hizo una firma japonesa, Software Research Associates, la cual donó 10.000 dólares como así también una *workstation* tipo Sun fabricada por Sony, más la dedicación a tiempo completo de un desarrollador durante seis meses. La iniciativa, señalaba el boletín, era resultado de la influencia de Kouichi Kishida. Este empresario había participado en el proyecto Sigma, que había sido promovido por el gobierno japonés como una tentativa para promover la competencia en el mercado Unix de Japón.

El programador japonés había conocido Unix durante sus viajes a los Estados Unidos en 1978. Allí verificó que muchos de sus amigos se referían Unix como un ambiente de desarrollo "conveniente":

> "Conveniente en el sentido de que había muchos otros usuarios de Unix con los que podías intercambiar herramientas e informa-

ción. Creo que la comunicación y el intercambio de tecnología es actualmente uno de los mayores problemas en el desarrollo de software y además pienso que Unix es el vehículo más poderoso que tenemos para transferir tecnología" (Wright 1987).

Kishida tenía una visión coincidente con la mentalidad de Stallman y los miembros de la FSF. En 1987, en pleno despliegue de las Guerras Unix, Kishida creía que Unix debía volver a sus raíces:

> "Creo que todos los movimientos de software significativos comienzan a un nivel comunitario. Después de todo, Unix no fue desarrollado por el presidente de AT&T sino por un solo investigador llamado Ken Thompson. Este hecho generó un movimiento espontáneo entre los investigadores que colaboraron y contribuyeron con él" (Wright 1987).

En el mismo boletín de febrero de 1988 en la sección *GNU Flashes*, con la firma del propio Stallman, se describía el estado de avance de los componentes del proyecto que estaban desarrollándose. Con relación a gsh o GNU *shell* el párrafo se abría con un título un tanto amargo: "La decepción del *shell*". Allí continuaba Stallman: "Por casi un año y medio creímos que el shell estaba 'prácticamente listo'. El autor hizo numerosas promesas de entregar lo que había hecho, pero eso no ocurrió. Finalmente, no puedo confiar en que él entregue algo. De manera que Brian Fox, miembro del staff de la Fundación está implementando una imitación del *shell* Bourne. Una vez que esté concluido iremos agregándole funcionalidades presentes en el Korn *shell* y por tanto, tendiéndole una mano a Berkeley" (FSF 1988).

Como hemos referido previamente en la sección dedicada a los *shells*, Brian Fox liberaría la versión beta de Bash al cabo de poco más de un año de trabajo.

El juego de palabras *Bourne Again*, fiel al estilo *hacker*, era ingenioso. Por un lado, el *shell* de Fox era una reimplementación libre del *shell* de Steve Bourne (incluido en la séptima versión del Research Unix, en 1978). Por otro lado, la broma hablaba de un renacimiento definitivo del un *shell* para GNU, luego del decepcionante fracaso de gsh que nunca acabó por ver la luz.

Los resultados fueron globalmente más que positivos. Bash se convirtió en otro gran *hit* de la FSF, convirtiéndose en uno de los *shells* más utilizados en la mayoría de los *nix (sistemas tipo-Unix).

Otro aspecto presentado en aquel boletín del proyecto GNU era el hecho de que los dos principales proyectos de código abierto, GNU y BSD estaban colaborando mutuamente.

En los años siguientes BSD tendría que desembarazarse de las porciones de código fuente del Research Unix de AT&T. Esta empresa, a través de USL reclamó judicialmente la propiedad del código a comienzos de los noventa. El siguiente boletín del proyecto GNU se publicó a mediados de 1989. En este informe se señalaban algunos de los cambios que se habían realizado en los términos legales de la licencia GPL. En este documento también se presentó al público la versión 1 de la licencia GPL (*General Public License*). Resulta interesante observar en este documento cómo el modo en que se escribe una aplicación de software dejó su huella en el texto de la licencia:

> "Recientemente la Fundación hizo cambios profundos a la *General Public License*. Los términos relativos a la posibilidad de copiar permanecen inalterados, pero la estructura de la licencia es diferente, lo que permite que ahora sea más fácil liberar programas bajo el régimen de *copyleft*. Actualmente la licencia es esencialmente una **subrutina** y las aplicaciones solo necesitan establecer que la licencia GPL se les aplica" (FSF 1989).

El boletín citado se refiere a la primera versión de la licencia GPL, que se publicó en febrero de 1989. La licencia fue el resultado del trabajo y el pensamiento de Richard Stallman junto con sus compañeros y asesores legales de la FSF. Podría pensarse que, más allá de las grandes aplicaciones que Stallman escribió a lo largo de su carrera, la GPL constituye su mayor contribución al software libre y de código abierto. La GPL, mal que les pesara a algunos directivos de Microsoft a comienzos del siglo XXI, habría de convertirse en la licencia de software de mayor alcance y con mayores efectos.

A diferencia de otras licencias más permisivas, con la GPL se procuraba que la historia -tan triste para el propio Stallman- ocurrida con el destino de los productos del AI Lab del MIT no volviera a repetirse.

La licencia estableció entre otras normas, que los trabajos derivados de un producto al que se le había aplicado la licencia GPL heredase automáticamente esta. Si se "incluye" la subrutina de la licencia, los productos derivados la heredarán. De esa manera se evita que alguien pueda cerrar el código y hacer un software propietario a partir de uno que era libre. Ese era el aspecto "viral" del que lastimosamente se quejaba Ballmer en el artículo citado en estas páginas.

Vale la pena detenerse por un momento a analizar algunas de las citas que se incluían en el Boletín n° 7. Una de ellas corresponde a Benjamin Franklin:

> "Tal como disfrutamos de las grandes ventajas que resultan de las invenciones de otras personas, deberíamos estar felices ante la oportunidad de servir a otros gracias a cualquiera de nuestras invenciones" (FSF 1989).

Otro tramo del boletín, el propio Stallman, bajo el título de "Activismo por la libertad de la programación" manifestaba:

> "Beneficiarse de los descubrimientos de sus pares no es solamente un derecho natural, sino que también es el deber que cada hombre debe a sí mismo y a la sociedad; el mutuo y universal progreso es el resultado del cumplimiento del destino terrenal del género humano" (FSF 1989).

La cita corresponde a un tratado del legista norteamericano William Callyham Robinson titulado *The Law of Patents for Useful Inventions*, publicado en 1890.

¿De qué idealismo se habla?

Suele señalarse con toda razón a Richard Stallman como ideólogo del Software Libre. Sin dudas, por su labor y perseverancia tiene bien merecido ese título y quizá algunos otros[21]. El Proyecto GNU fue el catalizador de diversos esfuerzos que culminaron en la creación de GNU/Linux, finalmente un sistema operativo tipo Unix, pero 100 % libre. La licencia GPL, otra obra de Richard Stallman fue la herramienta más poderosa en este proceso. Quizá más que cualquier pieza de software, la licencia GPL sea el gran legado de Stallman para la humanidad.

Durante los años noventa y luego del año 2000 grandes empresas intentaron ampararse en el sistema legal de patentes y agitaron la bandera de la propiedad intelectual como un arma para corroer los cimientos del edificio del software libre y otras obras de código abierto. Declaraciones como "Linux es un cáncer" más que despotricar contra Linux, en realidad expresaban el

---

[21] Se ha dicho en varios lugares que el libro de Steven Levy, *Hackers, Heroes of the Computer Revolution* tendió a glamourizar la figura de Stallman. Levy lo definió a la manera de un joven Jedi en *Una nueva esperanza*, "el último de los *hackers*", en referencia a que era uno de los pocos *hackers* que aún quedaban en el AI Lab del MIT cuando la mayoría había emigrado a las empresas que hacían las LISP Machines.

temor al poder expansivo y contagioso de la licencia GPL.

Richard Stallman y sus colaboradores de la FSF, desde las páginas electrónicas del boletín del proyecto GNU comenzaron a prever y a planear las defensas de los ataques que no tardarían en llegar.

En ocasiones suele señalarse a Stallman como un "idealista". Posiblemente esas opiniones tengan en cuenta la intransigencia de Stallman ante ciertas cuestiones.

Si intentásemos identificar un ideario o más concretamente una serie de discursos que configuren las condiciones productivas del proyecto GNU y de la licencia GPL, seguramente no encontraríamos al manifiesto comunista. Recuerdo que a principios de los años 2000 algunos artículos publicados por diarios argentinos solían referirse al software libre como un "fantasma que recorre Europa", atemorizando así a las grandes corporaciones de software. En otras notas se señalaba la afinidad de Stallman con países pretendidamente socialistas, donde la democracia había sido doblegada por caudillos autoritarios. Nada más alejado de la realidad. Stallman se ha ocupado de problemas relacionados a cómo podemos mejorar nuestra vida en comunidad, beneficiándonos colectivamente de la innovación y potenciándola.

Como se ha sugerido en estas páginas las cuestiones de la "computación comunitaria" estaban en el centro de los problemas que dieron origen a Unix a comienzos de los setenta, como también lo estaban en el uso y desarrollo del ITS en el Laboratorio de IA del MIT. Los problemas que Stallman atacó, primero individualmente, hasta iniciar un colectivo global tienen más que ver con el "comunitarismo" y poco o nada que ver con algún tipo de comunismo.

Como también lo señalaba muy tempranamente Kishida, la innovación de Unix provenía de las bases, de una pequeña comunidad (*grass-roots*).

Como queda además en evidencia desde los primeros mensajes de Richard Stallman a *newsgroups* de Usenet jamás existió ánimo antimercado alguno. Por el contrario, muy tempranamente surgió la proposición de que los servicios de soporte podrían ser uno de los modelos de negocios que darían sustento al software libre.

Si en algunos aspectos el discurso de Stallman y la FSF pudo asustar a los directivos de grandes empresas, lo hizo tal vez sobre la base de su intransigencia o por su empecinamiento en la persecución de los objetivos del proyecto GNU. Para conseguir el objetivo final, un sistema operativo 100 % libre no había mucho lugar para la negociación o para soluciones de compromiso. O se lograba que el código fuera abierto en los términos de la licencia GPL o simplemente no se lograría nada. Quizá, en el punto donde en algo parece haber cedido, por razones pragmáticas es en la adopción del kernel Linux, como se verá más adelante.

Una cierta lógica binaria dominó el proyecto: o se estaba con el software libre o se estaba en su contra, sin medias tintas. Dicho binarismo puede haber sido una virtud o un defecto, según en qué momento uno se ubicara. Posiblemente a principio de los años ochenta haya sido una virtud, pero tal vez se haya vuelto una limitación, cuando el software libre y GNU/Linux comenzaron a despegar promediando los años noventa[22].

Las citas que Stallman incluía en los boletines del proyecto GNU permiten comprobar que el origen de algunas de sus ideas se conectan con la tradición liberal de origen anglosajón, Benjamin Franklin, Stuart Mill o Adam Smith. El relato que el propio Stallman hace de los inicios del proyecto GNU parece seguir plenamente los preceptos de Franklin. Stallman sostenía entonces que sería capaz de sobrevivir con lo estrictamente necesario, sin ningún accesorio ni lujo que lo distrajeran de la prosecución de su objetivo: construir un sistema operativo libre. El ascetismo, la claridad y determinación, el foco absoluto en el mismo, la maximización del uso de sus recursos, en especial del tiempo, todo conduce a Benjamin Franklin y por lo tanto también a la ética protestante.

Los discursos sobre los que se fundó el proyecto GNU y el movimiento del software libre no suelen enfocarse en la calidad o la eficiencia del software libre frente a su contraparte propietario. Eso parece ser más bien un resultado colateral. La razón de ser del software libre no responde a un imperativo utilitarista, sino más bien a un imperativo ético: las libertades de usar, de acceder al código fuente, de compartirlo y de mejorarlo, todo tiene por objetivo el mejoramiento de la vida de la comunidad. En este aspecto, los discursos del software libre son herederos de la "Teoría de los sentimientos morales" de Adam Smith para quien, aquello que hoy denominamos "empatía"[23], es decir la capacidad de escuchar activamente y ponerse realmente en el lugar del otro era la base de la cooperación entre los hombres.

La *Open Source Initiative* (OSI) hizo énfasis en lo pragmático sin descuidar los aspectos éticos, base que ya había sido edificada por el proyecto GNU y la FSF.

En una primera instancia, el proyecto GNU podía ser resultado del deseo

---

[22]Esa lógica sin medias tintas fue lo que pudo atemorizar o hacer desconfiar a inversores y empresas y fue una de las causas por las que surgió hacia 1998 la *Open Source Initiative*.

[23]Para Smith *sympathy* remite a un impulso tendiente a la solidaridad y afinidad con el otro.

personal de Stallman de reestablecer el orden existente en los días de gloria de los *hackers* del Laboratorio de IA. De aquella experiencia dolorosa probablemente haya surgido para él la necesidad de un proyecto que estaba impulsado por este imperativo ético: asegurar los distintos niveles de libertad en el uso y la producción del software de forma que resultara en beneficio para toda la comunidad.

En relación al tema de la cooperación, Niklas Vainio y Tere Vadén sostienen que "la libertad del software es solo un medio para un fin mucho más importante, que es una sociedad cooperativa y libre" (Vainio 2012). Una de las hipótesis de estos autores es que el componente "político", fue ganando terreno en el seno del proyecto GNU al punto de crearse el concepto de un "movimiento del software libre", mientras que la iniciativa del OSI *Open Source Initiative* hará foco en la apertura del código como un modelo de desarrollo de software.

Particularmente, creo que asimilar por completo el software libre como lo entiende Stallman a la esfera de la política, es correcto solo parcialmente. Más que un movimiento político, el software libre a la manera de Stallman es un **modo ético** de producir, usar y compartir (hacer circular) el software. Esto podía parecer obcecado a los ojos de muchos e incluso despertar reacciones contrarias, pero esa actitud puede entenderse mejor si se considera la naturaleza ética del software libre: en asuntos relativos a la ética hay mucho menos lugar para la negociación que en el campo de la política.

La ambivalencia entre un liberalismo comunitarista y el lastre de lo político ("el movimiento") fueron las razones por las que ya avanzados los años noventa la prédica de la FSF generó cierta desconfianza en los inversores y las empresas.

Podríamos considerar que los objetivos iniciales de Stallman se han cumplido. A lo largo de su camino, Stallman partió de aquel deseo de revivir el ecosistema basado en la cooperación que reinaba en el Laboratorio de IA del MIT y contribuyó decisivamente a la creación de una comunidad global, que ha hecho de la cooperación un modo de producción de software de alta calidad. Entre los logros que obtuvo Stallman, la licencia GPL fue el mayor debido a su amplio alcance y legado social.

Como ya hemos señalado, para Richard Stallman el software libre es una alternativa ética. Los principios éticos no se negocian. Esto ha conllevado y amplificado cierta intransigencia de la FSF y el proyecto GNU.

El calificativo de idealista, creo modestamente, que no resulta apropiado para

Richard Stallman. Por el contrario, sus logros demuestran plenamente su pragmatismo. No hubo nada utópico ni abstracto en su labor, sino que sus logros concretos (y los del proyecto GNU y la FSF): aplicaciones como GCC, Bash y muchas otras, allanaron el camino para la producción de GNU/Linux, el primer sistema operativo libre. Libre, abierto, gratuito y además libre de porciones de código propiedad de AT&T.

El mayor *hack* de Stallman y los suyos fue la licencia GPL. Efectivamente el mecanismo de "librería" (en el sentido que en el desarrollo de software tiene el término), que se "incluye" en una base de código resultó de "abrir" o *hackear* el concepto de *copyright* para convertirlo en *copyleft*. La licencia GPL explota el hecho de que el autor de una obra puede reservarse ciertos derechos como otorgar otros. De esa forma, el *copyleft* procura ceder a terceros -los usuarios del software, por ejemplo- el derecho, de copiar, redistribuir, acceder al código fuente y mdificarlo según la conveniencia de cada uno. Sin embargo, como contraparte la licencia impone la obligación de que un producto derivado que incluye total o parcialmente código liberado bajo la licencia GPL la herede directamente. Este mecanismo legal prevenía que no ocurriera por ejemplo lo que había pasado con el operativo de las máquinas LISP originado en el Lab de IA del MIT. Bajo la GPL un software que contuviera algo liberado bajo GPL era indefectiblemente libre. Esto la hacía viral y contagiosa, como se quejaba Steve Ballmer en la entrevista citada (Ballmer 2001), lo que la distinguía de otras licencias existentes como las de BSD.

Un asunto de posicionamiento

Las objeciones que en la segunda mitad de los años noventa la *Open Source Initiative* presentó al movimiento del software libre, como lo entiende la FSF, tenían como objetivo cambiar el "posicionamiento" del software libre en el sentido que el *marketing* da al término. Esos ya eran tiempos muy diferentes, en los que Linux comenzó a sumarse a la corriente dominante (*mainstream*) de la industria y la OSI procuró posicionar al software de código abierto (fórmula que esta prefería por sobre "software libre") como una alternativa pragmática, rentable y viable para las empresas.

En términos generales la OSI tuvo éxito al promocionar el uso de *Open Source* (Código abierto). Pese a la controversia con la FSF (movimiento o modelo de desarrollo de software) no hay que olvidar el hecho de que la licencia GPL continuó siendo la de uso más extendido.

Ya fuera llamado software libre o software de código abierto la licencia GPL proveyó la base más firme y eficaz para el desarrollo de ambos modelos, aunque encarnasen visiones algo diferenciadas. Asimismo la licencia proveyó un acuerdo fundamental para que ambas iniciativas o múltiples proyectos dispusieran de la sinergia necesaria para avanzar en una misma dirección.

Además, los alcances de la licencia GPL se han extendido a otras áreas más allá del software, por ejemplo el *open-hardware*, las licencias *creative-commons* para obras artísticas, etc. Esta tendencia está aún en desarrollo y lejos de detenerse.

La Iniciativa de Código Abierto (OSI: *Open Source Initiative*) surgió oficialmente en 1998. Su formación estuvo impulsada por las siguientes razones: en ese momento el kernel Linux se había desarrollado con muchísima velocidad y demostraba ser un modo eficaz de desarrollar software, que además podía aplicarse a una variedad de proyectos y no solamente al desarrollo de Linux. Eric Raymond, promotor de la iniciativa y antiguo colaborador del proyecto GNU había estudiado este tema y presentado un *paper*, que luego publicó como libro: "La catedral y el bazar" (Raymond 1997), el cual salió de la imprenta en 1997.

Está claro que la situación era muy distinta respecto a los comienzos de la década del noventa. Internet se había vuelto un servicio masivo de consumo y uso global, las inversiones del capital de riesgo inundaban las compañías de informática y telecomunicaciones como parte del proceso conocido como la "burbuja de las punto com". Como se verá más adelante, los navegadores web pasarían a ser una de las aplicaciones centrales y más cotizadas.

Como efecto del libro de Raymond la compañía Netscape decidió liberar el código fuente de su navegador web, que con el tiempo sería el código base de Mozilla Firefox. Linux ya no era el único proyecto de código abierto de envergadura y era necesario en aquellos momentos protegerlos y conseguir el capital necesario para que fueran sustentables.

Para ello, no se trataba solamente de promover un modelo de desarrollo de software que demostraba ser eficaz. También la OSI respondía a la necesidad de *marketing*: cierto ánimo confrontativo presente en los discursos y posturas intransigentes de la FSF podían desalentar el desarrollo de software libre (o abierto) por parte de las empresas.

Muchos participantes de OSI habían sido activos colaboradores del proyecto GNU y la FSF. Michael Tiemman, como se ha visto creador del compilador g++ de la suite GCC) y fundador de la primera empresa basada en servicios de software libre, Cygnus Solutions, fue además uno de los presidentes de OSI. En un texto retrospectivo se refería a los objetivos de la iniciativa:

"Abandonar la actitud moralizante y confrontacional que ha estado asociada al software libre y en lugar de eso se trata de promover ideas abiertas sobre las bases de casos de negocio concretos" (Tiemann 2006).

La OSI no significaba una escición o un cisma al estilo de dos religiones que se dividen. Más bien se trataba de posicionar al software libre de modo que resultara más amigable al mundo corporativo.

"El 8 de abril de 1998 muchos de los jefes de las diferentes tribus que conformaban la cultura *hacker* se congregaron en la Cumbre del Software Libre, organizada por Tim O'Reilly. El encuentro estaba motivado especialmente en respuesta a las posibilidades que había abierto la liberación del código de Netscape y el ajetreo que despertaba la nueva etiqueta de 'Código Abierto'.

La reunión incluyó a figuras de Linux, Sendmail, Perl, Python, Apache y otros proyectos clave, como asimismo aliados que incluían a la IETF y el Internet Software Consortium.

En aquel encuentro, los participantes votaron promover el uso del término *Código Abierto* y acordaron adoptarlo junto a una nueva retórica que hiciera foco en el pragmatismo y la afinidad al mercado que Eric Raymond había venido desarrollando" (Tiemann 2006).

La parte final del documento indicaba asimismo algunas diferencias institucionales de la OSI que sin mencionarlo abiertamente pretendían diferenciarla de la FSF de Stallman. Tiemman sostiene en el documento que "nuestro primer Presidente (por Eric Raymond), quien ha estudiado la historia de los movimientos reformistas, creía en la necesidad de que la comunidad de código abierto contase con instituciones que no fueran dependientes del carisma o del talento de sus miembros fundadores" (Tiemann 2006).

Para Stallman el software libre había surgido como un asunto personal. Iniciativas como la OSI, de las que luego serían herederas otras como la Linux Foundation tendieron a proveer la estructura instucional para hacer al desarrollo de código abierto un negocio sustentable y duradero.

La larga búsqueda del *kernel* soñado

El boletín número 7 del proyecto GNU, de mediados de 1989 mencionaba un hecho importante: en poco tiempo estaría disponible la distribución de software GNU para 80386 (la arquitectura de las PCs de entonces basadas en ese chip de Intel) en discos flexibles (de 1,2 Mb) o a través de BBSs.

Sin embargo, se evidenciaba que los avances con el *kernel* se demorarían, como podía leerse en la siguiente edición del boletín. La sección *GNU Project Status Report* indicaba al respecto: "En este momento no estamos haciendo ningún trabajo con el kernel. Para nosotros no tiene sentido iniciar un proyecto de kernel por ahora, cuando en realidad esperamos usar Mach" (FSF 1990a). Seis meses después de eso, el tema del kernel seguía empantanado. Para mediados de 1990 aún no había novedades:

> "Esperamos usar el kernel basado en intercambio de mensajes llamado Mach, que está desarrollando la Universidad de Carneghie Mellon. La versión actual de Mach no es libre, porque contiene código BSD, que incluye código originado por AT&T. Sin embargo los desarrolladores de Mach dicen que todo eso será reemplazado por código libre o, al menos movido a procesos de espacio de usuario.
> ... no usaremos Mach a menos que podamos compartirlo con todo el mundo libremente, y que a su vez los usuarios puedan redistribuirlo. Si acaso algún control sobre las exportaciones prohibiese su distribución fuera de los Estados Unidos, entonces tampoco lo usaremos" (FSF 1990b).

El texto citado pareciera confirmar una serie de hechos: no había margen para soluciones de compromiso. El sistema operativo GNU tenía que ser 100 % libre o simplemente no sería nada.

Por otra parte, el intento de poner al software del proyecto a salvo de cualquier tipo de control que evitase su circulación global tiende a confirmar el alineamiento con la metodología científica para producir conocimiento, aspecto que lo emparentaba a las raíces originarias de Unix. También el hecho de evitar cualquier tipo de obstáculo para su circulación marca la conexión de las ideas que impulsaban el proyecto GNU con el pensamiento de raíz liberal: si el software es libre debe estar sometido solamente a su propio *laissez-faire*, nada debe impedir su libre circulación.

Por otra parte, alrededor de 1990 el boletín mostraba a las claras que GCC se había convertido en la aplicación estrella del proyecto. En esa edición se indicaba que NeXT, la compañía que había fundado Steve Jobs al ser invitado a dejar Apple, estaba utilizando GCC para compilar sus sistemas:

> "La versión 1 de GCC es bastante estable actualmente. Soporta el estándar ANSI C. Los sistemas de NeXT, incluidos su port del kernel Mach y NFS están utilizando GCC" (FSF 1990b).

Recién para mediados de 1991 se anunció en el boletín que se comenzaría con el desarrollo del kernel a partir de Mach. El proyecto de un núcleo para el sistema operativo GNU ya tenía un nombre: *The Hurd*:

> "Hemos comenzado el desarrollo relacionado con el kernel del sistema operativo GNU. El trabajo consiste en escribir una serie de 'servidores', llamados GNU Hurd que corren sobre el microkernel Mach 3 de CMU. El microkernel Mach provee una abstracción de tareas, con múltiples hilos de ejecución dentro de una misma tarea y un poderoso mecanismo de intercomunicación entre procesos (IPC, *Inter-Process Communication*) como así también memoria virtual.
>
> The Hurd consiste en sistemas de archivos (*File Systems*), el controlador del terminal, el servidor de procesos, los servidores de protocolos de red y el intérprete de llamadas al sistema (*system calls*). Los sistemas de archivos utilizan una tarea de Mach separada por cada sistema de archivos montado y provee funcionalidad Unix" (FSF 1991).

Medio año después del anuncio, en el boletín número 12 se publicó el estado de avance del proyecto *The Hurd*, bajo la sección "Estado de avance del Proyecto GNU":

> "Mike Bushnell ha escrito una implementación del sistema de archivos BSD Fast y se encuentra actualmente depurándolo. Esta implementación provee acceso a archivos y memoria compartida (lo cual permite un acceso más rápido) y si se usa directamente desde *stdio*, presente en la biblioteca de C (*C Library*), se elimina la necesidad de copiar datos en un número considerable de programas que hagan uso intensivo de Entrada/Salida de datos. Una versión futura de la GNU C Library proveerá soporte a estas funcionalidades.

... Se estima que el sistema (GNU con *The Hurd*) será compatible con BSD 4.4 y se ajustará al estándar POSIX.1" (FSF 1992).

A lo largo de 1992 se habló poco del núcleo del proyecto GNU. El boletín de mediados de año (número 13) no hacía referencia directa al núcleo sino que mencionaba los trabajos que varios desarrolladores del proyecto estaban realizando en la biblioteca estándar C de GNU (*GNU C Library*). En esa edición del boletín se anunciaba el hecho de que la biblioteca C ya se ajustaba a los estándares del lenguaje C ANSI C-89 y POSIX.1-1990, mientras que se estaban realizando trabajos para ajustarlo a POSIX.2. Esta biblioteca estándar de C es un componente fundamental, no solo para el desarrollo de GNU Hurd sino para el desarrollo de software en general, para lo cual se utilizaría el juego de herramientas GCC. Entre otras herramientas de software esto permitiría el desarrollo de Linux. En Hurd, la biblioteca C abriría el camino de la implementación de las llamadas al sistema, como se mencionaba en la cita anterior.

A comienzos de 1993 en el número 14 del boletín del Proyecto GNU tampoco había novedades sustanciales de *The Hurd*. Sin embargo, un hecho destacable en esa edición es que se mencionaba que se había hecho otro *kernel* inspirado en Unix SVR-4 (llamado AMIX) para la Commodore Amiga usando las herramientas de desarrollo presentes en GCC (FSF 1994a).

Sin embargo, a mediados de 1995 se publicaban anuncios sobre el núcleo bajo el título auspicioso **"The Hurd corre GNU Hello!"**. El núcleo había completado con éxito el proceso de inicialización del sistema (*bootstrapping*), llegando a iniciar los principales servidores que lo componían:

> "Cuando se publicó este boletín, el sistema ejecutó un *shell* simple, un simple *ps*, la mayoría de las herramientas de línea de comandos y las *textutils*. El avance es tan rápido que posiblemente en el momento que ustedes lean esto haya muchas más novedades.
>
> Para tener un sistema completo aunque sin soporte de red todavía necesitamos terminar el soporte de señales, aunque algunos programas que utilizan señales ya funcionan" (FSF 1994b).

A la luz del tiempo de desarrollo que *The Hurd* habría de requerir, el texto de aquel boletín parecía en exceso optimista. Comparativamente, durante esos mismos años el *kernel* Linux iba adquiriendo una velocidad de desarrollo notable. Una comunidad más numerosa de programadores desarrollaba Linux de manera descentralizada. Como ha señalado Eric Raymond en su estudio, el modelo de desarrollo de Linux era comparable a un gran y ruidoso bazar (Raymond 1997).

A comienzos de 1995 la FSF (Fundación para el Software Libre) dirigida por Richard Stallman anunció que a partir de la primavera de aquel año comenzaría a distribuir CD-ROMs de Debian GNU/Linux. Se mencionaba asimismo que Debian era un sistema operativo completo para máquinas basadas en microprocesadores Intel. El software era libre en los términos de la FSF puesto que estaba disponible tanto bajo la forma de archivos binarios como así también se hallaba a disposición todo el código fuente. Sin embargo, aclaraba: "Estamos distribuyéndolo como una medida provisoria hasta que el núcleo GNU (*The Hurd*) se encuentre listo para los usuarios" (FSF 1995a).

En el boletín se mencionaba a Ian Murdock principal responsable de Debian como un "gnu" más, es decir como un miembro y desarrolloador del proyecto GNU. De allí en más en todo el discurso de la FSF se procuraría insistir en que todas las distribuciones que incluyeran el núcleo Linux debían ser denominadas como sistemas GNU/Linux.

En lo sucesivo, los boletines se vuelven algo reiterativos con relación al desarrollo de *The Hurd*. El boletín publicado a mediados de 1995 mencionaba a Linux bajo una sección denominada "Software Libre para Microcomputadoras" (refiriéndose a PCs basadas en micros x86). Allí se indicaba el sitio ftp desde donde era posible descargar el código de Linux, como asimismo el hecho de que este se encontraba liberado bajo los términos de la licencia GPL. También se mencionaba el grupo de discusión en Usenet, comp.os.linux.misc. La mención a Linux parece en principio algo tardía, considerando que ya existían algunas otras distribuciones de Linux además de Debian, que era la distribución "auspiciada" por la FSF.

A mediados de 1995 se publicó lo siguiente: "GNU Hurd ahora ejecuta programas nativos. Se han implementado tanto bibliotecas compartidas (*shared Libraries*) como también el popular sistema de archivos ext2, usado por Linux". Resulta evidente que GNU debía seguir el desarrollo de Linux, en la medida en que este lo aventajaba en adopción y popularidad, en principio dentro de la comunidad *hacker* (FSF 1995b).

En 1995 el paisaje informático había cambiado. La FSF ya no distribuía tantas cintas sino CD-ROMs. Un año antes, a fines de 1993 se había lanzado FreeBSD y NetBSD, que serían los continuadores del BSD del CSRG de la Universidad de Berkeley. Linux incrementaba su base de desarrolladores y usuarios impulsado firmemente por la proliferación de clones de PC. La arquitectura de PC basada en procesadores Intel iba convirtiéndose en un estándar de hecho.

Una vez que BSD se desembarazó del código propiedad de AT&T y que distribuciones como FreeBSD, NetBSD y luego otras asumieron la responsabilidad de mantener viva la llama del BSD del CSRG[24]. Linux/GNU y las variantes de BSD fueron sistemas que se disputaban el mercado de sistemas *nix de código abierto. Una de las ventajas competitivas de Linux en ese aspecto se debió a que el *kernel* originado por Torvalds ofrecía mejor soporte para hardware más económico o de menor calidad. De manera que resultaba más probable correr Linux en un clon económico que alguien tuviera en su casa que usando alguna de las variantes de BSD. Linux atendió un mercado que Unix históricamente había ignorado: el del hardware commodity.

El desarrollo del núcleo *the Hurd* o para hablar con propiedad los distintos componentes o servidores que lo compondrían, ya que era un micro-kernel, avanzó con mucha lentitud. Recién para el año 1996 se liberó una versión 0.1. En esa misma época el núcleo Linux ya iba por su versión 2.0, es decir que ya estaba siendo utilizada en aplicaciones productivas, como se verá más adelante. En 1996, cuando se publica la versión 2.0 del núcleo, Linus Torvalds anunció cuál sería el logo o mascota no-oficial de Linux, el pingüino regordete que fue creado por Larry Ewing.

Liberación o muerte

La frase *release fast or die* no resulta muy fácil de traducir, una posibilidad podría ser "libera tu software rápidamente o muere". Hoy esta es una máxima ampliamente aceptada en la industria del software.

A principios de los años noventa el núcleo del sistema operativo era la única pieza que le restaba al proyecto GNU para hacer realidad el sueño de Richard Stallman ¿Por qué razón el desarrollo de *the Hurd* se complicó tanto y fue reemplazado por Linux? A continuación se revisarán algunas de esas posibles razones.

Pero previamente hay que subrayar el hecho de que el fracaso relativo de

---

[24]El *Computer Science Research Group* fue el grupo de investigación que recibió apoyo y financiamiento del proyecto DARPA para el desarrollo de protocolos de red. BSD fue el sistema operativo elegido para la implementación de TCP/IP. El grupo de investigación funcionó hasta 1993, cuando se desmembró. Los proyectos 386BSD, FreeBSD y NetBSD, más otros que se irían creando fueron los que continuaron el desarrollo de BSD.

the Hurd de ninguna manera empantanó el desarrollo de un ecosistema de software libre. El *kernel* libre que tomó su lugar estaba liberado bajo la licencia GPL y conjuntamente con todas las diferentes herramientas del proyecto conformaron GNU/Linux. Por sí solo el *kernel* no es todo el sistema operativo. Se requieren *shells*, utilidades y opcionalmente herramientas de desarrollo. Todo eso lo proveyó el Proyecto GNU.

Al proyecto iniciado por Stallman, luego institucionalizado en la FSF, le corresponde el enorme mérito de haber extendido parte de la cultura técnica que Stallman había conocido en el MIT y su logro mayor, la licencia GPL que sirvió de base a todo el ecosistema del software libre y de código abierto. Asimismo, no hay que olvidar otro de los hechos que ha sido descripto en páginas previas. Las herramientas de desarrollo del proyecto GNU -entre ellas GCC- fueron claves para el desarrollo de software de código abierto, además fueron lanzadas en el momento preciso en que herramientas similares se encarecían notablemente como producto de las guerras Unix. En base a las obras construidas por Richard Stallman puede decirse que él fue uno de los responsables de mantener vivo Unix junto con su cultura técnica.

Las herramientas de desarrollo como GCC fueron esenciales para que un joven finés llamado Linus Torvalds iniciara su trabajo que culminaría en el núcleo Linux.

Stallman no fue el único *hacker*, por fortuna no fue el último de ellos. Junto con muchos otros fueron los principales responsables de mantener vivo a Unix y a su cultura técnica en sus múltiples derivados: GNU, Linux, y por supuesto los BSDs. Lo hicieron además en un momento bisagra que significó la segunda mitad de los años ochenta y comienzos de los noventa, en aquel lapso de tiempo las hostilidades y la competencia a muerte de distintos vendors de Unix bien podrían haber llevado el sistema a su desaparición. El avance de la arquitectura Intel en todos los ámbitos terminaría incluso con algunos pesos pesados de la industria.

El crecimiento de Microsoft estuvo atado al éxito de las PCs basadas en Intel, que se volvieron omnipresentes. Windows permitió a Microsoft avanzar tanto en el segmento corporativo como en el de usuarios domésticos. Grandes compañías que subestimaron a la revolución de las PCs tendieron a desaparecer y quizá entre ellas el caso más sobresaliente haya sido el de la empresa DEC.

The Right Thing (Hacer) lo Correcto

Los boletines del proyecto GNU permiten revisar cuáles fueron los diferentes intentos de Richard Stallman y la FSF en la búsqueda de un núcleo para GNU. Como se ha descripto, primero intentaron con un *kernel* llamado TRIX, desarrollado en el MIT para luego depositar sus esperanzas en Mach, originalmente desarrollado en la Universidad de Carneghie Mellon.

Pero ¿Por qué razón no utilizar BSD o su *kernel*? Para la FSF el software era 100 % libre, si y solo si se ajustaba a los términos de los derechos y obligaciones que establece la licencia GPL, caso contrario no podía utilizarse como parte de GNU.

El código de BSD contenía en aquel tiempo código original del Research Unix, y por lo tanto propiedad de AT&T. A raíz de ello, a principios de los años noventa USL (*Unix Systems Labs*), la subsidiaria de AT&T para comercializar Unix, inició un litigio judicial contra la Universidad de California en Berkeley. Como puede leerse en los boletines, existía una colaboración bastante fluida entre la FSF y el equipo de BSD. En 1991 se fundó la compañía BSDi (*Berkeley Software Design*) que comercializó BSD para PCs basadas en 386. La mayoría de los ingenieros de BSDi eran miembros del CSRG de la Universidad de Berkeley, es decir los desarrolladores principales de esa variante de Unix.

En 1992 BSDi presentó su BSD/386 cuyo costo era alrededor de 1000 dólares estadounidenses. Su precio era sin embargo bastante inferior al Unix System V de USL. Además BSDi distribuía y entregaba el código fuente de su BSD. Esos fueron los motivos por los cuales USL inició acciones judiciales contra BSDi y los regentes de la Universidad californiana.

La batalla judicial se cerró de manera favorable para la Universidad de Berkeley recién en 1993. Hasta ese momento nadie sabía cuál podría ser el destino de BSD, el cuál dependía de la decisión de la justicia.

En 1993 Novell había adquirido USL y por fortuna no estaba interesada en seguir litigando. Esta es una muestra más de lo destructivas que fueron las guerras Unix.

Desde entonces el desarrollo de BSD ha continuado más allá de Berkeley, con distribuciones como FreeBSD, NetBSD, OpenBSD entre otras.

Estas podrían ser algunas de las razones por las que Stallman se decidiera por Mach como una opción para el núcleo del sistema GNU[25].

---

[25] Esas serían las razones por las que Linus Torvalds comenzaría y sobre todo daría continuidad a su proyecto de *kernel*, como se verá en las páginas siguientes.

El propio Richard Stallman echa luz sobre este asunto:

"La gente a veces pregunta: ¿Por qué la FSF desarrolla un nuevo *kernel* en vez de usar Linux? Es una preguna razonable. La respuesta es que en realidad esa no era la pregunta que nos hacíamos.

Cuando empezamos el desarrollo de Hurd en 1990 la pregunta que nos hacíamos era ¿Cómo podemos obtener un *kernel* libre para el sistema operativo GNU? No había en aquel entonces un núcleo tipo Unix que fuera libre y no sabíamos de algún plan para escribir uno. La única manera en que podríamos tener un *kernel* libre era escribiendo uno nosotros mismos. Así que empezamos.

Nos enteramos acerca de Linux poco después de su liberación. En ese momento la pregunta que nos hicimos fue ¿Debemos cancelar el proyecto Hurd y usar Linux?

Supimos que Linux no era del todo portable -esto no es así hoy, pero lo era en aquel tiempo- y nos informamos que la arquitectura de Linux era similar a la de Unix, pero nuestro trabajo llevaría a algo mucho más poderoso.

En aquel momento iniciamos *The Hurd* y ahora tenemos que hacerlo funcionar. Esperamos que su arquitectura superior haga más poderosos los sistemas operativos libres" (Stallman 1996).

El texto citado forma parte de la documentación oficial de GNU Hurd, publicado originalmente en 1996[26].

Las mismas preguntas se las formuló en 1991 Linus Torvalds: si BSD fuera 100 % libre o si Hurd estuviera disponible ¿Qué objeto tendría escribir un nuevo *kernel*?

El discurso de Stallman permite observar algunas de las ideas que guiaban el diseño y desarrollo de GNU Hurd: "... nuestro trabajo estaba llevándonos a algo más poderoso...", o en el pasaje "... hacer más poderosos los sistemas operativos libres" (Stallman 1996).

Todo indica que la voluntad no era codear un núcleo a cualquier precio sino que un requisito era que este fuera de vanguardia. Desde el punto de vista de su arquitectura tenía que hacerse "lo correcto" (*The Right Thing*), en función

---

[26]El documento en su versión actual como se lo encuentra en el sitio web de GNU resulta difícil de fechar. Gracias a www.archive.org se puede obtener la fecha de la última actualización del mismo, 1996.

del estado del arte de la investigación en sistemas operativos en la época. Y lo que parecía ser "la próxima gran cosa" eran los microkernels, como era en efecto Mach.

Richard Stallman esperaba que alguno de los *kernels* que estaban en desarrollo fuera liberado de modo que fuera compatible con la licencia GPL. BSD estaba, a principios de los noventa, desligándose de porciones de código que eran propiedad de AT&T y además la licencia de BSD no era del todo comparable a la GPL, puesto que un producto liberado bajo licencia BSD puede volverse software propietario.

Como se ha mencionado, otro *kernel* podría haber sido TRIX, que fue desarrollado por el profesor Steve Ward en el MIT[27]. Sin embargo los desarrolladores de GNU llegaron a la conclusión de que portar TRIX a otras arquitecturas sería demasiado laborioso.

Finalmente, el proyecto GNU adoptó al *kernel* Mach como la base sobre la cual diseñar los diferentes "servidores" que conformarían *the Hurd*.

Mach era un desarrollo de avanzada para su época, a fines de los años ochenta. El microkernel incorporaba muchas innovaciones recientes en el campo de la investigación en sistemas operativos. Estos desarrollos se inscriben en la línea del debate sobre la aparente superioridad de los micro-kernels (como Mach) sobre los núcleos monolíticos, como el de Unix y, posteriormente, Linux.

Mach se desarrolló para utilizar procesos livianos bajo la forma de múltiples hilos de ejecución dentro de una tarea para así dar soporte a multiprocesamiento. Estas eran características de avanzada para su época.

El desarrollo inicial de Mach comenzó a partir de BSD 4.2 y, a medida que iba avanzando, diversos componentes de BSD iban siendo reemplazados por sus equivalentes en Mach. A partir de la versión 2, Mach proveyó compatibilidad con binarios compilados en BSD, por tal razón el código del núcleo Mach contenía bastante del código de BSD.

> "Mach3 consiguió mover el código de BSD fuera del *kernel*, logrando un microkernel mucho más pequeño. Este sistema implementa solo un conjunto básico de funcionalidades de Mach en el kernel. Todo el código específico Unix fue externalizado del *kernel*, para que corriera en modo de usuario. También la exclusión del código BSD de dentro del núcleo de Mach permitió el

---

[27]El código fuente de TRIX puede encontrarse en http://bitsavers.org/bits/MIT/Trix. Dicho *kernel* había sido desarrollado para correr sobre microprocesadores Motorola 68000.

reemplazo de BSD por cualquier otro sistema operativo o incluso abrió la posibilidad de ejecutar en simultáneo múltiples sistemas operativos (dirigidos u orquestrados por Mach)" (Silberschatz y Galvin 2012).

Además de BSD se desarrollaron otras implementaciones en espacio de usuario, por sobre Mach: DOS de Microsoft y Macintosh OS de Apple y OSF/1. De acuerdo con Amit Singh, OSF/1, el sistema operativo de la Open Software Foundation se basó en la versión 2.5 de Mach. Del mismo modo, las versiones 2.x de Mach se utilizaron en Xinu, Nextstep y Openstep. Estos últimos eran los sistemas operativos desarrollados por NeXT, la compañía fundada por Steve Jobs tras salir de Apple. También una máquina de NeXT fue la que utilizó Tim Berners-Lee en el CERN para escribir el primer servidor web y el prototipo del primer navegador web. Cuando Apple adquirió NeXT, ese desarrollo pasó a formar la base de Mac OS X (Singh 2007).

A fines de los años ochenta, Mach era el último grito en la innovación de sistemas operativos. Este nucleo de sistema operativo recién se convertió en un auténtico microkernel a partir de su versión 3.0. A partir de dicha versión, Mach se volvió compatible con los términos de la licencia GPL al haber retirado las porciones de código que provenían de BSD. Eso ocurrió en 1991 y fue a partir de ese momento que el proyecto GNU y la FSF pudieron comenzar a desarrollar los diferentes componentes o servidores que formaron parte de GNU. Mientras tanto ese mismo año comenzaba el desarrollo de Linux que, como se verá, resultó ser sorprendentemente rápido.

Alrededor de 1994 Carneghie Mellon discontinuó el desarrollo de Mach, pero este fue continuado por la Universidad de Utah. La versión 4 de Mach vió la luz allí. Más tarde fue rebautizado como GNU Mach y su desarrollo continuó, como base del *kernel* Hurd.

Varios de los arquitectos de Mach, como Richard Rashid o Avie Tevanian fueron empleados por Microsoft y Apple.

La idea de poder escribir un núcleo tipo Unix para correr por sobre el microkernel de base como Mach debía ser extremadamente poderosa. Hasta cierto punto esto ya se había logrado cuando BSD y otros operativos consiguieron correrse sobre Mach como componentes "satélite".

Los microkernels parecían entonces la arquitectura más elegante, encarnando lo que desde hacía décadas los *hackers* del MIT habían denominado "lo correcto" (*The Right Thing*). Sin embargo, todavía quedaba por verse si el principio arquitectónico más perfecto era en realidad el más sólido o realizable para el proyecto GNU.

El camino de *The Hurd* estaría, sin embargo, lleno de dificultades y desafíos, lo cual terminó derivando en múltiples demoras. Aún hoy, a tres décadas de su inicio, Hurd continúa en desarrollo y no ha sido adoptado para usos productivos, donde reina Linux.

Resulta llamativo que en el mismo período en que se desarrollaban los pasos iniciales de *The Hurd*, un ensayo publicado por Richard P. Gabriel en 1991 describiera dos estilos de diseño de software: los que él denominaba "estilo MIT" / "Nueva Jersey". Esa oposición de dos maneras diferentes de hacer software servirá para intentar dar cuenta de las razones por las que el desarrollo de Hurd encontró escollos múltiples.

Como Stallman, Richard Gabriel se había formado en el MIT. A principios de los años setenta trabajó en el Laboratorio de Inteligencia Artificial por un período corto. Cabe recordar que aquel había sido el "primer hogar" de Stallman.

Gabriel continuó su carrera en la Universidad de Stanford, como asistente de John Mc Carthy, padre de LISP. Stallman y Gabriel se habían formado en la misma cultura LISP que había florecido en el MIT y en Standford. Ambos coincidieron en otra organización fundada por Stallman, la "Liga para la Libertad de la Programación" (*League For Programming Freedom*), que se propuso aunar esfuerzos para luchar contra las patentes en software y la extensión del *copyright*.

En el ensayo de 1991 Gabriel hacía foco en lo que él veía como ciertos problemas de diseño que resultaban de la tradición de LISP. Por medio del recurso de la caricatura, es decir, la representación de algún rasgo de forma que este aparezca como deliberadamente exagerado, Gabriel describía los dos estilos de diseño de este modo:

> "Tanto yo como cualquier diseñador de Common LISP y CLOS hemos tenido una profunda exposición al estilo de diseño de MIT/Stanford. La esencia de este principio puede resumirse con la frase *The Right Thing* ("Lo Correcto"). Para un diseñador de esta escuela es de suma importancia lograr todas las siguientes características:
>
> ■ **Simplicidad**: el diseño debe ser simple, tanto en su implementación como en su interfaz. Es importante que la interfaz sea más simple que la implementación.

- **Corrección**: El diseño debe ser correcto en todos sus aspectos observables. Algo incorrecto está simplemente prohibido.

- **Consistencia**: El diseño no debe ser inconsistente. La simplicidad se puede sacrificar en favor de la consistencia, como también el diseño puede ser menos abarcativo para favorecer el principio de consistencia. Creo que la mayoritariamente se estaría de acuerdo en que estas son buenas características. Llamaré a esta filosofía de diseño como el estilo MIT. Common LISP (incluido CLOS) y Scheme son buenos ejemplos. La filosofía de peor-es-mejor es solo ligeramente diferente:

- **Simplicidad**: El diseño debe ser simple, tanto la implementación como la interfaz. Pero la simplicidad es lo más importante en un diseño.

- **Corrección**: El diseño debe ser correcto en todos sus aspectos observables. Es levemente mejor que sea simple a que sea correcto.

- **Consistencia**: El diseño no debe ser demasiado inconsistente. La consistencia puede sacrificarse en aras de la simplicidad en algunos casos, pero es mejor quitar esas partes del diseño que tener que introducir mayor complejidad en la implementación o inconsistencias.
  Las características del primer Unix y el lenguaje C son buenos ejemplos del uso de este estilo de diseño. Al uso de esta estrategia la llamaré el abordaje *New Jersey*.
  De manera deliberada he caricaturizado la filosofía peor-es-mejor para convencerlos de que no es una buena filosofía.
  Sin embargo, creo que peor-es-mejor, aún en su forma más lógicamente insustancial ha demostrado mejores posibilidades de supervivencia que la de productos resultantes del estilo *Do the Right Thing*. En lo referente al software el estilo New Jersey constituye un mejor abordaje que el estilo MIT ("Hacer lo Correcto")" (Gabriel 1991).

Por estilo New Jersey el autor se refería a Murray Hill en el estado de New Jersey, donde se encuentran los Bell Laboratories de AT&T[28].

Se han realizado diversos análisis acerca de las causas de los múltiples retrasos que sufrió el desarrollo de GNU Hurd, que aún a casi treinta años de su inicio se mantiene en un estado "experimental" más que un núcleo apto para usos productivos.

---

[28]Desde 2016 los Bell Labs son propiedad de la firma Nokia.

Siguiendo a Eric Raymond, el desarrollo de GNU Hurd sigue el modelo de desarrollo que él denominó como "catedrales". Básicamente porque el software desarrollado a la manera de catedrales, edificadas por hábiles artesanos. Pero sobre todo, un círculo selecto y pequeño de artesanos que trabaja bajo la guía de un arquitecto/artista.

En el dominio del desarrollo de software las aplicaciones-catedral son aquellas que se desarrollan por un grupo pequeño de expertos que trabajan en general en una misma ubicación física e interactuando de manera estrecha.

El núcleo *The Hurd* estaba concebido para ser construido por unos pocos programadores que trabajaran estrechamente, así lo entendía Richard Stallman, como se puede observar en los documentos del proyecto GNU.

Por otra parte la pretensión de construir "lo correcto" con relación al estado del arte de la época complicó aún más las cosas. Hacia fines de los ochenta los microkernels se presentaban como la opción más adecuada o simplemente "lo correcto", la vanguardia hacia donde apuntaba la investigación en sistemas operativos. Durante el desarrollo los programadores de *The Hurd* tuvieron que enfrentar innumerables problemas, sobre todo a la hora de depurar (*debugging*) el código, ya que resulta mucho más complejo hacerlo con un auténtico microkernel que con un núcleo monolítico.

A partir de aquel mismo año, 1991, el debate abierto por Gabriel continuaría en los grupos de discusión (*newsgroups*) de Usenet luego de que un estudiante finés puso en marcha un proyecto que en principio era solo el resultado de su propia curiosidad y su necesidad de aprender haciendo. En las propias palabras de Linus Torvalds, su *kernel* no sería "gran cosa como Hurd". Con Richard Gabriel podríamos pensar que en sus inicios el núcleo Linux era definitivamente "peor" que sus pares contemporáneos. Sin embargo, lo que resulta asombroso fue la velocidad con que se desarrolló y cómo rápidamente fue mejorando su calidad en la medida en que el propio Linus y la comunidad de desarrolladores lo iban perfeccionando.

Lo que en principio podía ser un ejercicio personal para aprender sobre desarrollo de sistemas se convirtió en un proyecto global y de largo alcance en parte debido a haber sido iniciado en el momento justo: Hurd no existía, Minix no era libremente redistribuible y BSD era objeto de litigios judiciales. En este caso, el desarrollo de Linux parece ilustrar perfectamente la tesis de Richard Gabriel (peor-es-mejor, si llegas al mercado antes). En sus principios Linux fue una solución simple, rudimentaria y quizá técnicamente inferior a sus competidores de entonces, sin embargo evolucionó de forma tan innovadora que se convirtió en la base de los sistemas operativos Linux/GNU por más de treita años. Hoy podríamos decir sin temor a exagerar que lo que alguna vez fue el proyecto de un estudiante de Ciencias de la Computación hoy forma parte del *mainstream* de los sistemas operativos formando parte de la infraestructura que soporta a Internet como a la computación en la nube, entre otras tantas aplicaciones.

El modo en que con el tiempo Linux fue desarrollándose fue para Eric Raymond la causa de su apabullante éxito: el código fuente fue liberado de inmediato por Linus Torvalds y puesto a disposición de muchos desarrolladores que estaban distribuidos alrededor del mundo pero conectados a través de Usenet e Internet (Raymond 1997). Este es el estilo de desarrollo que Raymond denominó como "bazar": un lugar ruidoso y concurrido en donde los desarrolladores confluyen para discutir y negociar los cambios y mejoras que habrán de introducirsele al código base de una aplicación. Este modo de desarrollo no es anárquico sino por completo descentralizado. En aquel momento el *kernel* Linux fue uno de los primeros intentos de desarrollo colaborativo que no dependía de una institución concreta, de ninguna empresa o fundación. Las formas de contacto e interacción que habilitaron las redes Usenet e Internet fueron la base que habilitó este tipo de desarrollo. Las "comunidades" no eran nuevas, pero las redes introdujeron un brutal cambio de escala en la composición de las mismas, acortando distancias geográficas y sociales.

Linux fue rápidamente un proyecto que aglutinó el interés de múltiples individuos alrededor del mundo para crear una comunidad de desarrollo.

Los orígenes de Linux

Unix en los '90: algunos errores en su comercialización

Los comienzos de la década de los noventa no eran buenos tiempos para Unix. Apple y Microsoft habían reclutado a varios de los mejores arquitectos de sistemas operativos, por ejemplo los responsables de Mach y de VMS, este último de la compañía DEC.

Microsoft había desarrollado las primeras versiones de su operativo Windows, aunque estas aún corrían por sobre MS-DOS, que no era ni multiusuario ni multitarea. Sin embargo, a principios de 1993 Microsoft presentó Windows NT, que ya brindaba multiproceso y procuró de esa forma destronar a Unix del ámbito corporativo.

Las guerras Unix habían dejado al sistema operativo en una posición de debilidad. Las mutuas y crecientes incompatibilidades entre los diferentes variantes de Unix terminaron atomizando el mercado. En septiembre de 1992 la revista Byte publicaba en su portada *Is Unix Dead* ("¿Unix ha muerto?"). En el artículo, los autores indicaban "a pesar de sus problemas Unix no ha muerto, de hecho está sorprendentemente saludable" (Yager y Smith 1992). Pero señalaba que la salida al mercado de Windows NT constituiría una amenaza seria para Unix, especialmente en el mercado del escritorio.

El artículo de Byte incluía una descripción acertada de los diferentes perfiles de usuarios de Unix de entonces, como también una caracterización acerca de cómo el desarrollo inicial de Unix había crecido desde las bases, impulsado por una comunidad creciente de desarrolladores y no un comité central. De alguna forma, Yager y Smith en aquella edición de Byte adelantaban las que serían las proposiciones de Raymond (la catedral/el bazar) (Raymond 1997). Microsoft había acaparado una porción enorme del mercado de PC con una estrategia agresiva, primero con MS-DOS y luego con Windows y aunque la prensa especializada se adhirió a esas campañas de marketing de Windows, es absolutamente acertado sostener que para comienzos de la década de los noventa Unix sufría un riesgo serio.

Desde sus inicios, Microsoft había abrazado el hardware accesible: primero dominó el mercado de los intérpretes de Basic comenzando con la Altair y llevando sus versiones de Basic a todas las computadoras, incluso a la PC de IBM. Luego siguió la compra y comercialización de DOS.

Como ha sugerido Eric Raymond, uno de los mayores problemas que tuvo Unix ya en la era de su comercialización fue que los principales *vendors* ignoraron sistemáticamente el hardware *commodity*. Las pocas veces en que no lo hicieron, sus productos siguieron siendo excesivamente caros para el creciente mercado de las PCs.

La cultura técnica originada por Unix ha seguido viva gracias a los sistemas operativos derivados de él, BSD (su pariente más directo), Minix, Linux. Para el desarrollo de cada uno de ellos, los productos de la FSF y del proyecto GNU fueron fundamentales. Como resultado, todos ellos mantuvieron la llama de Unix encendida en sus horas más oscuras, la primera mitad de los años noventa. A Stallman, Tanenbaum y Torvalds, solo por citar sus nombres entre muchos otros no tan conocidos, les corresponde el mérito de haber mantenido vivo Unix a través de sus derivados.

Minix

Durante los años ochenta los jugadores más antiguos del mercado de Unix se enfocaron en el segmento corporativo. Tanto AT&T/USL como BSD se mantenían ligados a las computadoras medianas de DEC, como las de la serie VAX, que habían reemplazado a las antiguas PDP. También Sun, Sillicon Graphics, NeXT y otras compañías se centraban en el mercado creciente de *workstations* con capacidades gráficas.

Como hemos visto el PC de IBM, y en especial la carrera por su clonación que inició Compaq abrió las puertas a un nuevo tipo de hardware: modular, abierto, cada vez más poderoso y económico.

Pese a que algunas compañías portaron el Unix de AT&T a arquitecturas de procesadores Intel como fue el caso de Xenix u otras compañías como Coherent que codearon un derivado de Unix sin recurrir a código de AT&T, estos sistemas resultaban aún costosos para usuarios de PC.

La versión de BSD para Intel no estuvo disponible sino hasta entrados los años noventa, luego de que se cerrase el proceso judicial USL vs.Berkeley. Como se ha señalado previamente, a partir de la versión 7 del Research Unix, AT&T modificó los términos de la licencia, prohibiendo expresamente el uso del código fuente para fines educativos.

El libro de John Lions, aunque fueran en copias fotocopiadas pasó a convertirse en un libro prohibido y progresivamente fue quedando algo desactualizado, aunque podía seguir siendo considerado como un libro de referencia.

El profesor Andrew S. Tanenbaum nació en Nueva York, se graduó en el MIT con el título de *Bachelor of Science* en Física en el año 1965. Luego obtuvo su Ph.D.en Astrofísica en la Universidad de California en Berkeley en 1971. A fines de los años setenta Tanenbaum trabajó durante algunos veranos en los Bell Labs en Nueva Jersey, junto al grupo de desarrollo de Unix.

> "Pasé varios veranos en el Unix Group (dept. 1127) de los Bell Labs. Allí conocí a Ken Thompson, Dennis Ritchie, y a muchas otras personas responsables del desarrollo de Unix.
>
> Es algo extraño, pero cuando estaba en los Bell Labs mi interés principal no eran los sistemas operativos sino los compiladores. Yo era el jefe de diseño del Amsterdam Compiler Kit" (Tanenbaum 2004).

Luego de haber logrado su doctorado en Berkeley el profesor Tanenbaum se mudó a Amsterdam a principios de los años setenta para realizar su posdoctorado. Desde entonces, se ha desempeñado como profesor en la *Vrije Universiteit* (Universidad Libre de Amsterdam). A lo largo de su carrera ha escrito obras que son auténticas referencias en el campo de las redes de computadoras y los sistemas operativos. Entre ellos se encuentran "Redes de computadoras", "Sistemas Distribuidos: principios y paradigmas", "Diseño e implementación de sistemas operativos" y "Sistemas operativos modernos". Como veremos, sus obras fueron determinantes para el desarrollo del sistema operativo Linux. Puede afirmarse que la obra de Tanenbaum ocupó el lugar del libro del australiano John Lions que analizaba y comentaba el código de Unix (Research version 6).

Como se ha mencionado, desde la versión 7 de Unix de 1979 el código del sistema operativo de AT&T no pudo continuar utilizándose en las aulas universitarias para fines educativos. También el libro de Lions corrió la misma suerte.

Muchas universidades en el mundo habían abierto cursos de lenguaje C y Unix, sin embargo esa tarea se vió seriamente dificultada con los nuevos términos de las licencias de Unix por parte de AT&T. Los cursos, como los que dictaba el profesor Tanenbaum se quedaron sin código fuente y tuvieron que centrarse apenas en los aspectos teóricos del diseño de sistemas operativos. Las Guerras Unix estaban comenzando.

En 1984 el profesor Tanenbaum decidió comenzar a codear un sistema operativo similar a Unix versión 7 sin recurrir a código propiedad de AT&T:

> "Mi idea era escribir el sistema, al que llamé MIni-uNIX o MINIX para la nueva PC de IBM. Esta computadora era lo suficientemente accesible para un estudiante (su precio base es aproximadamente 1500 dólares).
>
> Como la mayoría de las PCs de entonces no tenían disco duro diseñé MINIX para que fuera compatible con Unix versión 7 pero pudiera correr en una PC con 256 Kb de RAM y solo una unidad floppy de 360KB, un hardware mucho más modesto que la DEC PDP-11 en la que corría V7".

En el mismo artículo publicado en la revista *Communications of the ACM* Tanenbaum repasa cuáles eran los objetivos de su proyecto:

- Construir un clon de Unix v7 que pudiera correr en una PC de IBM con un solo floppy 360 Kb.
- Construir y mantener el sistema de forma que el mismo fuera capaz de compilar su propio código fuente.
- El código fuente estaría disponible para estudio.
- Como el sistema operativo tenía una finalidad pedagógica, el diseño debía resultar lo más "limpio" posible para que los estudiantes pudieran comprenderlo más fácilmente.
- El *kernel* debía ser lo más pequeño posible.
- El resto de los componentes del sistema operativo debía correr en modo de usuario como procesos independientes.

Como puede observarse, el diseño de microkernels era un tema que sobrevolaba el campo de estudios y desarrollo de sistemas operativos durante los años ochenta. El diseño de Minix, al igual que el de Mach o GNU Hurd, se orientaba a construir un microkernel. La diferencia más notable es que además el profesor Tanenbaum procuró hacerlo en un hardware mucho más limitado, como el de la PC.

Tanenbaum comenzó a codear Minix en su tiempo libre, en su propia PC. Para comenzar, utilizó Coherent (de la empresa Mark Williams) que era un sistema tipo Unix para PCs. Una vez que el programador Cerid Jacobs consiguió portar el compilador C, basado en el *Amsterdam Compiler Kit*, el sistema pudo automantenerse, en el sentido en que el propio Minix se convirtió en el ambiente para su propio desarrollo.

A diferencia del proyecto *The Hurd* de GNU que debía utilizar el microkernel Mach, el profesor Tanenbaum decidió escribir el sistema desde cero, autoimponiéndose mantener un diseño simple.

Comparativamente, haber desarrollado un microkernel en una arquitectura tan modesta como la de las PC de IBM de los ochenta, significó una estrategia diferente a la de los grandes *vendors* de Unix, y también de la de GNU. Tanenbaum no despreció el hardware limitado en términos de capacidad de cómputo y funcionalidades. Por ejemplo, la PC de IBM estaba basado en el Intel 8086, no contaba con una MMU (Unidad de Gestión de Memoria) y tenía unos modestos 256 KB de memoria RAM. Dicho hardware, "modesto" por entonces, en el lapso de unos pocos años habría de convertirse en *commodity* y sus capacidades crecerían hasta dominar el mercado informático. Si el profesor Tanenbaum lo entrevió o no, no lo podemos saber, pero sí es posible afirmar que acertó en el hecho de que pronto habría una PC de IBM o sus clones, no solo en cada escritorio de sus estudiantes sino también en los de todas las empresas.

El gesto de Tanenbaum fue opuesto al de los grandes *vendors* de Unix y al mismo tiempo parece remontarse a las propias raíces de Unix en los Bell Labs, cuando Ken Thompson utilizó a una modesta PDP-7 para iniciar el desarrollo.

El hardware de las primeras series de PC al que Minix se orientó era por lejos más modesto que las entonces nuevas VAX de DEC, o las *workstations* que se desarrollaron durante los años ochenta. Los antecedentes de Minix hay que buscarlos en sistemas operativos para hardware modesto, incluso de arquitecturas de 8 bits, como fue por ejemplo OS-9, un sistema tipo Unix desarrollado para microprocesadores 6809 de Motorola. Esa familia de procesadores equipó las computadoras *Color Computer* modelos I, II y III de Radio Shack/Tandy en los Estados Unidos y las Dragon en el Reino Unido. El operativo OS-9 fue desarrollado por la firma Microware a fines de los años setenta. Debido a las características extremadamente limitadas de las COCOs (por *Color Computer*) de Tandy el sistema operativo OS-9 estaba escrito en lenguaje *assembler* aunque posteriormente fue portado a otros procesadores. Otro antecedente de Minix fue Coherent, que además sirvió a Tanenbaum de ambiente de desarrollo inicial.

El objetivo central de Minix era servir a fines educativos para los cursos que el profesor Tanenbaum dictaba y su código fuente acompañaría el libro "Diseño e Implementación de Sistemas Operativos", que vería la luz en 1987.

A Tanenbaum le llevó algo más de dos años de trabajo, en su tiempo libre, crear la primera versión de Minix, que la editorial Prentice-Hall publicó junto con el libro mencionado. Posteriormente los discos flexibles con el sistema y su código fuente se comercializaron de manera separada.

El proceso de escribir y depurar (sobre todo esto último) Minix fue duro, incluso para un experto como el propio Tanenbaum, quien estuvo a punto de abandonar el proyecto debido a las dificultades que se le presentaron:

> "Me llevó aproximadamente dos años conseguir que (Minix) corriera, trabajando por las tardes y fines de semana. El problema principal fue que una vez que el sistema empezó a funcionar, se colgaba luego de aproximadamente una hora sin razón aparente ni tampoco siguiendo un patrón discernible. Depurar el sistema corriendo en el hardware era prácticamente imposible y estuve a punto de abandonar el proyecto.
>
> Entonces hice un último esfuerzo: escribí un simulador para correr Minix, de manera que cuando el sistema se colgara yo pudiera obtener un estado de la memoria (*core dump*). Para mi sorpresa Minix corría sin problemas en el emulador durante días enteros, incluso semanas. No se colgó ni una vez en el simulador. Le mencioné esta situación a uno de mis estudiantes Robbert van Renerse, quien me dijo que él había oído en algún lugar que el 8088 generaba la interrupción 15 cuando levantaba temperatura. Le dije que la documentación del chip no decía nada al respecto, pero él insistió que lo había oído en algún lugar. De manera que agregué el código necesario para capturar la irq 15. Algo después de una hora vi en la pantalla el mensaje: 'Hola, soy la irq 15'. Después de agregar el parche para capturar la irq 15 Minix funcionó sin problemas y estuvo listo para publicarse" (A. S. Tanenbaum 2016).

Un hecho importante que el profesor Tanenbaum repasa en el artículo citado, publicado en el CACM de 2016 se refiere a cómo él decidió la forma en que su software sería distribuido. Minix fue concebido con una finalidad netamente didáctica y la labor diaria de Tanenbaum se desarrollaba plenamente en el campo académico. Tanenbaum entendió en aquel momento que la mejor manera de distribuir Minix era hacerlo en discos flexibles (*floppies*), que se distribuirían con la edición de su libro de 1987. La casa editorial debía embalar los *floppies* en un paquete adecuado, algo muy a la moda de la época en que el software se distribuía en cajas "físicas", y se vendieron junto con el libro.

El precio de los ocho discos que acompañaban al libro fue de aproximadamente 69 dólares estadounidenses.

Seguramente para alguien habituado a producir conocimiento científico y compartirlo en el ámbito de la enseñanza universitaria el libro constituía el soporte más prestigioso para distribuir y explicar el código fuente de Minix. A diferencia de lo que se había hecho con los productos del proyecto GNU, el profesor Tanenbaum no publicó el código fuente de Minix en un servidor FTP ni lo distribuyó en Usenet. Por una parte, Tanenbaum consideraba que en aquel momento el acceso a Internet (que en general tenía lugar en grandes y prestigiosas universidades) y su pariente más accesible, Usenet, eran herramientas a las que solo podían acceder unos pocos privilegiados.

Posiblemente, lo que resultaba difícil de prever en 1987 era la velocidad con que el despliegue de Internet y la progresiva democratización de su acceso hubo de producirse durante los años noventa.

El problema posterior radicó en que la editorial fue reticente a liberar el código fuente de Minix por medios no físicos (como los *floppies*). Recien en el año 2000 que Minix 2.0 fue liberado bajo licencia BSD vía Internet.

Pero volviendo a 1987, año de la publicación de la primera edición de "Sistemas Operativos", tan solo unos pocos días después del lanzamiento público de la obra se creó un *newsgroup* en Usenet que se llamó comp.os.minix. Tan solo un mes después el grupo tenía ya unos 40.000 lectores.

Los archivos de Usenet[29] son una fuente inmejorable para analizar el entusiasmo y las expectativas que en su momento despertó el lanzamiento de Minix, como producto anexo al libro del profesor Tanenbaum "Sistemas

---

[29]Muchos de los archivos de Usenet de la década de los ochenta y noventa se creían perdidos para siempre, hasta que se encontraron los *backups* en 141 cintas que Henry Spencer del Departamento de Zoología de la Universidad de Toronto había conservado. Un grupo de personas liderado por David Wiseman se encargó de copiar el contenido de las cintas a formatos de texto accesibles al público en general.

Los archivos resultantes de las cintas, conocidas como UTZOO contienen más de dos millones de *posts* que van de 1981 a 1991. Se encuentran disponibles en diversos sitios "espejo", como https://shiftleft.com/mirrors/utzoo-usenet, o por torrents. Asimismo, el site desarrollado recientemente https://usenetarchives.com indexó los archivos de Wiseman e incluye un motor de búsqueda que facilita el rastreo.

Operativos: diseño e implementación", a principios de 1987. Los primeros mensajes relativos a Minix pueden encontrarse en un *newsgroup* dedicado a discusiones sobre la PC de IBM (mod.computers.ibm-pc).

El 22 de diciembre Tanenbaum envió un mensaje que llevaba por asunto: "Clon de UNIX con código fuente disponible":

> "Recientemente he concluido la reescritura de UNIX desde cero. Este sistema, llamado MINIX, no contiene ni una sola línea de código de AT&T, de modo que su código fuente puede redistribuirse. Corre en computadoras IBM PC, XT y AT. como también en clones que sean 100 % compatibles (desafortunadamente no en todos ellos).
>
> Para el usuario promedio usar MINIX es prácticamente igual a usar UNIX v7. Los expertos de seguro notarán que algunos programas y funcionalidades raramente usados aún faltan en MINIX" (A. S. Tanenbaum 1987b).

Asimismo Tanenbaum describió de la siguiente forma las principales funcionalidades de su sistema operativo:

- Llamadas al sistema (*syscalls*) compatibles con Unix v7, a excepción de unas pocas llamadas menores.
- Se incluye un compilador de C compatible con la variante de Kernighan y Ritchie.
- Intéprete de comandos (*shell*) funcionalmente idéntico al de Bourne.
- Multiprogramación completa (fork + exec), tareas en segundo plano en el *shell* (ejemplo cc file.c &).
- Editor de texto en pantalla, vagamente inspirado en Emacs.
- Más de 60 utilidades (cat, cp, grep, ls, make, mount, sort, etc).
- Más de 100 funciones en librerías (atoi, fork, malloc, stdio, strcmp, etc).
- Se incluye el código fuente completo.
- El código fuente de las herramientas, a excepción del compilador está también disponible.
- El código fuente del compilador está disponible en un paquete separado (A. S. Tanenbaum 1987b).

La aparición de Minix en 1987 marcó un antes y un después. Hay que tener en cuenta que el sistema operativo que el proyecto GNU proyectaba aún no estaba disponible.

Por una parte, Minix contribuía a reestablecer un cierto equilibrio a las fuerzas de Unix: el código fuente de un sistema operativo tipo Unix estaba otra vez disponible para que se pudiera analizar, estudiar y, por supuesto, utilizar.

El acceso a los binarios o al código fuente no era gratis, porque no se distribuía por ftp, pero hay que tener en cuenta que el costo de los medios magnéticos era bastante menor de lo que costaban las cintas del proyecto GNU.

El libro de Tanenbaum -de unas 720 páginas- describe el estado del arte en lo relativo a sistemas operativos en general y ejemplifica su implementación con Unix. Además el libro incluyó un apéndice que describía cómo compilar el sistema desde el código fuente junto con su transcripción, unas 53.000 líneas de código por entonces.

En momentos de su lanzamiento al mercado, el libro costaba unos 39 dólares estadounidenses, mientras que los diferentes paquetes de Minix costaban 79 dólares, incluyendo el código fuente.

Cabe señalar que el precio de venta era considerablemente inferior al de otros derivados de Unix para PC, como era el caso de Coherent, el sistema que Tanenbaum utilizó para empezar a trabajar en Minix. Sin embargo, la gran diferencia constituía la disponibilidad del código fuente.

El compilador o la suite de desarrollo a la que se refería Tanenbaum era el *Amsterdam Compiler Kit*, el mismo que Stallman había intentado sumar al proyecto GNU pero chocó con la negativa del profesor Tanenbaum.

Por otra parte, la elección de Tanenbaum resultó crucial: elegir la arquitectura de PC, basada en ese entonces en el micro 8088 de Intel. Según el propio Tanenbaum señalaba él consideraba superior a la familia de procesadores Motorola 68000. Esa familia de procesadores equipaba en aquella época las máquinas Atari ST, Commodore Amiga y muchas otras *workstations* de alta capacidad para aquel tiempo.

Sin embargo, la relativa accesibilidad de la IBM PC y sus clones fue la razón que inclinó la balanza a favor de esa arquitectura. Tanenbaum consideró que la PC o sus clones sería la computadora a la que más fácilmente podrían acceder sus alumnos, ese fue un gran acierto a la luz del desarrollo acelerado que Intel y AMD le imprimieron a la arquitectura x86 durante más de veinticinco años. De todos modos, no tardaron en aparecer algunos *ports* de Minix para Amiga y Atari ST.

Como ha sido señalado, Tanenbaum prefirió delegar a su casa editorial (Prentice-Hall) la distribución de los *floppies* de Minix -unos 8 disquetes de 5 1/4" de 360 KB) en lugar de hacer disponible el código o los binarios en la red.

No se pretende juzgar su decisión aquí, sino simplemente señalar que ese hecho tuvo suma importancia en la velocidad en que se lanzaron nuevas versiones o se aplicaran parches a Minix.

En la opinión de Tanenbaum el acceso a la Internet o a su pariente algo más accesible entonces, Usenet promediando la década de los ochenta estaba restringido a grandes universidades, empresas de cierta escala y algunas instituciones gubernamentales.

Minix y la FSF (o viceversa)

Casi un mes después de haber anunciado Minix el 18 de enero de 1987 Andrew Tanenbaum presentó un "grupo de noticias" o *newsgroup* en Usenet exclusivamente orientado a discusiones sobre Minix. Las primeras discusiones sobre Minix se iniciaron en el ámbito del grupo de discusión comp.sys.ibm.pc, grupo enfocado en la PC de IBM. De esta manera AST anunciaba la creación del nuevo *newsgroup*:

> "Se ha creado el grupo de discusión comp.os.minix. Las discusiones sobre Minix pueden continuar allí, permitiendo a los participantes de comp.sys.ibm.pc seguir regodeándose con MS-DOS. Gracias a todos los que escribieron apoyando el proyecto".

El grupo comp.os.minix experimentó un crecimiento rápido, muestra de la expectativa y los deseos de entusiastas y profesionales para contar con un sistema tipo Unix en sus propias computadoras. Tanenbaum deslizó con algo de sarcasmo "dejemos tranquilos a la gente de comp.sys.ibm.pc, que sigan regodeándose con DOS". Este era un sistema operativo mucho menos potente que Unix, pero que gracias a la velocidad y a la inteligencia comercial de Microsoft tendió a convertirse en un estándar de facto en la PC. Contribuyó a ello por un lado el crecimiento de los desarrolladores de software que poblaron el mercado de aplicaciones para DOS como también el referido proceso de *commoditización* del hardware ocurrido en los años noventa. De ese modo Microsoft con DOS y luego Windows, e Intel reinarían por algunas décadas en el mercado informático, tiempo que para la historia de la tecnología y sus empresas es definitivamente mucho tiempo.

A pesar de que la noticia del surgimiento y disponibilidad de Minix fue recibida con buenos ojos por la comunidad, sin embargo este hecho no era visto como algo alentador por la *Free Software Foundation*. A eso se refería

Tanenbaum en el mismo mensaje, citado anteriormente:

"Len Tower (de la FSF) ha enviado un mensaje en el que comparaba GNU, Minix y Unix. Podría ser cierto que, aún distribuyén-
dose por USD 150 GNU sea más 'gratis/libre' en algún sentido
que Minix, que se distribuye por USD 80.
Una vez que el kernel GNU, *drivers*, utilidades y documentación
se hayan escrito, probado, integrado, portado a alguna máquina común y se distribuya, recién entonces podremos evaluarlo
mejor".

El mensaje de Len Tower puede encontrarse en 17 de enero de 1987 en el
grupo comp.os.minix. La comparación que Tower hacía entre GNU, Minix y
Unix no era inexacta: los términos legales en que se distribuía Minix limitaba
el número de copias que los usuarios podrían hacer, limitándose estas a un
"uso justo", es decir, podrían compartirlo pero no de manera masiva.
Por supuesto en aquel momento, GNU no era un sistema operativo completo.
Sin embargo, en un punto el proyecto GNU vislumbraba algo mejor el cambio
de escala que pronto introduciría Internet desplegada masivamente en todo
el mundo: GNU podría redistribuirse libremente por Internet y otras redes,
mientras que con Minix eso estaba limitado.
Puede decirse que GNU estaba un paso adelante al vislumbrar las posibilidades casi ilimitadas que internet abriría.
Asimismo, Tanenbaum estaba algunos pasos adelante al enfocarse en hardware accesible. En cambio el proyecto GNU permanecía junto con *vendors*
comerciales de Unix atado al hardware corporativo.
El 26 de enero Tower publicó un extenso mensaje en nombre de Richard
Stallman:

"Yo (RMS) no estaba interesado más que en un tipo de cooperación pasiva, por dos razones:
Una razón es que los objetivos técnicos eran muy diferentes y
yo dudaba que el código escrito para un sistema realmente fuera
adecuado para el otro. Él (Tanembaum) planea un sistema pequeño para máquinas comunes hoy en día. Yo apunto a un sistema
más poderoso que los usuarios puedan preferir por sobre BSD
4.2 o SystemV, para que corran en la próxima generación de
máquinas.
La otra razón es que yo dudo que Minix finalmente esté disponi-

ble en los términos legales que le permitan a GNU utilizarlo"

Es posible leer en estas líneas de Stallman/Tower alguna reminiscencia de lo que Richard Gabriel llamaba el estilo MIT, en su búsqueda de "Lo Correcto" con mayúsculas (o *The Right Thing*). También Eric Raymond ha señalado en diversas ocasiones (Raymond 2003) que uno de los errores en el que cayó la estrategia comercial de la mayoría de los *vendors* de Unix -también el proyecto GNU en sus inicios- al concentrarse en el hardware corporativo y relativamente de elite y descuidar el hardware accesible, que a la postre se convirtió también en hardware corporativo, ya que la arquitectura de PC se volvió ubicua.

En tal sentido, el gesto de Tanenbaum tiene implicancias muy profundas puesto que puso en evidencia cómo continuaría a partir de allí el desarrollo y la historia del software de código abierto, y sobre todo los sistemas operativos como Linux.

MINIX... Me suena conocido

Las disputas por marcas registradas marcaron a fuego las décadas de los ochenta y noventa. Las Guerras Unix tendieron a incrementar ese proceso. La marca Unix fue, como se ha visto, defendida y usufructuada por AT&T. Sin embargo, muchos de los nombres de marcas de los productos derivados de Unix solían terminar con las sílabas "ix" o "ux".

El 18 de junio de 1988 Skip Egdorff de "Los Alamos National Lab" envió a los grupos comp.os.minix y comp.unix.wizards un mensaje con el asunto "Voy a odiarme a mí mismo" y llevó por palabra clave el sensible término de *Trademark*:

> "Mientras escarbaba en mi enorme colección de revistas -nunca me deshago de ningún material impreso- me topé con algo que seguramente hará que a los abogados en comp.os.minix se les haga agua la boca" (Egdorff 1988).

Egdorff se refería a un anuncio de una firma llamada Digital Systems House Inc., de Batavia, Illinois que se había publicado en la revista Computer World del 30 de julio de 1979 (Vol. XIII, n° 31). En dicha publicidad se promocionaba un producto llamado "MINIX", que era un derivado del Unix de los Bell Labs y que corría en máquinas DEC PDP-11.

Egdorff concluía su mensaje en un tono algo amenazante: "Recuerden, MINIX es marca registrada de Digital Systems House Inc ¡Oh, voy a odiarme a mí mismo mañana!" (Egdorff 1988).

Sin embargo, por más que se intentara agitar el avispero legal, nada ocurrió. La compañía Digital Systems House probablemente no hubiera sobrevivido a las guerras Unix y en el momento de la publicación del libro de Tanenbaum la editorial se ocupó de verificar que la marca "MINIX" no estuviera registrada. Sin embargo, la respuesta de Tanenbaum no se hizo esperar. Esta resulta además interesante porque revisita los orígenes de Unix en los Bell Labs:

> "Interesante, interesante. Aquí sigue una historia que solo los iniciados conocen. Los orígenes de Unix son los siguientes: Ken Thompson era uno de los programadores de Multics (*MULTIplexed Information and Computing Service*), un proyecto iniciado por el MIT, Bell Labs y General Electric. Luego de que Bell Labs se retirase del mismo, Ken Thompson encontró una PDP-7 e intentó escribir MULTICS en ese hardware. Brian Kernighan notó que el sistema sólo soportaba un usuario, por lo que sugirió que debía ser llamado UNICS.
>
> El nombre original (para Minix) era MONICS (*MONoplexed Information and Computing Service*), luego derivó en MONIX, tal como UNICS había derivado en UNIX. Todos mis estudiantes lo conocieron con ese nombre.
>
> Más tarde, Prentice-Hall hizo una búsqueda de marcas registradas y el nombre 'Monix' ya se encontraba registrado en Francia. Así que adiós a Monix. Entonces surgieron alternativas como 'Minix', 'Stunix' y otras tantas. La editorial hizo la búsqueda nuevamente y 'Minix' estaba disponible, de modo que lo elegimos" (A. S. Tanenbaum 1987a).

El mensaje de Tanenbaum resulta interesante debido a la narración de los orígenes de Unix, a poco de cumplirse dos décadas de vida del sistema operativo iniciado por Thompson y Ritchie a quienes Tanenbaum conoció bien debido al hecho de haber trabajado durante un tiempo en los Bell Labs[30].

El relato de los orígenes revisita el tema del humor *hacker* y su particular predilección por los acrónimos.

Acaso por sus rasgos de humor el episodio puede recordar a otro reclamo

---

[30]Recuérdese que el libro de Salus dedicado íntegramente a la historia de Unix fue publicado unos seis años más tarde (Salus 1994a).

legal, que sí escaló algunas esferas judiciales. Nos referimos al reclamo que la compañía cinematográfica Warner Bros.antepuso a los Hermanos Marx en ocasión del estreno del film "Una noche en Casablanca". La advertencia legal de los estudios Warner Bros.procuró entonces reservar para ellos el nombre "Casablanca" y generó una desopilante e histórica respuesta de Groucho Marx a los "queridos hermanos Warner", cuyo original se guarda en la Biblioteca del Congreso de los Estados Unidos en Washington:

> "Ustedes reivindican su Casablanca y pretenden que nadie pueda utilizar ese nombre sin su permiso ¿Qué me dicen de Warner Brothers? ¿Es de su propiedad también? Probablemente tengan ustedes el derecho de utilizar el nombre de Warner pero ¿Y el de Brothers? Profesionalmente, nosotros éramos Brothers mucho antes que ustedes".

En general, un buen argumento, expuesto con humor, resulta aún más convincente.

El desarrollo de Minix y su distribución

Tanenbaum, con un criterio comprensible, decidió que la distribución de los discos flexibles que contenían los binarios y el código fuente de Minix fueran distribuidos por la casa editorial de su libro.

En este aspecto, el modo de distribución de Minix resultó diferente al utilizado por la FSF: el software del proyecto GNU podía descargarse gratuitamente del servidor FTP del proyecto, pero el problema era que promediando los años ochenta Internet distaba de ser un servicio de acceso generalizado. De hecho, el proyecto GNU aprovechaba la conectividad a Internet que le otorgaba el MIT. Tanenbaum, en 1987, consideraba que Usenet e Internet tenían un alcance limitado.

Por otra parte, el profesor Tanenbaum aplicaba a su sistema operativo Minix un principio autoral, el mismo que se aplica a su libro y respecto del cual Minix era un producto acompañante. Tanenbaum fue el curador de su propia obra, él mismo revisó y seleccionó qué parches o correcciones se le debían hacer a Minix y, sobre todo, mantuvo la potestad de decidir qué nuevas funcionalidades se le agregarían.

Minix era parte de su obra y junto al libro el código fuente que usaría en sus cursos. El sistema tenía inicialmente una finalidad pedagógica, recuérdese que el código de Unix no se pudo utilizar legalmente en las aulas a partir de la versión 7 del Research Unix. Andrew Tanenbaum ha señalado que el sistema debía mantenerse lo más simple posible para no alejarlo de esa finalidad pedagógica y no complicar en exceso su comprensión.

Lo que Tanenbaum no debió prever fue el hecho de que Minix despertase mucho más interés dentro de la comunidad de *hackers* y entusiastas. El recién formado grupo de discusión comp.os.minix creció muchísimo en pocos meses. Este hecho demuestra la necesidad insatisfecha que Unix había dejado: el código fuente debía estar disponible para un grupo de entusiastas que pronto se convertiría en una comunidad de desarrolladores y usuarios. Precisamente, el código fuente sería el aglutinador de una comunidad que estaba a punto de crecer a escala planetaria.

Deja que haya Linux

El 8 de enero de 1991 en el *newsgroup* comp.sys.ibm.pc.hardware un chico llamado Linus escribió: "Me compré esta nueva computadora (386, 33MHz), pero estoy teniendo un problema con la placa SVGA y mi monitor. La placa que tengo es una VG-2000 de DFI con 512KB de ram de video y se supone que debería ser capaz de hacer casi cualquier cosa, el problema es que no lo hace. Tengo los *drivers* y el manual y todo lo que puedo encontrar es que los modos de video realmente altos no funcionan. Puedo ver todos los modos VGA 'normales', incluso 800x600 (16 colores) de modo que estoy contento con mi placa. Lo que me fastidia es que ninguno de los modos que funcionan usan en realidad los 512 KB, por lo que compré eso para nada" (L. Torvalds 1991b).

Como puede leerse retrospectivamente en los *newsgroups* de Usenet Linus estaba no solo familiarizándose con el hardware de su nueva PC, sino comenzando a estudiar a fondo las características de su PC, un clon basado en el 386 de Intel.

De igual modo, pero unos años antes, en 1986 Linus Torvalds había hecho lo mismo con su computadora anterior, una Sinclair QL.

Torvalds formaba parte de una nueva generación de *hackers*, que no se habían formado en los laboratorios de grandes compañías o utilizando minicomputadoras costosas como las de DEC. Torvalds pertenece a una generación que comenzó a desarrollar sus habilidades programando en las primeras computadoras personales que entonces se podían tener en la casa, a las que solía denominárselas *home computers*. La primera que estuvo al alcance de Torvalds fue una Commodore VIC-20 que perteneció a su abuelo.

Los años que precedieron al inicio de su trabajo con el software que habría de convertirse en el sistema operativo Linux, entre 1986 a 1990 aproximadamente, Linus programó y estudió al detalle el hardware de la Sinclair QL (Torvalds y Diamond 2001).

La Sinclair QL (siglas que referían a *Quantum Leap*) había sido diseñada a mediados de los años ochenta para ser la sucesora de la ZX Spectrum, que fue una de las máquinas más populares de su tiempo. Sin embargo, la Sinclair QL estuvo lejos de alcanzar un éxito de ventas similar al de su predecesora.

La QL fue lanzada al mercado a comienzos de 1984, un mes antes que la Apple McInstosh. De esa forma, la QL fue la primera computadora en utilizar un procesador de la serie 68000 de Motorola. Sin embargo, el apuro por sacar la QL al mercado tan pronto como fue posible conllevó algunos problemas de diseño. Sólo llegaron a comercializarse unas 150.000 unidades.

A mediados de los años ochenta el hardware basado en las CPU de Motorola parecía estar llamado a ser la próxima "gran cosa". De hecho, máquinas como la Amiga de Commodore o la Atari ST se basaron en esa arquitectura de procesador. A mediados de los años noventa la introducción del procesador Pentium por parte de Intel terminaría por relegar a la serie 68000. Apple, por su parte reemplazaría los procesadores de Motorola por los de la familia PowerPC, desarrollado por un consorcio compuesto por Apple, IBM y Motorola.

El aspecto exterior de la Sinclair QL era bastante impactante. Su forma rectangular recordaba el clon de ZX Spectrum que Timex había comercializado en los Estados Unidos y otros países. Pero a diferencia de aquellas computadoras que la precedieron, la QL tenía un teclado de teclas rígidas. En su interior estaba equipada con un 68008 que era una versión más económica del procesador 68000 de Motorola. En su interior tenía registros de 32 bits y un bus de datos de 16 bits. La solución de compromiso resultaba del hecho de que el 68008 estaba diseñado para funcionar con memorias de 8 bits. Contaba con una memoria RAM de 128KB pero era ampliable hasta 640 KB, una cifra más que deseable para su época.

El bus de datos del 68008 era de 8 bits, lo que lo hacía considerablemente más lento que el 68000, pero notablemente más poderoso que otros procesadores que por la misma época equipaban otras computadoras más económicas, como la Commodore 64.

La Sinclair QL fue la computadora que Linus Torvalds eligió luego de analizar cuidadosamente las alternativas disponibles en el mercado. Aquella fue la máquina en la que programó entre 1986 y 1990 aproximadamente. Parte de sus años de escuela secundaria y los primeros años de la universidad los pasó conociendo el hardware, estudiándolo y programando en lenguaje *assembler* para la QL.

Recuperar la relación de Linus con la Sinclair QL ayuda a comprender cuáles fueron sus motivaciones personales, como también algunas de las condiciones sociales que habilitaron el surgimiento del sistema operativo Linux.

Asimismo, estos hechos permiten observar cómo en muchas ocasiones aquello que llamamos innovación suele surgir dentro de un ambiente de ciertas limitaciones técnicas, junto a una cuota de incomodidad personal frente a las alternativas existentes. Desde luego, la inconformidad como queja simple ante una limitación -por ejemplo, que un sistema operativo no fuera mutitarea- por sí sola no resulta en nada productiva. Para que la inconformidad se vuelva innovación se requiere trabajo "artesanal" o *hacker*.

Por trabajo "artesanal" no se hace referencia a un modo de producción que languideció en los inicios de la era industrial. "Artesanía" tiene aquí el sentido que le da al término el sociólogo norteamericano Richard Sennett:

> "Artesanía designa un impulso humano duradero y básico, el deseo de realizar bien una tarea, sin más. La artesanía abarca una franja mucho más amplia que el trabajo manual especializado. Efectivamente, es aplicable al programador informático, al médico, al artista, al ejercicio de la paternidad o de la ciudadanía" (Sennett 2008).

La proposición de Sennett resulta bastante coincidente con el concepto de *hacker* en el sentido originario. Para el *hacker* lo que ella o él está haciendo es inherentemente divertido, pero como ha escrito Eric Raymond, cuesta esfuerzo (Raymond 1997).

Una vez que Linus se hubo familiarizado con el hardware de la Sinclair QL la curiosidad y el descubrimiento de alguna falla o ineficiencia lo llevaron a escribir software que aprovechara al máximo las capacidades de esa computadora.

Así describe Torvalds su interés por la QL:

> "La Sinclair QL tenía este sistema operativo llamado Q-DOS. Lo sabía de memoria en aquella época. Había sido escrito especialmente para esa computadora en particular. Tenía un intérprete Basic bastante avanzado para su época y gráficos bastante buenos. Pero una de las cosas que más me entusiasmaba de aquel sistema

operativo era el hecho de que fuera multitarea: podías correr
varios programas a la vez. Sin embargo, el intérprete Basic no
permitía multitarea, pero si escribías tus programas en *assembler*
podías lograr que el sistema operativo asignara una porción de
tiempo a cada programa, de modo que podías ejecutar varios a la
vez" (Torvalds y Diamond 2001).

Torvalds estudió al detalle el hardware de aquella máquina que tenía bajo las
yemas de sus dedos. En sus propias palabras, amaba esa CPU al punto que
cuando llegara el momento de mudarse al 386 de Intel, mucho tendría que
reaprenderse.

Como algunas herramientas de software escaseaban o no le resultaban sa-
tisfactorias Linus las codeaba él mismo, por ejemplo creó un editor y un
desensamblador (*disassembler*). Este último es una aplicación que traduce un
programa en su forma binaria o de "lenguaje de máquina" a su equivalente en
lenguaje *assembler*.

Analizar un programa directamente en lenguaje de máquina (secuencias de
bits) resulta sumamente complejo y agotador. El desensamblador le permitía
a Torvalds analizar y mejorar algunos aspectos del Q-DOS.

Esta serie de hechos muestran la forma en que *hackers*/artesanos como Linus
Torvalds ya no provenían exclusivamente de la academia sino que se habían
formado a sí mismos utilizando computadoras personales en sus hogares.

Eric Raymond en su ensayo "Breve historia del *Hackerdom*" señala cuatro
fuentes originarias del modo de hacer *hacker*: la primera serían los programadores de las primeras computadoras, artesanos del hardware. Una segunda
fuente sería la cultura asociada a LISP en el MIT. Una tercera fuente la
constituyeron los investigadores-hackers de los Bell Telephone Labs y la
continuación del trabajo de Unix sobre todo en Berkeley. Por último, la cuarta
fuente corresponde a una nueva generación de *hackers* que se había formado con el desarrollo en pequeñas computadoras personales. Linus Torvalds
pertenece a esta camada de *hackers*.

Linux inicia

Hoy un emulador de terminal, mañana un sistema operativo

En 1988 la Universidad de Helsinki aceptó a Lars Wirzenius para seguir la carrera de Ciencias de la Computación. En septiembre de ese año, Wirzenius se sumó al club *Spektrum*, un club social que nucleaba a los estudiantes cuya lengua materna era el sueco, una de las lenguas oficiales en Finlandia. Al club asistían mayoritariamente estudiantes de Matemáticas, Física, Geometría, Química o Ciencias de la Computación. Fue durante los encuentros en el club donde Lars Wirzenius y Linus Torvalds iniciaron su amistad.

Según palabras de Torvalds, el club proveía una cuota de vida social para *nerds* que no percibían su propia sociabilidad como algo sencillo (Torvalds y Diamond 2001).

Wirzenius ha documentado estos hechos en su blog personal http://liw.fi/linux20) en ocasión del duodécimo aniversario de Linux.

Tanto los artículos de Wirzenius como el libro *Just For Fun* de Torvalds y Diamond permiten reconstruir el ambiente institucional que hubo de contribuir al desarrollo inicial de Linux. Esto tiene importancia no desde el punto de vista biográfico de los actores solamente, sino para intentar reconstruir las condiciones sociales en las que Linux comenzó a florecer. Entre ellas, fueron determinantes no solo el acceso a la bibliografía, la mayoría de los clásicos de la programación en C a los que Torvalds y Wirzenius tuvieron acceso sino más que nada fue determinante el hecho de que pudieron contar con el acceso a Usenet y sobre todo el tipo de intercambio entre pares que esa red social (aunque nadie la llamara de esa forma por entonces) habilitaba. Contar con el acceso a Usenet que tenía la universidad no solo les permitía estar al corriente de los adelantos en el

163

campo, sino también tener acceso a las herramientas y al código fuente que la Free Software Foundation ponía a disposición, entre otras cosas.

De esta forma transcurría el primer año de estudios de Torvalds y Wirzenius:

> "Las computadoras eran bastante caras en aquel entonces. La universidad proveía acceso a aulas llenas de PCs corriendo MS-DOS, algunas pocas Apple Mac y algunas terminales conectadas a una DEC VAX que corría el sistema operativo VMS. A mí nunca me gustó demasiado DOS y además esas PCs solían estar siempre ocupadas. Nunca había utilizado una interfaz gráfica, de modo que no me las arreglaba demasiado bien con las Mac, de manera que opté por las terminales, aunque VAX/VMS me resultaba bastante horrible de usar" (Wirzenius 2011).

En 1990 Torvalds y Wirzenius se adentraban en la programación en C. Wirzenius ya había leído el clásico de Kernighan y Ritchie "El lenguaje de programación C" y tenía acceso a las computadoras de la universidad. Por su parte aquel año Linus Torvalds obtuvo un ejemplar del libro que, dicho en sus propias palabras, cambió su vida para siempre: "Diseño e implementación de sistemas operativos", de Andrew Tanenbaum. Ambos esperaban con impaciencia el comienzo del curso de programación C y Unix al que se habían inscripto y que comenzaría en septiembre.

Según Lars Wirzenius, cada vez que Linus Torvalds se ponía a aprender algo nuevo, lo aprendía rápidamente. Según narró Linus, durante el verano del hemisferio Norte que precedió al inicio del curso de C y Unix se dedicó básicamente a hacer dos cosas: nada, y a leer las 719 páginas de "Diseño e implementación de sistemas operativos" (Torvalds y Diamond 2001).

Torvalds se introdujo a Minix gracias al libro de Tanenbaum. Otro descubrimiento de estos estudiantes resultó vital en su formación para el desarrollo inicial de Linux. En la universidad consiguieron utilizar una computadora que corría Ultix, la variante de Unix de DEC, según cuenta Wirzenius:

> "Mientras jugaba con la máquina Ultrix, un día tipeé equivocadamente el comando 'rm' y en su lugar escribí 'rn' y de esa forma descubrí Usenet por accidente.
>
> Luego de reponerme del asombro y de que los porteros me echaran del lugar porque el edificio estaba cerrando, me fui a casa. Había todo un mundo ahí afuera, con gente que hablaba de cosas interesantes como el lenguaje C y podíamos leer esas conver-

saciones ¿Qué podía ser mejor? Le conté a Linus acerca de rn y también le voló la cabeza. Los dos pasamos un montón de tiempo ese año leyendo *newsgroups*. Ninguno de nosotros envió ningún mensaje a ningún grupo de discusión aquel año. Había un pedido importante de respetar el tiempo de uso de las máquinas de modo que otras personas también pudieran usarlas y esa regla se respetaba a rajatabla" (Wirzenius 2011).

La aplicación *rn* o *Read News* era el cliente de *newsgroups* que había escrito Larry Wall -el autor del lenguaje Perl- en 1984.

En el relato de Lars Wirzenius la máquina Ultrix, que era la única que el departamento de Computación tenía de ese tipo, aparece con algunos rasgos similares a la PDP-7 que descubrió Ken Thompson. De modo similar, la máquina Ultrix estaba "olvidada" y en "sin utilizarse".

Para comienzos de 1991 Linus Torvalds ya estaba bastante familiarizado con la arquitectura del 80386 y respondía dudas de otros participantes en el grupo de discusión comp.os.msdos.programmer. Algunos de sus mensajes los firmaba con la fórmula *Linus, mostly wrong Torvalds* ("Linus, de seguro equivocado, Torvalds).

Los meses que van de enero (el invierno europeo) a septiembre (otoño) del año 1991 son los meses en los que se gestó y comenzó el desarrollo del proyecto de sistema operativo. En un principio la idea era más básica y fue creciendo a lo largo de aquellos meses. El puntapié inicial fue un emulador de terminal, que como veremos interactuaba directamente con el hardware de la PC. A partir de eso, la idea de un sistema operativo se fue expandiendo.

El primer día hábil del año 1991, cuando los negocios de Helsinski reabrieron luego de las fiestas de Navidad, Torvalds compró su primer clon de PC en una de esas tiendas especializadas de la ciudad. La máquina por la que optó era un clon con procesador 80386. La adquirió con el dinero que había conseguido ahorrar y con un crédito que el Estado finés otorgaba a estudiantes destacados. Linus había estudiado y ponderado la decisión y optó por un procesador de Intel. El aspecto externo de los clones de la época estaba lejos del diseño elegante y refinado de la Sinclair QL. El clon de entonces era una gran caja beige, con unos botones en el frente ("reset" y "turbo"), que en poco tiempo se convirtió en el estándar de facto de computadoras personales. Una gran ventaja frente a todas sus predecesoras, fue la proliferación y abaratamiento de los accesorios y periféricos.

Como muchos de nosotros, Torvalds encargó su PC en un comercio minorista que integró las diferentes piezas del hardware y un par de días después -que a él le parecieron años- se lo entregaron para que lo conectara en su cuarto.

La computadora contenía un 80386 que corría a 33 Mhz de reloj, tenía 4MB de memoria RAM y un disco duro de 40MB. A diferencia de la QL, esta caja no tenía marca, no tenía nombre, no era demasiado atractiva, pero era el tope de línea para una PC compatible en 1991.

El Ultrix de la Universidad y todo lo que había descubierto con Lars en los *newsgroups* de Usenet habían despertado en Torvalds un ferviente deseo de poder correr algún derivado de Unix en su propia PC. Minix era el sistema tipo Unix que podía comprar, pero además era el único que también le permitía acceder a su código fuente para analizarlo y modificarlo. Además podía obtener ayuda y consejo de otros *hackers* Minix a través de los grupos de discusión de Usenet. Los discos *floppies* tardaron aproximadamente un mes en llegarle.

El libro de Tanenbaum y la posibilidad de usar Ultrix lo había iniciado en la filosofía del diseño y sobre todo el principio de simplicidad que subyace a un sistema tipo Unix: "A medida que leía y comenzaba a entender Unix tenía un entusiasmo desbordante. Francamente, nunca disminuyó" (Torvalds y Diamond 2001).

La experiencia previa de Linus programando a bajo nivel para exprimir al máximo las capacidades de la Sinclair QL fue a mi entender una experiencia que marcó de manera decisiva su modo de estudiar detalladamente el hardware de su por entonces nuevo PC basado en el Intel 80386.

Torvalds comenzó a programar en lenguaje *assembler* como una forma de ir conociendo la nueva arquitectura de Intel, exactamente de la misma forma que había hecho con su computadora previa, la Sinclair QL.

Aquellas largas semanas de invierno, hasta que recibió las copias de Minix Torvalds se dedicó a estudiar y familiarizarse con el hardware de la PC, como puede leerse en los *newsgroups* dedicados a hardware del 386. Tenía que lidiar con documentación bastante escasa o datos no escritos en ella, que iba descubriendo gracias a los intercambios que Usenet le habilitaba. Algo similar, como se ha visto, le había sucedido al profesor Tanenbaum con la interrupción 15 del 8086.

Con la PC 80386 instalada en su cuarto y habiendo estudiado el libro de Tanenbaum, el próximo paso era instalar Minix. Para ello, ordenó el juego de discos flexibles a la editorial. Los discos debían ordenarse por separado porque la demanda del libro era mucho mayor que la de los disquetes. El costo aproximado fue el equivalente a unos 160 dólares estadounidenses y luego de algo más de un mes de espera, el correo le entregó el paquete en su casa de Helsinki.

"Básicamente me pasé ese mes jugando al *Prince of Persia* en mi PC. Cuando no estaba haciendo eso leía libros que me ayudaran a entender la computadora que me había comprado" (Torvalds y Diamond 2001).

Los mensajes de Linus a comienzos de 1991 en Usenet muestran que, tal que como lo había hecho con su antigua Sinclair, estaba estudiando a fondo su PC y la nueva arquitectura de Intel.

"Finalmente, Minix llegó un viernes por la tarde. Lo instalé esa misma noche. Tenía que alternar 16 discos *floppy*. Ese fin de semana me dediqué a acostumbrarme al nuevo sistema. Descubrí qué cosas me gustaban y cuáles no. Intenté compensar las piezas que le faltaban a Minix con programas que fui bajando y que había estado usando en la universidad" (Torvalds y Diamond 2001).

Los programas a los que Torvalds se refería eran mayoritariamente las herramientas del proyecto GNU de la *Free Software Foundation*, que estaban disponibles para descargar gratuitamente desde su servidor ftp.

Minix solo se distribuía en formato físico, no por ftp u otros medios de descarga. Asimismo la licencia del sistema operativo de Tanenbaum no permitía la existencia de lo que hoy llamaríamos *forks* o derivaciones.

En 1991 había varios desarrolladores que habían hecho mejoras considerables a Minix. Sin embargo, como el profesor Tanenbaum había concebido a Minix como una herramienta auxiliar en el dictado de sus cursos, se proponía mantener el código claro y compacto debido a razones pedagógicas. Por tal motivo, Tanenbaum no integraba demasiado los parches u otros desarrollos con los que la comunidad Minix contribuía en el código base de su sistema operativo.

Por otra parte, la distribución física de los medios de instalación obligaba a que el ciclo de *releases* o liberación de nuevas versiones fuera demasiado lento.

A principios de los noventa Bruce Evans, un programador australiano, era en palabras de Linus Torvalds "el Dios de Minix". Evans había escrito una serie de parches conocidos como 386Minix. Gracias al código de Evans Minix se volvía mucho más utilizable en PCs basadas en el 386 ya que sacaban provecho de los 32 bits de esa arquitectura.

Como Tanenbaum no integraba el código de Evans y otros *hackers* en el código base de Minix, la tarea de instalación y aplicación del parche era por demás tediosa.

Linus, que se había informado a fondo en el *newsgroup* de Minix, instaló el sistema operativo en su versión "stock" de Tanenbaum y luego aplicó los parches de Evans. Esa no era una tarea menor.

Bruce Evans fue uno de los programadores con los que Linus Torvalds intercambió más información en aquella época, cuando estaba comenzando a trabajar en algo que aún no se llamaba Linux.

Además de ser el autor de Minix/i386 Evans fue un miembro activo de la comunidad de desarrollo de BSD. A fines de 2019 falleció Evans y de esta forma Torvalds lo recordaba en las notas de *release* de la versión 5.5 del kernel Linux:

> "PS: Una noticia triste que recibí esta última semana fue la de la partida de Bruce Evans. Bruce no estuvo directamente ligado al desarrollo de Linux -él estuvo siempre activo en BSD- él fue el desarrollador detrás de Minix/i386, que fue lo que usé para el desarrollo originario de Linux en los primeros días, antes de que Linux pudiera correr como su propio entorno de desarrollo" (Torvalds 2019).

En busca del Modo Protegido (PoP)

Aquellos primeros meses, Linus Torvalds pasó el 70 % de su tiempo conociendo el 80386 y el 30 % restante jugando *Prince of Persia* respectivamente. Quizá él mismo exagere al respecto, pero ese juego -corriendo en MS-DOS- era cosa seria.

Linus ya tenía varios años de experiencia codeando en *assembler*. El 80386 marcó una línea divisoria respecto de los procesadores de Intel que lo precedieron. El 8086, 8088 y 80286 eran procesadores de 16 bits.

Torvalds recuerda que una de las características que más le habían atraído de la CPU de la Sinclair QL (el 68008) era que internamente funcionaba a 32 bits. En efecto los Motorola de la serie 68000 fueron los primeros procesadores con arquitectura de 32 bits.

Minix, el sistema tipo Unix de Tanenbaum había sido desarrollado para el 8086 y 80286. El nuevo 80386 fue presentado por Intel en 1985, pero se volvería la CPU dominante hacia fines de esa década y durante los comienzos de los años noventa.

El 80386 o i386 era un procesador poderoso. Para ofrecer retrocompatibilidad y permitir la ejecución de todo el software que se había desarrollado para correr en MS-DOS con los procesadores previos, Intel incluyó en el diseño del chip un modo de compatibilidad con aplicaciones de 16 bits. Ese modo se llamaba "modo real" y cuando el procesador operaba en ese modo se comportaba como un 8088, solo que corriendo con una frecuencia de reloj mayor.

La mayoría de las aplicaciones de PC de fines de los ochenta corrían en el "modo real" usando 20 bits para direccionamiento y registros de 16 bits. El sistema operativo MS-DOS de Microsoft, u otros sistemas similares como CP/M corrían exclusivamente en "modo real". Dicho modo de funcionamiento, también conocido como "modo de direccionamiento real" no incluía protección de memoria y permitía referenciar memoria hasta 1 MB solamente.

Varios recordarán la declaración de Bill Gates durante los primeros tiempos de la IBM PC: "640 KB deben ser suficientes para cualquiera". Esa limitación, que imponía la arquitectura del 8086, con el i386 funcionando en modo real se mantenía de igual forma. De hecho no fue sino hasta la versión 3.0 y luego con Windows 95 cuando los sistemas operativos de Microsoft comenzaron a sacar ventaja del modo Protegido (PoP).

Si hay algo irritante para la mentalidad *hacker*, es la ineficacia. Linus Torvalds estaba buscando desbloquear toda la potencia del 80386 habilitando su funcionamiento en Modo Protegido. En tal modo de funcionamiento el i386 provee protección de memoria, paginación y multitarea segura. También el modo protegido permite sacar ventaja de los registros de 32 bits. Esas eran algunas de las cosas a las que Linus Torvalds se había acostumbrado a programar con el 68008.

De tal modo, los primeros experimentos de Linus Torvalds con su nueva PC se orientaron a habilitar el Modo Protegido, escribiendo el código en lenguaje *assembler*. Cuando lo hubo conseguido escribió un programa similar a uno que años antes había codeado en la Sinclair QL: dicho programa aprovechaba la funcionalidad de multitarea ejecutando dos hilos "simultáneos".

En 2009 Urs König (conocido como Mr.Cowo) encontró la publicación de un programa de Linus Torvalds en la revista *Mikro Bitti* de noviembre de 1986 (König 2009).

El programa de Torvalds que König reprodujo en una Sinclair QL era un *blitter* por software.

Un *blitter* puede implementarse por hardware o por software. Su función consiste en mover o modificar datos en la memoria de la computadora. Un *blitter* puede copiar o mover datos de memoria y, lo que es más importante, lo hace en paralelo con la CPU de modo que libera tiempo de la CPU para otras tareas.

La implementación del *blitter*, como la que había escrito Torvalds en 1986, como una extensión en código de máquina incrustada en el código Basic, implicaba un cierto manejo de conmutación de tareas (*task-switching*).

En 1991, una vez que logró acceder al Modo Protegido, habilitando funcionalidades asociadas como conmutación de tareas por hardware, el siguiente paso que Torvalds encaró fue escribir un "Hello World" multitarea.

Una de las limitaciones que Torvalds encontró en Minix fue el emulador de terminal. Para él, el emulador de terminal era una pieza clave, porque era la aplicación que necesitaba usar para conectarse al Ultrix de la universidad vía modem y de esa forma poder seguir desde su casa los distintos grupos de discusión de Usenet.

Tal como señala Wirzenius, Linus podía haber conseguido un emulador de terminal de entre al menos una veintena de los que existían en aquel momento. Sin embargo hacer su propio emulador de terminal programándolo para que corriera directamente sobre el hardware[31], es decir sin que su programa corriera sobre Minix o DOS, fue una excelente excusa para conocer y estudiar el hardware del i386.

> "Como yo programaba para el hardware (*bare-metal*) tuve que empezar desde el BIOS, que es el primer código almacenado en una memoria ROM que la PC ejecuta al iniciarse. Yo tenía mi programa en un floppy, de modo que cuando la PC se iniciaba leía el primer sector del disco flexible y entonces ejecutaba mi programa. Todo esto ocurría en el llamado 'modo real', pero para sacar ventaja de toda la CPU haciéndola funcionar en 32 bits se debe entrar al 'modo protegido'. Hay que lidiar con bastante configuración para hacer que eso ocurra.
>
> Yo quería tener dos hilos de ejecución independientes. Un hilo de ejecución leería la información del modem e imprimiría en la

---

[31]Como se la denomina en inglés, la programación *bare-metal* es la técnica para codear aplicaciones que corren sin las múltiples capas de abstracción que provee el sistema operativo. La aplicación *bare-metal* interactúa directamente con el hardware sin la mediación del sistema operativo.

pantalla, mientras que el segundo leería la entrada del teclado y escribiría esa información al modem. Habría dos canales yendo en ambos sentidos. Ese mecanismo se llama conmutación de tareas y el i386 tenía hardware para soportar este proceso. Pensé que sería una idea muy interesante" (Torvalds y Diamond 2001).

La versión más básica, el equivalente a un programa *Hello-World* de su emulador de terminal ejecutaba los dos hilos independientes, uno de ellos imprimía en pantalla "AAAA" y el segundo "BBBB". Para un observador externo posiblemente el resultado era poco impactante, pero para el iniciado como su amigo Lars estaba claro que aquello ya era un primer gran logro. El *Hello-World* de Torvalds aún en esa versión temprana implementaba el uso del "modo protegido" (32 bits) y mecanismo de conmutación de tareas, que era el fundamento básico de un sistema operativo multitarea.

Un tiempo después, en 1992, Torvalds recordaba en el boletín *Linux News* (que editaba su amigo Lars Wirzenius y se distribuía por Usenet) parte de aquellos días iniciales del desarrollo de Linux: "cuando Minix finalmente me llegó yo ya había resuelto el problema de PoP (Modo Protegido) y ya conocía algo del código de máquina del 386, al menos lo suficiente para activar el modo protegido y mantener la máquina en ese *loop*. De modo que instalé Minix dejando una partición tipo DOS para mi programa con PoP" (Wirzenius 1992a).

A partir de sus experimentos iniciales con el Modo Protegido Linus escribió su emulador de terminal. Cuando quería conectarse a la computadora de la facultad, vía modem, reiniciaba su PC y arrancaba su emulador, situado en una partición del disco duro diferente a la que contenía a Minix.

Para marzo de 1991 Linus había aplicado los parches de Minix386 de Bruce Evans a su instalación de Minix y comenzó a portar algunas de las herramientas del proyecto GNU, entre ellas el compilador GCC. Sin embargo, a medida que se habituaba a Minix Linus iba encontrándose con algunas de las limitaciones que el operativo de Tanembaun tenía por entonces, por ejemplo: no había control de tareas, manejo de memoria poco eficaz para su gusto, sin soporte para fpu, etc. Linus comparaba Minix con los Unix comerciales que usaba en la facultad, como Ultrix.

Una vez que su emulador de terminal pudo utilizarse a diario para acceder a Usenet se hizo necesario agregar la funcionalidad que le permitiera grabar a disco los archivos que descargase. Para hacerlo, era necesario escribir un *driver* (o controlador) de disco y un sistema de archivos.

Primero codeó el *driver* y una vez que estuvo listo Torvalds encaró la implementación del sistema de archivos:

> "Quería grabar archivos a mi sistema de archivos Minix, el cual estaba bien documentado, por eso hice mi sistema de archivos compatible con Minix. De esa forma podía leer archivos que creaba en Minix y también podía grabar en el mismo disco los arhivos que descargaba o creaba desde mi emulador de terminal" (Torvalds y Diamond 2001).

Aquel emulador de terminal fue el germen a partir del cual Linus fue construyendo Linux, que por entonces, no tenía nombre alguno. El emulador de terminal estaba convirtiéndose en algo mayor.

En un mensaje que envió Linus Torvalds al *newsgroup* de Minix (comp.os.minix) el 3 de julio de 1991 se muestra claramente que ya estaba planeando dar soporte a aplicaciones en espacio de usuario. Para ello, era necesario implementar las "llamadas al sistema" (*system calls*). Resulta evidente que para entonces Linus ya había decidido convertir su aplicación *bare-metal* en un sistema operativo. Su objetivo era mejorar algunos puntos flojos que él y la comunidad de usuarios encontraban en Minix.

A alto nivel, para que un sistema operativo se comporte como un sistema tipo-Unix se requiere implementar las llamadas al sistema, que son la interfaces entre el kernel y las aplicaciones de espacio de usuario. Las llamadas al sistema tipo Unix se habían documentado como parte del estándar POSIX (*Portable Operating System Interface*) por el IEEE. Como se ha sugerido, la exsitencia de dichos estándares tuvo un peso decisivo en la pervivencia y actualidad del sistema operativo Unix[32].

En el verano de 1991 en el hemisferio Norte, el emulador de terminal había evolucionado bastante. El 3 de julio de ese año Torvalds envió al *newsgroup* comp.os.minix un mensaje con el asunto: "GCC-1.40 y una pregunta sobre POSIX:

> "Hola Netlanders,

---

[32]Los sistemas derivados de Unix más directamente ligados al Unix originario de los Bell Labs perviven en todas las variantes de BSD (NetBSD, FreeBSD, OpenBSD, etc), pero también pervive en los sistemas tipo-Unix como Linux/GNU o Minix, por ejemplo. Mac OS X de Apple, junto con su predecesor NextSTEP derivaron directamente de BSD y el kernel Mach de Carneghie Mellon a través del kernel XNU que Next desarrolló en la segunda mitad de los noventa. De modo parecido XNU es un acrónimo recursivo: *Xnu is not Unix*.

Debido a un proyecto en el que estoy trabajando (en Minix), estoy interesado en las definiciones del estándar POSIX ¿Podría alguien indicarme dónde podría encontrarlas, preferentemente en un formato electrónico? Un sitio FTP sería ideal".

En el mismo mensaje Linus informaba a la comunidad de Minix que había logrado compilar GCC 1.40. La implementación de las interfaces y reglas del estándar POSIX ya había sido incluidas, de manera que quien leyera atentamente el mensaje podría inferir que algo nuevo se traía entre manos. Ari Lemke, un programador y administrador de los sistemas de la Universidad Tecnológica de Helsinki se interesó de antemano y le ofreció a Linus un directorio en el servidor FTP de la universidad, al que denominó pub/OS/Linux. Por tanto, a Ari Lemke se le debe el mérito de haber bautizado como "Linux" al sistema operativo de Linus, aún antes de que este se hubiera concretizado. Por entonces Linus Torvalds no pensaba aún publicar en el ftp su incipiente sistema operativo, al que pensaba llamar *Freax*. Lemke le ganó de mano con el bautismo.

El gesto de Lemke puede parecer fortuito, sin embargo habría de establecer una diferencia fundamental entre Linux y los sistemas operativos con los que competiría a principios de los años noventa. El modo de distribución de Minix resultó algo decepcionante para su comunidad de usuarios y *hackers*: el ritmo y las pocas mejoras que se integraban en el código base lo hacían evolucionar lentamente. De tal forma, la liberación de nuevas versiones era lenta y la distribución de los medios (discos *floppies*) estaba centralizada por la casa editorial del libro de Tanenbaum. La liberación temprana en el servidor FTP del código del incipiente Linux fue a nuestro juicio un hecho central, porque abrió la puerta a la creación de una comunidad de desarrolladores distribuída geográficamente que en poco tiempo comenzó a contribuir con mejoras en forma de archivos de parches (*patch files*). La Universidad Tecnológica de Helsinki, a través de Lemke proveyó el servidor ftp, hecho que sentó las bases para que Linux pudiera eventualmente convertirse en un proyecto colectivo a escala mundial.

El hecho de que Lemke facilitara el servidor FTP y que Linus compartiera en él su código fuente resultó decisivo en el proceso que llevó a Linux del proyecto individual de un jóven estudiante de 21 años a la conformación de un modelo de desarrollo de software de código abierto. De manera figurada, de alguna forma Lemke fue quien inauguró la primera caseta de ese "bazar" -al decir de Eric Raymond- en donde se desarrollaría todo el bullicio y las discusiones que el desarrollo de Linux requiriese[33].

También en 1991 ocurrió otro hecho que a la postre resultaría importante para la historia que estaba comenzando. En ese año su amigo Lars Wirzenius llevó a Torvalds a una conferencia en la Universidad Politécnica de Helsinki en Espoo, una localidad vecina a Helsinki. El orador central era Richard Stallman (Torvalds y Diamond 2001).

¿Qué mejoras le harían a Minix?

De julio a septiembre Torvalds trabajó frenéticamente en la tarea de implementación de las principales llamadas al sistema. La búsqueda de las especificaciones POSIX había sido infructuosa. Esos documentos no estaban disponibles en internet por entonces. Como solución alternativa optó por los manuales de Sun que obtuvo en la universidad y de esa forma fue implementando las interfaces para que Linux cumpliera con los estándares POSIX y fuera un sistema operativo tipo Unix.

La siguiente intervención en el *newsgroup* comp.os.minix fue su famoso mensaje del 25 de agosto de 1991:

"Asunto: ¿Qué es lo que más les gustaría ver en Minix?

Hola a todos los que están usando Minix. Estoy creando un sistema operativo (gratuito) para el 386 y 486. Es solo un hobby, no será nada grande ni profesional como GNU. He estado trabajando en esto desde abril y está empezando a tomar forma. Me gustaría recibir algo de *feedback* acerca de las cosas que les gustan y aquellas que no en Minix, ya que mi sistema operativo se le parece en algunos aspectos, por ejemplo utiliza el mismo *layout* físico del sistema de archivos, entre otras cosas.

Actualmente he conseguido portar Bash (1.08) y gcc (1.40) y las cosas parecen funcionar. Esto supone que tendré algo concreto dentro de unos pocos meses y me gustaría saber qué funcionalidades son las que los usuarios quisieran. Todas las sugerencias serán bienvenidas, pero no puedo prometer que las vaya a implementar :-)"

En la posdata Linus describía un poco más los aspectos técnicos del sistema operativo en el que trabajaba:

---

[33]En aquellos momentos el modelo de desarrollo de Minix, centralizado en la persona de su autor encajaba bastante bien con el concepto de modo de desarrollo como "catedral", sugerido Eric Raymond (Raymond 1997).

"P.S: Sí, el código está libre de todo código de Minix, tiene un sistema de archivos multihilo. No es portable (usa la conmutación de tarea del 386, etc) y probablemente nunca soportará otra cosa que discos duros de AT, eso es todo lo que tengo :-(".[34]

Las mejoras que Torvalds había ido consiguiendo en Minix habían despertado el interés de varios miembros de la comunidad de Minix. Muchos de ellos fueron los primeros en probar y contribuir con ideas primero y luego con código, al desarrollo de Linux.

Por otra parte, existía un deseo de portar a Minix muchas de las herramientas del proyecto GNU, como podía leerse en este mensaje del 7 de abril de 1991:

"Acabo de actualizar a Minix-386 (Gracias Bruce!) y ahora estoy buscando algunas cosas nuevas. Si no recuerdo mal ¿Alguien tenía un juego de *diffs* para Emacs? ¿Cuál es el estatus de eso? ¿Alguien ha logrado hacer funcionar Bash en Minix? ¿GDB? Este último sería un sueño hecho realidad".

Linus respondió en un mensaje a otro miembro del grupo comp.os.minix también del mes de abril: "Yo mismo soy nuevo en Minix-386 pero he intentado portar algunas cosas". Él manifestaba que le faltaban unas pocas pruebas pero Bash estaba prácticamente listo.

En el verano boreal de 1991 Torvalds continuó haciendo progresos, ya fuera portando programas en Minix o trabajando en el emulador que se convertiría progresivamente en Linux.

Cuando Ari Lemke creó el directorio ftp y bautizó de antemano el sistema de su amigo, Linus aún no estaba del todo seguro de compartir el código y ponerlo a consideración de la comunidad de Minix. Durante algo más de un mes, el servidor ftp solo contuvo un archivo *readme* que decía "Este directorio es para un clon de Minix de distribución libre y gratuita" (Wirzenius 1992a).

"A fines de agosto de 1991 tuve un sistema que más o menos funcionaba. Podía correr el *shell* de Minix y también otras cosas

---

[34]Con el tiempo el sistema operativo Linux, siguiendo los pasos de Unix, resultó ampliamente portable, siendo capaz de correr en arquitecturas de microprocesadores de las más diversas. Tal vez el hecho que demuestre mejor esta característica es el sistema operativo Android de Google que se basa en el kernel Linux. Android corre en dispositivos de cientos de fabricantes diferentes y de características diversas. En su etapa inicial el código de Linus no era portable porque su emulador de terminal -y base del Linux inicial- implementaba la conmutación de tareas en lenguaje *assembler*.

también corrían.

Publiqué la versión 0.0.1 en septiembre pero solo se lo conté por email privado a aquellos que habían respondido a mi encuesta unas semanas antes. La versión 0.0.1 solo contenía el código fuente y dudo que alguien haya intentado compilarlo. Creo que a lo sumo entre 5 y 10 personas deben haber analizado el código. Yo no estaba muy contento con el código, de modo que no lo anuncié públicamente en ningún lugar".

Como se ha sugerido más arriba, el hecho de que el código estuviera disponible por ftp fue una diferencia importante, por ejemplo, con relación al modo de distribución de Minix, pero fue además determinante para que el proyecto personal de Linus se convirtiera en un proyecto colectivo.

El 5 de octubre de 1991 Torvalds envió al grupo comp.os.minix el conocido mensaje que llevaba por asunto: "Código fuente de un kernel libre tipo Minix para AT386".

"¿Añoran ustedes aquellos días de Minix 1.1 cuando los hombres eran hombres y escribían sus propios *drivers*? ¿Estás sin un buen proyecto y muriéndote de ganas de clavar tus dientes en un sistema operativo que puedas modificar a tu voluntad? ¿Encuentras frustante que todo funcione en Minix? ¿No añoras pasar la noche en vela para hacer que un programa funcione? Entonces este mensaje está dirigido precisamente a ti :-)

Como he mencionado hace aproximadamente un mes, estoy trabajando en una versión libre/redistribuible de un sistema operativo tipo Minix para AT 386. Finalmente he alcanzado un punto en el cual es utilizable (aunque podría no serlo, dependiendo de lo que se quiera).

Quiero permitir que el código disponible pueda obtenerlo cualquier usuario. Es la versión 0.0.2 (más un pequeño parche), pero puede correr con éxito Bash, gcc, gnu make, gnu-sed, compress, etc.

El código fuente de mi proyecto se puede encontrar en nic.funet.fi (128.214.6.100) en el directorio /pub/os/Linux. El directorio también contiene algunos archivos readme y algunos binarios para correr en Linux (Bash, update, gcc ¿Qué más se puede pedir?). **ALERTA! ADVERTENCIA! NOTA!** Este código fuente requiere Minix-386 y gcc 1.40 para configurarse y compilar, el sistema aún no se soporta a sí mismo, pero estoy trabajando en eso.

Necesitarás ser un poco *hacker* para configurarlo(?), por eso les ruego que me ignoren aquellos que busquen una alternativa a Minix-386. Por el momento, es un sistema orientado a *hackers* interesados en sistemas operativos que tengan un 386 corriendo Minix.

Puedo (bueno, casi) oirlos preguntarse ¿Por qué? Hurd saldrá dentro de un año (o dos, o el mes próximo, quién sabe) y ya tenemos Minix. Esto es un programa para *hackers* hecho por un *hacker*. He disfrutado mucho haciéndolo y seguramente ha de haber personas que se diviertan analizándolo e incluso modificándolo según sus propias necesidades. Aún el código es lo suficientemente pequeño para entenderlo, usarlo y modificarlo. Espero ansioso los comentarios que pudieran tener" (L. Torvalds 1991a).

El pequeño gran gesto de Lemke

"Un programa para *hackers* hecho por un *hacker*". De esa manera se refirió Torvalds a la versión de su kernel, publicado en el ftp. Había dedicado mucho tiempo a escribir su emulador de terminal y de a poco este fue creciendo en funcionalidad hasta convertirse en un kernel funcional. El código posiblemente fuera algo así cómo una versión alpha o beta, una liberación temprana, pero era suficiente para que Torvalds se decidiera a hacerlo público en el servidor ftp que Lemke le había ofrecido y poner su flamante kernel bajo el estudio de la comunidad de Minix.

Los que a principios de los años noventa podían tener acceso a Internet se habían acostumbrado a obtener aplicaciones desde servidores ftp, de hecho de esa forma Torvalds tuvo acceso a toda la suite y código fuente de las herramientas del proyecto GNU. La Universidad le permitió tener acceso a Usenet y a Internet, y con su emulador de terminal y modem podía conectarse desde su casa en horarios convenientes o de menor tráfico. La posibilidad de que tempranamente Linux pudiera ser publicado en un servidor ftp sería también decisiva para su futuro, como también para el modo de desarrollo que iría gestando con el tiempo.

Linux no sería necesariamente revolucionario entre los sistemas tipo Unix o derivados con los que competiría, nos referimos por ejemplo a Minix o también otros sistemas comerciales como Coherent. Sin embargo, lo que Linux revolucionó fue el modo de desarrollar y probar software. Con Linux se produjo un notable cambio de escala en el ritmo en que el sistema fue evolucionando, la velocidad con las que se produjeron nuevas versiones, como en especial la rapidez con que los *bugs* fueron detectados y corregidos. Fueron los propios usuarios de Linux quienes probaban el software e informaban acerca de los *bugs* que encontraban. A medida que la base de usuarios crecía lo hacía también el número de *testers* y se aceleraba de esa forma el ciclo de desarrollo. Por otra parte, desde el principio se tenía en cuenta el *feedback* de la comunidad para introducir mejoras al sistema.

Asimismo, si en la década del setenta Unix circuló activamente en Universidades de los países centrales, con el uso creciente de Internet y Usenet la circulación de Linux iría más allá de los claustros universitarios. La conectividad que proveyó la web habilitó un flujo de feedback y mejora continua que a la luz de los resultados parece haber creado un círculo virtuoso.

Suele indicarse que algunas de las motivaciones que llevan a las personas a desarrollar software de código abierto se asocian con el reconocimiento por parte de sus pares. Con la versión 0.0.3 Torvalds podía presentar sus credenciales como un *hacker* más entre los miembros de la comunidad de Minix (comp.os.minix). También existen puntos de contacto entre cómo se produce el conocimiento científico y cómo se desarrolla software de código abierto. De hecho, los *hackers* de los Bell Labs hacían ambas cosas.

De un modo análogo a los trabajos científicos, un cierto software de código abierto no se pone solo a disposición de los consumidores para que lo usen, sino que también se lo ofrece a una comunidad de desarrolladores y/o usuarios para que lo analicen y eventualmente mejoren. De esa manera, se inicia un ciclo de detección de fallas, correcciones, mejoras y nuevas versiones que, dependiendo de la composición y comportamiento de la comunidad como también de la forma en que el proyecto se gestione puede derivar en un proceso de mejoras eventualmente continuas.

En general los proyectos de código abierto de cierta escala suelen liberar nuevas versiones con una frecuencia mayor que sus contrapartes de código privativo. Lo mismo ocurre con la frecuencia de corrección de *bugs*.

La formación universitaria de Linus Torvalds en Finlandia lo había familiarizado con las reglas del método científico, según él mismo observaba retrospectivamente diez años después:

"Cuando originariamente hice público Linux (en el *newsgroup* de Usenet) sentí que estaba siguiendo las huellas de los científicos y académicos que construyeron su trabajo sobre bases establecidas por trabajos de otros, sobre los hombros de gigantes, en las palabras de Sir Isaac Newton. No solo compartía mi trabajo para que otros pudieran encontrarlo útil sino que también buscaba *feedback* (okay, y reconocimiento también)" (Torvalds y Diamond 2001).

En efecto, su trabajo se apoyaba sobre los hombros de varios gigantes: la tradición Unix y su cultura técnica, el modo de hacer (o *ethos*) *hacker* que floreció a lo largo de las décadas que precedieron a Linux. Además, entre esos gigantes también se encontraban las herramientas del proyecto GNU, tales como gcc. gdb, bash y otras sin las cuales Linux no habría sido posible. Entre todos esos gigantes despunta otra herramienta de la *Free Software Foundation*: la licencia GPL (*General Public License*), la cual resultó clave para el desarrollo y la expansión de Linux.

GPL, larga vida a Linux. Unix no muere

El ritmo de liberación de aquellas primeras versiones del kernel Linux fue bastante frenético. En noviembre de 1991 Linus había liberado la versión 0.0.3, había recibido buen reconocimiento de miembros de la comunidad de Minix y podía sentirse uno más entre ellos, un *hacker* entre *hackers* distribuidos alrededor del mundo.
Casi pudo incluso haber abandonado su proyecto:

"Probablemente yo habría parado a fines de 1991. Había hecho un montón de cosas y pensaba que eran interesantes. No todo funcionaba a la perfección, pero en el mundo del software yo creo que una vez que resolviste tus principales problemas es fácil perder el interés" (Torvalds y Diamond 2001).

Esa era la mirada retrospectiva de Linus Torvalds cuando se publicó el libro *Just For Fun*. La opinión coincide con la que Torvalds le manifestó a Ariel Torres en una entrevista publicada en el diario La Nación:

"Creo que si no hubiera hecho público mi proyecto, habría seguido remendándolo durante un tiempo, pero luego de un tiempo habría tratado de encontrar otra cosa para hacer" (Torres 2016).

Las reacciones positivas y el reconocimiento de sus pares significaron un fuerte incentivo para continuar, pero también hubo una dosis de suerte, mala suerte o no, según cómo se miren los hechos.

Linus tenía que utilizar Minix para compilar el kernel de aquellas primeras versiones de Linux. Ese era su ambiente de desarrollo porque hasta entonces Linux no podía utilizarse para compilarse a sí mismo.

Hacia fines de 1991 Linus arrancaba Linux para acceder vía modem a la máquina de la universidad y poder leer los grupos de discusión de Usenet. Para ello utilizaba el emulador de terminal que había escrito. La suerte intervino un cierto día en el cual intentó enviar los comandos de discado al modem, pero tipeó por error /dev/hda1 , cuando en realidad lo correcto habría sido el dispositivo que identificaba el puerto rs-232 (/dev/tty1). En Linux, como en Unix, todo es un archivo (con una representación en el sistema de archivos) y cuando eres root tienes un gran poder, junto con las responsabilidad que ello conlleva.

La cuestión es que con ese error Linus escribió sobre algunos sectores de la partición del disco duro que contenía Minix.

Quedaban dos vías: reinstalar Minix o bien convertir a Linux en un sistema autosustentado (*self-hosted*), es decir convertirlo en un ambiente que sirviera para compilarse a sí mismo.

Una vez que Torvalds implementó estas mejoras decidió que era tiempo de dar un salto en el número de versión del sistema, llevándolo, a fines de noviembre de 1991, a 0.10. Apenas unas semanas después se liberó la versión 0.11. Que el sistema sirviera como su propio ambiente de desarrollo era un paso fundamental, que hacía de Linux un sistema más atractivo para los usuarios. Uno de los principales rasgos distintivos de Unix desde sus inicios fue el hecho de ser un entorno de desarrollo eficiente. Linux estaba empezando a disputarle el mercado a Minix y en poco tiempo también comenzó a hacerlo con sistemas comerciales como Coherent. Ese fue un mojón importante en su desarrollo: "en ese momento fue cuando un cierto número de personas empezaron a contribuir con funcionalidades nuevas. Hasta entonces había recibido simples correcciones de *bugs*" (Torvalds y Diamond 2001).

Torvalds fue actualizando el hardware de su PC y a medida que lo hacía agregaba al kernel soporte para nuevos dispositivos. Todo indicaba, para suerte de todos, que su proyecto no iba a quedar en el olvido.

Linus agregó un 80387 -un coprocesador matemático o FPU- a su PC y procedió a agregar la funcionalidad de aritmética de punto flotante a Linux.

Un buen ejemplo de cómo fue el proceso de *feedback* de los usuarios y el desarrollo de Linux lo ilustra un hecho que ocurrió en diciembre de 1991, cuando Linus recibió una consulta de un usuario de Alemania que tenía un 386 pero con 2 MB de memoria ram. Esa persona no conseguía compilar el kernel porque gcc por sí solo requería alrededor de 1MB y le consultaba si un compilador más liviano podría llegar a usarse.

La respuesta de Linus fue sentarse a codear y para la Navidad de 1991 ya le había agregado al kernel la funcionalidad página-de-memoria-a-disco o como también se la conoce, memoria *swap*. Dicha funcionalidad permite que el kernel copie datos de ciertas páginas de memoria al disco duro, de forma que el sistema operativo pueda disponer de más memoria que la brindada por la RAM física. Gracias a ello, ese usuario alemán pudo compilar el kernel usando gcc con sólo 2 MB de RAM.

Page-to-disk o memoria *swap* fue una funcionalidad sumamente innovadora para la época. Esta solo se hallaba disponible en Unix(*es) comerciales. Minix no tenía nada parecido.

En la Navidad de 1991 se liberó la versión 0.12 del kernel, que además de funcionalidad de la memoria *swap* incluyó otro cambio sustancial: hasta ese momento Torvalds había incluido en el texto de la licencia Linux la posibilidad de modificar el código siempre y cuando las mejoras fueran compartidas. Sin embargo prohibía expresamente que alguien pudiera cobrar un cierto costo por servicios de copia. Por ejemplo, si alguien distribuía el código de Linux o empaquetaba el kernel y las herramientas en una "distribución" de software no podía cobrar por su servicio o por el soporte de las copias.

Con la versión 0.12 Linus decidió aplicar la licencia GPL a Linux. Esa fue una decisión que sería central en el desarrollo y la popularidad de Linux.

Como se ha sugerido, cuando Stallman ideó la licencia GPL procuró garantizar la propiedad y disponibilidad comunitaria del código fuente de cualquier programa, pero en absoluto restringió la posibilidad de hacer negocios.

Internet no olvida

Linux estaba empezando a florecer. De un puñado de interesados tímidos, a correctores de *bugs* y luego más y más personas que estaban comenzando a contribuir con código, agregando nuevas funcionalidades. A diferencia de otros derivados de Unix de la época, el código de Linux estaba empezando a evolucionar rápidamente.

Este desarrollo ocurrió en el mismo lugar (virtual) donde todo había comenzado: comp.os.minix. De forma creciente, las discusiones en el grupo comenzaban a tratar más sobre Linux y no tanto sobre Minix. El 29 de enero de 1992, cuando ya Linux comenzaba a ser una alternativa viable a Minix, el profesor Tanenbaum escribió un extenso mensaje que alcanzó celebridad. Su asunto era "Linux es obsoleto":

> "Estuve en los Estados Unidos durante un par de semanas, de manera que no he dicho demasiado acerca de LINUX (no habría dicho mucho tampoco si hubiera estado por aquí), de manera que tengo un par de comentarios ahora.
>
> Como la mayoría de ustedes saben, para mí Minix es un hobby, algo que hago por las tardes cuando me aburro de escribir libros y no hay grandes guerras, revoluciones o sesiones del Senado en vivo por la CNN. Mi trabajo principal es ser profesor e investigador en el área de sistemas operativos.
>
> Como resultado de mi ocupación, pienso que conozco acerca del tema y puedo vislumbrar cómo se desarrollarán los sistemas operativos durante la próxima década. Existen dos aspectos sobresalientes:
>
> **Microkernel vs.sistemas monolíticos**
>
> La mayoría de los sistemas operativos antiguos son monolíticos, eso significa que todo el sistema es un simple archivo a.out que corre en modo kernel. Este binario contiene el gestor de procesos, el gestor de memoria, el sistema de archivos y el resto de las cosas. Algunos ejemplos de sistemas de ese tipo son: UNIX, MS-DOS, VMS, MVS, OS/360, MULTICS y otros tantos. La alternativa es un sistema basado en un microkernel. En un sistema de este tipo la mayor parte del sistema operativo corre como diferentes procesos, la mayoría de ellos fuera del kernel. Se comunican unos con otros pasándose mensajes entre sí. El trabajo del kernel es gestionar la mensajería, el manejo de interrupciones, el manejo de procesos a bajo nivel y posiblemente la entrada/salida. Ejemplos de sistemas de este tipo son RC4000, Amoeba, Chorus, Mach y el aún no liberado Windows NT.
>
> Si bien podría extenderme aquí explicando los méritos relativos de ambos diseños, basta decir que, entre los diseñadores de sistemas operativos el debate está cerrado. Los microkernels han ganado.
>
> El único argumento real a favor de los sistemas monolíticos era

la performance, pero ahora existe suficiente evidencia que demuestra que los microkernels pueden ser tan rápidos como los sistemas monolíticos (por ejemplo, Rick Rashiel ha publicado trabajos en los que comparó Mach 3.0 con sistemas monolíticos). MINIX es un sistema basado en un microkernel. El sistema de archivos y la gestión de memoria son procesos separados que corren fuera del kernel. Los drivers de E/S también son procesos separados (que están en el kernel, pero eso se debe a la naturaleza rebuscada de las CPU Intel que dificulta hacerlo de otro modo). LINUX es un sistema monolítico. Esto es un enorme salto atrás, volviendo a los setenta. Esto es como tomar un programa escrito en C y reescribirlo en BASIC. Para mí, escribir un sistema monolítico en 1991 es realmente una idea pobre.

Portabilidad

Había una vez un CPU llamado 4004. Cuando creció se convirtió en 8008. Luego se sometió a cirugía plástica y pasó a ser 8080, el cual engendró el 8086, que a su vez dio vida al 8088 y este al 80286, luego al 80386 y el 80486 y así hasta llegar a la generación N. Mientras tanto surgieron los chips RISC. Algunos de ellos están corriendo por encima de los 100 MIPS. En los próximos años se alcanzarán posiblemente velocidades de 200 MIPS o incluso más. Todo esto no va a desaparecer de un día para otro. Lo que va a pasar es que estos chips van a absorber gradualmente la línea 80x86. Van a correr antiguos programas de MS-DOS emulando la CPU 80386 por software. Yo mismo he escrito mi propio simulador de IBM PC en C, el cual puede obtenerse por ftp de ftp.cs.vu.nl = 192.31.231.42 en el directorio minix/emulator. Pienso que es un grave error diseñar un sistema operativo para una arquitectura específica, ya que esta no va a existir para siempre.

MINIX fue diseñado para ser razonablemente portable, y en efecto ha sido portado de la línea Intel a 680x0 (Atari, Amiga, McIntosh), SPARC y NS32016. LINUX está fuertemente atado al 80x86. Así no va.

No tomen a mal mis palabras, no estoy insatisfecho con LINUX. Dejaré tranquilos a todos aquellos que quieren convertir a MINIX en BSD UNIX. Pero les sugiero honestamente a quienes quieran un sistema operativo MODERNO y libre que se busquen uno basado en microkernel, y que además sea portable, como por ejemplo GNU Hurd o algo así.

Andy Tanenbaum (ast@cs.vu.nl)

P.D: Solo un comentario al margen más. Amoeba tiene un emulador UNIX (corriendo en espacio de usuario), pero está lejos de estar completo. Si hay personas que quieran trabajar en ello por favor háganmelo saber. Para correr Amoeba se necesitan unos pocos 386s, uno de ellos necesita 16MB y todos necesitan una tarjeta ethernet" (Tanenbaum 1992).

El libro *Voices of the Open Source Revolution* compila la mayor parte de los mensajes que generó esta polémica, que se inició con el mensaje de Andrew Tanenbaum que hemos citado en extenso.

A casi tres décadas de aquel debate microkernels/kernel monolítico acaso parezca injusto recuperarlo. El profesor Tanenbaum vivió en carne propia el hecho de que aún en el estado en que se encontraban Usenet e Internet en 1992, las redes nunca olvidan. Aquel mensaje que abría las guerra a lanzallamas en el grupo comp.os.minix lo acompañaría por décadas.

En mi opinión, lo hiriente del mensaje no era tanto el contenido de la argumentación contra Linux sino más bien la forma en que esta se enunció. Hubo sin dudas algo de falta de *net-etiqueta* o tacto. Mediante esa argumentación quien la enunciaba (Tanenbaum) daba a entender "mis títulos y mi experiencia profesional me autorizan a hablar con más conocimiento que nadie más en esta red (social) acerca de sistemas operativos". Precisamente estos tipos de intercambios de naturaleza asimétrica (profesor/alumnos, experto/lego) eran los tipos de intercambios que ciertos grupos técnicos de discusión en Usenet tendían a desincentivar. El tipo de intercambio que los *newsgroups* fomentaban eran de tipo más bien complementario, es decir aquellos en los que el conocimiento se comparte entre pares. Las comunidades técnicas como la que se congregaba en el foro de discusión, compuesta por varios *hackers* seguía los preceptos de esa cultura técnica: donde el hacer cosas tiene un mayor peso que el ser o portar ciertos títulos académicos. Contribuir con código e ideas eran los mecanismos para ser aceptado en el grupo y llegar a ser "uno de nosotros" (dirían los miembros de la comunidad). Haber comenzado Linux y haberlo compartido con la comunidad fueron las cartas de presentación que le permitieron a Linus Torvalds ser un miembro destacado de la comunidad de Minix.

La respuesta de Linus Torvalds no se hizo esperar, fue distribuida menos de doce horas después de que Andrew Tanenbaum enviara su mensaje. Debió ser un duro golpe para Torvalds, sobre todo porque esas palabras tan duras venían de parte del autor del libro que le había cambiado la vida.

Conviene aclarar que desde sus primeros anuncios acerca de Linux en Usenet, Linus Torvalds había señalado que su kernel estaba atado a la arquitectura de Intel. La portabilidad no había sido hasta entonces un requisito que él hubiera considerado.

De su respuesta (la primera entre varios intercambios) se citan abajo algunos fragmentos:

> (Sobre microkernel/kernel monolítico) "Verdadero, Linux es monolítico y concuerdo que los microkernels son más lindos. Con un asunto menos descalificador probablemente concordaría con la mayor parte de lo que usted dijo. Desde un punto de vista teórico (y estético) Linux pierde. Si el kernel GNU hubiera estado listo la primavera pasada ni siquiera me habría molestado en iniciar mi proyecto. El hecho de que GNU no esté listo hace que Linux gane por el simple hecho de ser una realidad".

Como puede observarse, nuevamente en este intercambio (o como el propio Torvalds lo denominó en aquel momento: *flamewar* o "provocación") resuena un debate ya visitado aquí, aquel que a falta de un mejor nombre en español llamé "La (siguiente) Gran Cosa vs cosas que funcionan".

Otros de los tramos de la respuesta de Torvalds al mensaje "Linux es obsoleto" ilustran el argumento de aquella disputa entre lo correcto y lo que funciona mejor:

> (Si el hecho de que Minix es un microkernel) "fuera el único criterio para evaluar las ventajas de un kernel usted estaría en lo correcto. Pero lo que usted no menciona es que Minix -en tanto microkernel- no funciona del todo bien y que tiene problemas con la multitarea real (en el kernel). Si yo hubiera hecho un sistema operativo que tuviese problemas con el sistema de archivos multihilo (*multi-thread*) no me apresuraría a condenar a otros" (L. B. Torvalds 1992).

Torvalds concluía su respuesta con una posdata irónica: "Mis disculpas por sonar demasiado severo: Minix es lindo si no tienes nada más. Amoeba podría ser lindo si tienes 5 o 6 PCs 386 dando vueltas por tu casa, pero yo definitivamente no dispongo de ellas. En general no suelo entrar en este tipo

de controversias incendiarias, pero me pongo sensible en lo que se refiere a
Linux :)" (L. B. Torvalds 1992).

Las llamaradas en torno a si Linux era realmente obsoleto o si los microkernels
estaban llamados a ser la próxima gran cosa se extendieron durante días en
el *newsgroup* comp.os.minix. En breve hablaremos acerca de alguno de
los efectos del debate. Sin embargo resulta necesario enmarcar el mensaje
de Tanenbaum contra Linux en relación al hecho de que Linux se había
vuelto el tema central de conversación del grupo de discusión originariamente
destinado a Minix. Linux había aventajado a Minix, había acaparado el
espacio de discusión.

Los interesados en el debate pueden encontrar una recopilación completa
(en inglés) en el mencionado libro *Open Sources: Voices of the Open Source
Revolution* (VVAA 1999).

Más de un mes después de iniciada aquella batalla incendiaria un mensaje
originado en el Instituto Tecnológico de Georgia (kt4@prism.gatech.EDU)
tuvo un efecto decisivo en la clausura de aquel debate:

> "El punto de vista de la obsolescencia podría no estar relacionado
> a la usabilidad. Mucho del software que usamos es probablemen-
> te obsoleto de acuerdo con el criterio de diseño mencionado.
>
> La mayoría de los usuarios seguramente no se preguntarán si
> el sistema operativo que usan es obsoleto. Están por cierto más
> preocupados por su performance y sus capacidades a nivel de su
> uso.
>
> En general, estoy de acuerdo en la opinión de que los microker-
> nels son la ola del futuro. Sin embargo, en mi opinión es más
> fácil implementar un kernel monolítico. También es más sencillo
> que este pueda convertirse en algo desastroso a medida que se lo
> modifica. Saludos, Ken"(Thompson 1992).

El autor del mensaje era kt: Ken Thompson, creador de Unix en los Bell Labs.
Nuevamente el tópico acerca de "hacer lo correcto" (con mayúsculas) versus
el software que hace eficientemente lo que los usuarios esperan de él resuena
en la breve respuesta de Thompson.

No es exagerado pensar que aquella respuesta contribuyó a un cierre, aunque
fuera provisorio, de aquel debate.

La intervención de Thompson en el grupo de discusión de Minix también
ayuda a poner en perspectiva el hecho de que varias generaciones de hackers
habían confluido gracias a la comunidad de Minix. Thompson y Torvalds per-

tenecen a distintas camadas de hackers. El primero pertenecía a la generación que se había formado codeando en minicomputadoras como las PDPs de DEC y se codeaba a diario con otros grandes programadores, por su parte Linus Torvalds se había formado codeando en computadoras personales. Thompson formaba parte del grupo *Computing Science Research Center* (dept 1127)[35], institucionalizado en los Bells Labs y a diario se codeaba con un *dream team* compuesto por Dennis Ritchie, Rob Pike, Brian Kernighan y otros. A Torvalds, desde Finlandia, el contacto con jugadores como los miembros de aquel *dream team* le fue posible gracias a Usenet e Internet, disponible en la facultad en la que estudiaba. Cuando Linus Torvalds inició Linux llevaba alrededor de un año y medio estudiando Unix y C en la Universidad de Helsinki.

En una misma serie, tanto Unix como Linux surgieron de la incomodidad técnica experimentada por sus autores. Para Thompson era necesario simplificar Multics de forma que pudiera correr en computadoras con menores recursos, como fue la PDP-7 de DEC. Torvalds, en 1991, buscaba algo más acabado y confortable de lo que Minix podía ofrecer para correr en i386.

Tanto Unix como Linux comenzaron como proyectos personales de sus autores, que captaron el interés de colaboradores -ya fueran compañeros del grupo de investigación institucional o miembros de grupos de discusión en Usenet- que en poco tiempo comenzaron a contribuir con código y a utilizar los sistemas como ambientes de desarrollo.

Las razones del éxito de Linux

¿Cómo Linux se convirtió de un proyecto personal de un estudiante finés en un sistema operativo omnipresente y dominante? Desde luego no fue de la noche a la mañana, sino que fue el resultado de un largo proceso evolutivo ¿Pero cuál era en 1991 el valor agregado de Linux que permitió que el proyecto no fuera abandonado?

Christopher Tozzi ha indagado en algunas de las razones acerca del éxito de Linux en un artículo de 2016 titulado "Los 25 años de Linux ¿Por qué floreció mientras otros se apagaron?" (Tozzi 2016).

Entre las razones del rápido desarrollo de Linux y su exitosa carrera Tozzi señala:

---

[35] Hasta 2006 Ken Thompson trabajó para los Bell Labs de AT&T, desde entonces se encuentra trabajando para Google. Allí junto a Rob Pike y Robert Griesemer crearon el lenguaje de programación Go.

- El momento justo: hacia fines de 1991 GNU-hurd aún no estaba disponible, como tampoco lo estaba BSD debido al litigio judicial iniciado por USL contra la Universidad de Berkeley.

- La licencia adecuada: la GPL fue la licencia que habilitó un incipiente ecosistema de negocios, principalmente servicios en torno a GNU/Linux.

- La construcción en tiempo record de una comunidad de desarrolladores activa y pujante.

El último factor resulta decisivo y coincide con el modelo de desarrollo de software que Eric Raymond denominó como "bazar" en oposición al software desarrollado como catedrales (Raymond 1997).

A estas apreciaciones se debe agregar el hecho de que la red -sobre todo Usenet- en aquellos momentos fundacionales de Linux fue el equivalente del terreno físico en donde se construyó ese imaginario bazar. Por tal motivo, se ha sugerido aquí que el gesto de Ari Lemke fue fundamental. Haber invitado a Linus a utilizar el servidor ftp de la universidad fue la herramienta que aceleró la conformación de una comunidad de usuarios y desarrolladores distribuidos en diversos puntos geográficos del globo.

No es correcto decir que Linux no tuviera competencia. Por el contrario, su éxito se edificó sobre el hecho de que para los usuarios resultaba mejor que sus competidores. Coherent y Xenix, ambas variantes de Unix para el mercado de PC 386 resultaban demasiado costosos. Minix tenía otras limitaciones que ya se han revisado aquí. Una de las grandes ventajas de Linux frente a su competencia fue el hecho de que este se adaptaba mejor al hardware genérico. Otra característica que inclinó la balanza a su favor fue el hecho de que funcionaba con relativa facilidad en modo multiboot. Esto último suponía que se podía disponer distintas particiones en el disco duro, por ejemplo para tener diferentes sistemas operativos y que se pudiera alternativamente arrancar la máquina con uno u otro, por ejemplo Linux y MS-DOS, donde se podía jugar, por ejemplo al *Prince of Persia*.

Sin embargo había algo más que Linux venía a reestablecer. Como se ha visto, la década de 1980 significó un giro hacia el software privativo (de código fuente cerrado). Específicamente eso ocurrió con Unix. Minix fue el primer paso en el proceso de ofrecer (de nuevo) el código fuente de un sistema operativo a su comunidad de usuarios, pero resultó insuficiente, porque las mejoras que la comunidad deseaba no podían incluirse fácilmente en el código base. Lo que Linux ofrecía como algo novedoso era en realidad algo que ya había ocurrido de manera similar dos décadas antes, en los años setenta cuando Research Unix era un producto de código abierto de facto y con el que estudiantes podían experimentar y mejorar. La comunidad se beneficiaba de ese circuito de detección de *bugs*, parches, y mejoras.

Linux reestableció ese equilibrio perdido, repuso la libre circulación del código pero con el agregado de un brutal cambio de escala, el que generaron las redes. El código fuente ya no iba a viajar en costosas cintas que incluso se contrabandeaban entre universidades, sino que se hallaría disponible en la red para que cualquiera pudiera descargarlo, usarlo, analizarlo y eventualmente contribuir a mejorarlo.

De esa forma, creo que no es exagerado decir que Unix y su cultura técnica sobreviven, a más de medio siglo de haberse iniciado ese sistema operativo no solo gracias a su heredero más directo, los BSDs sino también gracias a uno de sus derivados, como es el caso de Linux.

Linux contribuyó a extender la vida de Unix y su cultura técnica. No solo por sus características propias, sino también por todas las otras aplicaciones que se desarrollaron bajo la matríz de código abierto.

Linus no está solo

Linux tenía un competidor en 1991/1992, Minix. Si este último hubiera tenido otro modelo de desarrollo (no al estilo de una catedral), lo cual le hubiera permitido evolucionar más rápidamente liberando parches y nuevas versiones al ritmo que la comunidad lo demandaba y si además su código y binarios hubieran estado disponibles vía Usenet o Internet, acaso la historia de Linux hubiera sido diferente.

Linux llenó un espacio que GNU Hurd -debido a sus recurrentes demoras- y BSD -debido a restricciones legales- habían dejado desierto. También Minix en aquellos momentos había dejado insatisfechas las demandas de los usuarios. Linux se construyó gracias y a partir de Minix. Torvalds implementó el mismo sistema de archivos para poder tener compatibilidad con los archivos de Minix. Al comienzo Minix se requería para compilar el kernel de Linux, hasta que el sistema de Torvalds creció lo suficiente y se convirtió en autosoportado, es decir que el sistema operativo pudiera compilar el código fuente de su propio kernel.

Durante el último cuarto del año 1991 las discusiones sobre las incipientes versiones de Linux se desarrollaron en el grupo de noticias de Minix (comp.os.minix). Recién en enero de 1992 Lars Wirzenius creó el grupo de discusión alt.os.linux.

En la jerarquía de Usenet el prefijo *alt* identificaba a grupos de discusión "no oficiales". Dichos grupos podían ser creados por usuarios sin que se necesitara la aprobación de un administrador. Unos meses más tarde, a fines de marzo de 1992 Wirzenius consiguió el grupo oficial, que sería el hogar definitivo de Linux en Usenet: comp.os.linux.

En los inicios del desarrollo, de las versiones 0.0.1 (17/09/91) a la 0.12 (02/92) Linus Torvalds trabajó en solitario, recopilando requerimientos y sugerencias de los usuarios. Según sus propias estimaciones, Linus calcula que menos de diez personas de entre los *hackers* de la comunidad de Minix debieron de haberse tomado el trabajo de instalar las primeras versiones de su kernel.

Además de Bruce Evans hubo otros programadores que se entusiasmaron con Linux. Varios de ellos lo manifestaban abiertamente en los grupos de discusión: "Al fin podremos correr las herramientas GNU". Linux podía ser el medio para cumplir el objetivo del proyecto GNU y contar al fin con un sistema tipo Unix completo, al menos hasta que The Hurd estuviese disponible. Las herramientas de desarrollo que la FSF había creado para GNU -GCC, GDB, etc- resultaban en muchos casos superiores a sus contrapartes comerciales y de código cerrado. Por tal motivo, Richard Stallman habría de insistir una y otra vez en que el sistema operativo resultante debía ser llamado "GNU/Linux" y no Linux a secas. Hablando con propiedad, tiene razón, el operativo no es solamente un núcleo o kernel, sin embargo en 1992 la pieza más cotizada que le faltaba al rompecabezas era el kernel libre. Además Linux parecía ser un buen nombre.

La construcción del sistema operativo Linux/GNU mostró cómo un kernel monolítico sirvió para acortar el tiempo de llegada al mercado del sistema que la FSF había proyectado unos ocho años antes. Paradójicamente, el microkernel *the Hurd* continuaría experimentando serios problemas de desarrollo. De alguna forma, los hechos daban la razón a Ken Thompson cuando intervino en el debate iniciado por Andrew Tanenbaum "Linux es obsoleto" .

Sigue a continuación una tabla que describe las versiones de Linux en su etapa alpha/beta, hasta alcanzar una versión que estuvo lista para producción[36]:

---

[36]El código fuente de aquellas primeras versiones pueden encontrarse en http://mirrors.edge.kernel.org/pub/linux/kernel/Historic/old-versions.

Versión	Fecha de liberación	Observaciones
0.0.1	09/91	Primera versión del kernel
0.0.2	10/91	Corrió Bash, gcc y otras herramientas GNU
0.11	12/91	Auto-soportado: puede compilarse a sí mismo
0.12	02/92	
0.95	03/92	Inclusión de X Window
0.96	05/92	
1.0.0	03/94	Primera versión apta para producción

Las notas que acompañaban a la versión 0.12 mostraban a las claras que ya para ese momento, a comienzos de 1992 Linus Torvalds ya no estaba solo desarrollando Linux. Dicha versión además incluyó un cambio en cuanto a su licencia, que a la postre resultaría crucial:

> "El copyright de Linux cambiará: había recibido algunos pedidos que solicitaban hacerlo compatible con el copyleft de GNU, suprimiendo la cláusula 'No podrás distribuirlo a cambio de dinero'. Estoy de acuerdo. Propongo reemplazar esto para que la licencia resulte compatible con GNU (GPL), previa aprobación de las personas que han ayudado escribiendo código" (L. Torvalds 1992).

A partir del 1 de febrero de 1992 Linux pasó a estar liberado bajo los términos de la licencia GPL. La adopción de dicha licencia habría de cambiar radicalmente las cosas, porque habilitaba a terceras partes, ya fueran individuos o empresas, a que pudieran hacer negocios basados en servicios de software en torno a Linux.

También las notas de la versión 0.12 mostraban que Linus Torvalds atendía los requerimientos de los usuarios y que otros desarrolladores ya estaban colaborando con el proyecto escribiendo código.

En el apartado técnico la versión 0.12 incluyó avances importantes como el control de tareas (*job-control*), enlaces simbólicos, consolas virtuales (/dev/tty) en monitores VGA, emulación del 80387 (coprocesador matemático) y un gran avance que ya ha sido mencionado: la memoria virtual. Se agregaba el comando mkswap para su creación. Su complemento más actual, swapon aún no existía. Esta funcionalidad fue incluida a pedido de Robert Blum y ese mismo usuario se encargó de probarla.

A poco más de un año de vida de Linux, el sistema operativo ya incluía funcionalidades que solo unos pocos -y muy costosos por cierto- derivados de Unix comerciales incluían para el segmento de PC. Esta fue, sin lugar a dudas, una de las razones que motivaron su rápido despegue y adopción.

¿Cómo se instalaba Linux?

A medida que Linux iba convirtiéndose en un proyecto colectivo al que desarrolladores de diferentes partes del mundo sumaban su esfuerzo para mejorar el sistema operativo, apareció en escena un actor muy importante: las distribuciones. Estas tuvieron un rol central en el desarrollo de Linux y en su adopción creciente.

Hoy en día las distribuciones de Linux han hecho de la instalación del sistema operativo algo trivial, sin embargo en 1992 esa tarea no resultaba fácil.

Slackware, Debian y Red Hat son algunas de las distribuciones pioneras de entre las existentes en la actualidad. Sin embargo, antes de que estas vieran la luz hubo otras distribuciones más rudimentarias, que fueron en efecto las primeras distribuciones de Linux.

En la primera edición de *Linux News* de octubre de 1992, el boletín que editaba Wirzenius y se distribuía por Usenet, se indicaba que a principios de ese mes H. J. Lu había liberado un *bootable rootdisk* (un disco flexible de inicio que contenía un sistema de archivos raíz básico). Lo que este disco flexible de 5 1/4" permitía era arrancar un sistema Linux básico que servía para configurar, particionar el disco duro y copiar los archivos necesarios para que Linux funcionase.

El mismo desarrollador, H.J Lu, también preparó una serie de disquetes a los que denominó *Linux Base System* (en total tres discos floppies que contenían: un *shell*, las utilidades básicas y otras herramientas de desarrollo). Todo, el kernel incluido cabía en cuatro discos, es decir 4,8 MB.

Otro desarrollador, Jim Winstead también había desarrollado un *rootdisk* similar al de Lu.

Según sugieren algunos autores, como Joe Klemmer el juego de floppies que Lu había empaquetado constituyó las primeras distribuciones de Linux (Klemmer 2004).

Aquellas iniciativas tempranas eran las primeras distribuciones (también llamadas "distros"), entendiendo por eso una colleción de software de distintas procedencias y empaquetado de forma que podía ser utilizado de la manera más simple posible por el usuario final. Eso han hecho las distribuciones, desde 1992 hasta la fecha.

Pese a los esfuerzos, los floppies boot/root como los de Lu o Winstead no eran aptos para el neófito. En la misma edición de *Linux News* citada se señalaba:

> "Debido a la falta de documentación, usar este *rootdisk* puede no ser una buena idea salvo para usuarios experimentados en Linux. Los usuarios con poca experiencia deben probar en cambio MCC y SLS" (Wirzenius 1992b).

Para imaginar la complejidad que el método de instalación "manual" del boot/root suponía se puede señalar que, por ejemplo, requería usar un editor hexadecimal para editar directamente el primer sector del disco rígido, conocido como registro de arranque principal (MBR: Master Boot Record). Había que hacerlo para que el BIOS de la PC iniciara el flujo de arranque y pasara el relevo al gestor de arranque de Linux, LILO, en aquel momento.

En contraposición, la experiencia que ofrecía al usuario distribuciones pioneras como MCC Interim ya resultaba mucho más llevadera, puesto que en efecto liberaban al usuario de todas esas tareas de configuración de bajo nivel y propensas a errores.

Owen Le Blanc inició MCC Interim en el Manchester Computer Centre de la Universidad de Manchester, en el Reino Unido.

El agregado de *Interim* en el nombre de la distribución remitía a que esta había sido concebida como algo "provisional". Sin embargo, desde que fue lanzada a principios de 1992 MCC Interim se mantuvo activa hasta 1996.

A diferencia de los métodos de instalación "manuales" o rudimentarios, MCC proveía una utilidad fdisk que el mismo Le Blanc había perfeccionado. Además, la instalación ofrecía un menú interactivo que consistía en seguir una secuencia y que ya no requería editar manualmente la MBR con un editor hexadecimal.

A todo ello, se le sumaba una documentación detallada. Todo contribuyó a que la experiencia de instalación del sistema operativo fuera algo mucho más llevadero[37].

El camino abierto por las primeras distribuciones como MCC fue rápidamente seguido por otras distros. Entre las que siguieron temporalmente a MCC se encuentra TAMU, creada en la Universidad de Texas (Texas A&M Univeristy, de allí sus siglas).

---

[37]Para quienes deseen experimentar cómo era la instalación de MCC Interim, preparé un video con la experiencia, disponible en: https://www.youtube.com/watch?v=HJcw3VVpGm0

Otra distribución que dejó su impronta fue Softlanding Linux System (SLS), que se inició en 1992. Como rasgo novedoso, SLS tuvo como particularidad incluir en sus medios de instalación XFree86 que había sido portado a Linux hacía muy poco tiempo.

Algo decepcionado con SLS Patrick Volkerding comenzó a desarrollar Slackware. De manera parecida Ian Murdock inició Debian a finales de 1993. Ese mismo año también se creó Red Hat. Estas tres distribuciones, a las que habría que sumar Suse son posiblemente las distribuciones "madres" que perviven hasta hoy y de las cuales han derivado muchas otras, como Mint o Ubuntu, entre las más célebres.

El aporte fundamental de estas distribuciones fue el desarrollo de gestores de paquetes (*Package Managers*) que permitieron la administración e instalación de paquetes de software de manera sencilla.

Para evitar un poco lo que había ocurrido tiempo antes con todos los distribuidores de Unix, es decir que las distribuciones derivasen en incompatibilidades, avanzados los años noventa se acordó crear una serie de estándares sobre la base de POSIX a la que se llamó LSB (*Linux Standard Base*).

La distribución Debian fue bautizada de ese modo por su creador, Ian Murdock. El nombre que eligió surge de la unión del nombre de su novia (Debbie) con su propio nombre. Para identificar a las versiones de Debian, además de un número se suele usar el nombre de un personaje del film *Toy Story* (Buzz, Woody, Potato, etc). El motivo de esto es que uno de los primeros colaboradores que se sumó a trabajar en Debian junto a Murdock fue Bruce Perens. Por entonces Perens trabajaba para Pixar. Si uno observa las primeras versiones *alpha* de Debian, disponibles en la red, puede observarse que la primera lista de correo de la distribución corrió en servidores de Pixar.

El proyecto Athena y su impronta indeleble

Muchas de las herramientas de software que siguen usándose hoy en día en la mayoría de los sistemas operativos derivados de Unix surgieron como resultado del proyecto Athena que se desarrolló en el MIT entre 1983 y 1991. Las innovaciones que surgieron de ese proyecto constituyeron contribuciones fundamentales a los campos de la computación distribuida, las redes (*networking*), el desarrollo de interfaces gráficas de usuario, entre muchas otras.

Hay que situarse imaginariamente a principios de los años ochenta: la web, recién fue concebida en el CERN hacia fines de esa década. El proyecto

Athena tuvo como objetivo crear una gran red de computadoras y servicios distribuidos destinados a proveer a todos los estudiantes del MIT capacidad de cómputo en sistemas de tiempo compartido, como también compartir información, bajo la forma de textos y gráficos, entre todos los miembros de la institución.

En 1983 existían en el MIT básicamente dos tipos de computadoras: grandes *mainframes* de tiempo compartido y un número creciente de máquinas de escritorio, como PC de IBM y McIntosh de Apple. "Algunas de aquellas computadoras podían tener capacidades gráficas pero en ocasiones carecían del poder de cómputo necesario para realizar cálculos numéricos complejos" (Garfinkel 1988).

El proyecto procuraba aprovechar más eficientemente los distintos recursos de hardware distribuidos a lo largo del campus del MIT. El proyecto no estuvo restringido a las carreras que se centraban en las tecnologías de la información sino que procuraba ampliar dramáticamente el acceso de a las computadores a todos los estudiantes, de todas las disciplinas. Previamente, solo los estudiantes avanzados de ciertas disciplinas técnicas como Física y Ciencias de la Computación tenían acceso a ellas.

Sin embargo, el proyecto no se limitaba a poner a disposición de los estudiantes computadoras y recursos de sistemas operativos de tiempo compartido, sino también de toda una serie de servicios distribuidos provistos por una red de computadoras. Tal vez para nuestros estándares actuales eso puede parecer poca cosa, pero en 1983 era un gran avance.

Se tuvo en cuenta que el ambicioso proyecto iba a alcanzar a disciplinas en apariencia disímiles, como las ciencias duras y las humanidades, por lo tanto el nombre del proyecto se inspiró en la Antigua Grecia: Palas Atenea era la diosa de la sabiduría, la artesanía y la guerra.

El clima de la época proponía que la computadora debía ponderarse como una poderosa herramienta para la educación.

En un artículo de aquel año la revista Byte se refirió al proyecto en estos términos: "habría que aplaudir a las autoridades del MIT por utilizar el proyecto como un medio para conseguir que computadoras disímiles puedan trabajar con los mismos lenguajes y sistemas operativos" (Curran 1983).

El proyecto habría de durar originariamente cinco años, su presupuesto sería de unos cincuenta millones de dólares y DEC e IBM serían socios del MIT en dicha iniciativa:

"DEC donará más de 300 terminales, 1600 PCs, 63 minicomputadoras y los servicios de cinco de sus empleados a tiempo completo. Por su parte, IBM también contribuirá con el tiempo de cinco de sus empleados y 500 PCs, junto con 500 *workstations* monousuario".

Los alcances del proyecto exceden el alcance del presente trabajo, pero algunos de sus logros técnicos y sociales resultan hoy indispensables. Posiblemente los diéramos por sentado, pero cobraron especial relevancia sobre todo en 2020, año de la pandemia de Covid-19 que se expandió a escala planetaria. El Proyecto Athena fue pionero en desarrollar herramientas de *e-learning* o "aulas electrónicas" en las cuales los estudiantes enviaban copias de sus trabajos prácticos a sus compañeros y profesores (Garfinkel 1988).

Las razones de este recorrido por el proyecto Athena es que varios productos que surgieron de su desarrollo siguen vigentes hoy en día, por citar solo algunos de ellos: X Window System, Kerberos o la aplicación práctica del concepto de "cliente ligero" (*Thin Client*).

En la actualidad Athena continúa en servicio, ahora basado en la distribución Debian GNU/Linux (http://debathena.mit.edu).

X Window System

Debido a su larga vida, como también a la flexibilidad que demostró su diseño, uno de los productos más sobresalientes del proyecto Athena ha sido el sistema X Window System[38].

El sistema X Window, conocido coloquialmente como X, sigue siendo hoy la base para el sistema de interfaz gráfica de usuario que se encuentra debajo del capot de la mayoría de las distribuciones de Linux y otros derivados de Unix. A lo largo de su vida X ha ido evolucionando, pero las bases de su diseño se han mantenido en líneas generales.

Como resultado de los requerimientos del proyecto Athena, X Window es un sistema independiente de la arquitectura del hardware, para que esta pieza de software pudiera correr sobre las máquinas heterogéneas que componían el parque de computadoras del proyecto.

X Window es un *framework* (aplicación base o de infraestructura) que permite construir interfaces gráficas de usuario o GUIs por sus siglas en inglés. X provee una serie de juegos de herramientas y un protocolo para construir

---

[38]El X Window System hoy es marca registrada del Open Group.

GUIs en la mayoría de los sistemas tipo Unix.

X Window fue diseñado para operar en un sistema distribuido, como era la red del proyecto Athena en el MIT. El *framework* fue diseñado desde cero para proveer servicios y comunicación en red y de ese modo implementar *workstations* con capacidades gráficas pero que delegasen el poder de cómputo a otros servidores más potentes, por ejemplo para realizar cálculo intensivo. Por supuesto, todo ello tenía mucho más sentido en tiempos en los que la memoria RAM, la capacidad de los discos duros, y el poder de cómputo de las CPUs eran inferiores en varios órdenes de magnitud a los estándares a los que estamos acostumbrados en la actualidad.

Que X Window estuviera diseñado para operar en red significa que cualquier aplicación X podía correr en cualquier computadora de la red (por ejemplo en una de las minicomputadoras de mediano porte del MIT) y que sus interfaces de entrada/salida en modo gráfico pudieran usar un monitor y teclado de una computadora más pequeña que corriese el servidor X. En tiempos del proyecto Athena en los ochenta, esas eran workstations y PCs.

El servidor X es el encargado de proveer a clientes X (es decir a las aplicaciones), los recursos gráficos (por ejemplo monitor) y dispositivos de entrada, como teclado y mouse. El servidor X corre en la computadora que el usuario tiene ante su vista y con la cual interactúa directamente, mientras que las aplicaciones (llamadas clientes X) pueden correr en la misma computadora o bien en cualquier otra de la red.

En ocasiones el hecho de que se aplique el término "servidor" a la aplicación que corre en la PC del usuario suele llevar a cierta confusión. Sin embargo, hay que entender este hecho no desde el punto de vista del usuario final sino desde el punto de vista de la aplicación: el servidor X proporciona *displays* gráficos y otros dispositivos de E/S a clientes X que no son más que aplicaciones que implementan el protocolo de X y que pueden estar corriendo localmente o en cualquier otra computadora de la red. Estas máquinas (PC/Workstations) pueden ser además heterogéneas: la arquitectura de su hardware puede diferir entre sí e incluso también los sistemas operativos que esos equipos estén corriendo.

X Window implementa un protocolo para poder hacer abstracción de esas diferencias a bajo nivel, característica que saludaba el entonces editor de la revista BYTE, Lawrence Curran en el artículo citado más arriba[39].

---

[39]Como se ha sugerido previamente aquí, en tiempos en los que el PC de IBM y sus clones no se habían establecido aún como un estándar de facto, las numerosas computadoras que competían en el mercado eran incompatibles entre sí y totalmente heterogéneas en lo que hace a sus sistemas

Otra de las características sobresalientes del diseño de X es el hecho de que, a diferencia de otros *frameworks* gráficos, este no determina la forma final de la interfaz de usuario. Como ha señalado Eric Raymond, "X procura proveer el mecanismo y no la norma, soportando un conjunto extremadamente general de operaciones gráficas y trasladando decisiones sobre herramientas y la apariencia visual (*look and feel*) al nivel de la aplicación" (Raymond 2003). En la actualidad se han identificado diversas limitaciones e incluso algunos riesgos de seguridad que permitirían el acceso a información entre diferentes aplicaciones X. Wayland y Mir son desarrollos que buscan atacar dichas limitaciones.

X Window System fue decisivo para la expansión y el desarrollo de Linux/GNU, sobre todo, porque durante la primera mitad de los años noventa impulsó el desarrollo de la suite de protocolos TCP/IP en Linux.

---

operativos, implementaciones de lenguajes de programación y arquitecturas de hardware. Unix y el lenguaje C dieron el primer gran paso para abstraer toda esa complejidad por la vía del software. Otros desarrollos, como fue Athena marcharon en el mismo sentido.

Linux se conecta

Linux frente a otros *NIX en los tempranos '90

En los inicios de su desarrollo Linux fue el sistema operativo que estudiantes, entusiastas y *hackers* comenzaron a elegir porque era la opción más eficaz para poder tener al fin un sistema tipo Unix en la PC de sus casas, sin tener que pagar de más por ello y además poder tener a disposición su código fuente. Matt Welsh lo expresaba de este modo en su libro *Linux Installation and Getting Started*, uno de las primeros dedicados a cómo instalar y administrar Linux:

> "Los programadores profesionales de Unix y administradores de sistemas pueden usar Linux para desarrollar software en sus casas y entonces transferir el software a los sistemas Unix de sus trabajos. Esto no solamente les permite ahorrar una buena cantidad de dinero, sino también les permite trabajar en la comodidad de sus hogares" (Welsh 1992).

Había pues, buenas razones para que una base creciente de usuarios fuera adoptando Linux como el sistema operativo para sus PCs. A poco de iniciarse, Linux demostró tener ventajas competitivas por sobre sus competidores "libres" o semi-gratuitos como Minix y 386BSD. Frente a ellos, Linux se instalaba de manera más sencilla gracias al destacable trabajo de las primeras distribuciones como MCC. Pero además había otros buenos motivos que aceleraban la adopción de Linux. Desde el principio Linux se había desarrollado en hardware genérico (clones de PC), el soporte general para el hardware genérico y económico resultaba superior. Otra de las ventajas frente a sus competidores era el hecho de poder tener varios sistemas operativos en dife-

199

rentes particiones del disco duro y seleccionar cuál arrancar desde el gestor de arranque, LILO en aquellos tiempos.

Entre sus competidores, 386BSD contaba con un mejor soporte para la suite de protocolos de red TCP/IP, debido a que BSD había sido la casa de TCP/IP desde el momento en que la distribución Unix de Berkeley fue elegida por la DARPA como el sistema operativo "base" para el desarrollo y despliegue de la red ARPANET. Por tal razón, el desarrollo original de TCP/IP ocurrió en BSD.

Sin embargo, hasta 1994 el destino de BSD fue incierto, porque USL (*UNIX System Labs*) una subsidiaria de AT&T para la comercialización de Unix había iniciado un proceso judicial contra la empresa BSDi[40] y los regentes de la Universidad de California en Berkeley.

El litigio judicial USL vs.BSDi y la Universidad de Berkeley fue una de las principales razones del despegue de Linux durante la primera mitad de los años noventa. La incertidumbre acerca de si BSD finalmente estaría libre de código propietario de AT&T permitió que durante esos primeros años del desarrollo de Linux este llegara a estar a la altura de sus competidores. Pero también, el cerrojo judicial sobre BSD determinó que la comunidad de Linux eligiera implementar la pila de protocolos TCP/IP desde cero y de manera independiente, sin incluir código de BSD que pudiera ser objeto de disputas judiciales.

El impulso para desarrollar TCP/IP desde cero estuvo determinado por dos fuerzas concurrentes: por un lado el servidor X (X Window System), que como hemos visto, es un software orientado por completo al funcionamiento en redes.

En 1992 un grupo de desarrolladores liderado por David Wexelblat (que trabajaba en los Bell Labs de AT&T) se puso a trabajar en una versión abierta del X Window System para sistemas basados en el Intel 386 y que tuvo por nombre XFree86. El código procuraba mejorar el X386 que era una versión precedente, que había sido codeada por el desarrollador alemán Thomas Roell. El problema con esa versión de X386 provenía del hecho de que su licencia era para uso comercial.

A su vez el núcleo (o kernel) de Linux requirió un duro trabajo de adaptación

---

[40]**BSDi** (Berkeley Software Design Inc) fue una compañía que en 1991 fundaron varios miembros del *Computer Systems Research Group* de la Universidad de California en Berkeley con el objeto de desarrollar software, vender licencias y ofrecer servicios de soporte para BSD, especialmente BSD/386.

para que se pudiera ejecutar XFree86. El principal responsable de ese trabajo fue Orest Zborowski. Orest trabajaba por entonces a tiempo completo para Kodak, en donde se había familiarizado con los Unix que corrían sobre diferente tipo de hardware de Sun. Tanto el kernel de Linux como las librerías de desarrollo estaban en continuo cambio. En una entrevista al Linux Journal, Zborowski describió cuál fue el camino que eligió:

> "X solía tener muchísimo de Unix System V, de modo que lo que había que hacer era que Linux se ajustara a X y no al contrario. El resultado final es que el servidor X y su versión para Linux son casi idénticos. Un beneficio colateral es que ahora Linux incluye funcionalidades tanto de System V como de BSD. Esto ha permitido portar otras aplicaciones a Linux de manera muy sencilla" (Hughes 1995).

El efecto general del trabajo de Zborowski y algunos otros desarrolladores fueron impulsar el desarrollo del kernel y sobre todo implementar protocolos de redes (*networking*). Como X11 es un software orientado a redes, Zborowski entre otras cosas tuvo que desarrollar una interfaz de programación (API) para sockets tipo BSD. Ese logro allanó el camino de la conectividad de red y permitió portar a Linux un número creciente de aplicaciones.

Internet y la inmensa ola de la Web

El proyecto de la red ARPANET se inició en 1968. Durante el siguiente lustro este proyecto demostró la viabilidad de una red de conmutacón de paquetes a gran escala, primero interconectando universidades y centros de investigación de los Estados Unidos, incluida la isla de Hawai y luego se sumaron nodos al otro lado del Atlántico, en el Reino Unido y Noruega. En 1969 se habían conectado los primeros nodos y hacia 1974 existían alrededor de 40 nodos activos.

Los dispositivos equivalentes a lo que hoy conocemos como *routers* eran minicomputadoras, costosas y muy voluminosas para nuestros estándares actuales. Desde luego, también los protocolos eran los antecesores de nuestro conocido, TCP/IP: "Cada nodo de ARPANET usa una subred (y un hardware) llamado IMP (*Interface Message Processor*). Estas máquinas eran inicialmente hardware de Honeywell/BBN que se comunicaban usando el protocolo BBN 1822. Por encima de este, el protocolo original host-a-host

fue el NCP (*Network Control Protocol*). En 1976 resultó claro que habría
una proliferación de redes que necesitarían interconectarse mutuamente. Esto
llevó al desarrollo de los protocolos TCP/IP" (Salus 1994a). El documento
que describe el software de IMP fue la RFC n° 1 (Crocker 1969), que fue en
lo sucesivo el formato que adoptaron los estándares propuestos por la IETF
(*Internet Engineering Task Force*).
En las primeras etapas de Arpanet se desarrollaron aplicaciones como telnet
y ftp y también una aplicación para email.
Las investigaciones que culminaron en la implementación del protocolo
TCP/IP estuvieron guiadas desde mediados de los años setenta por Robert
Kahn y Vinton Cerf.
La historia de ARPANET e Internet, por demás fascinante, excedería el alcance de este trabajo[41]. En lo relativo a la historia de Unix y sus derivados, la
agencia DARPA seleccionó a BSD, la variante de Unix de Berkeley, como el
sistema base para el desarrollo de la segunda encarnación de Arpanet, que se
convertiría en la base de la Internet como la conocemos hoy.

Los líderes técnicos de la agencia gubernamental DARPA (*Defense Advanced
Research Projects Agency*) procuraron evitar por todos los medios que la
red quedara bajo el cerrojo de alguna empresa y por tal razón apoyaron el
establecimiento de estándares abiertos. No resultaba deseable depender de un
único fabricante de hardware. Por tal razón, los líderes de DARPA decidieron
que la mejor solución era unificar (la diversidad del hardware) al nivel del
sistema operativo y el elegido fue Unix y, particularmente, BSD (McKusick
1999).
Con los fondos de DARPA, la implementación de TCP/IP comenzó hacia
fines de 1979. Tres años después, el 1 de enero de 1983, denominado *flag
day*, se completó la migración de ARPANET de NCP a TCP/IP.
Eso contribuyó a que Unix estuviera en una situación de privilegio en lo referente a la conectividad de redes, especialmente en los años ochenta cuando
Internet comenzó a crecer.
Poco después de eso el estándar TCP/IP comenzó a ser implementado por
fabricantes como IBM, DEC y AT&T pese a que la mayoría de ellos tenían
protocolos de red privativos que de alguna forma competían con TCP/IP.
La mayoría de las implementaciones de TCP/IP se basaban o directamente
utilizaban código de BSD, como fue el caso del TCP/IP de Windows NT de

---

[41] Al respecto, el lector puede remitirse a los libros *Inventing the Internet* de Janet Abbate y
Where Wizards Stay Up Late. The Origins of the Internet de Katie Hafner y Matthew Lyon.

Microsoft.

Desde el momento cero BSD fue el Unix que contaba con soporte para TCP/IP nativo y se hallaba más consolidado. Sin embargo, la licencia BSD no era compatible con los términos de la licencia GPL de Linux. Por otra parte, cuando la comunidad de desarrollo Linux empezó a proyectar el agregado de TCP/IP al kernel, simultáneamente se desarrollaba el juicio de USL vs BSDi y la UC en Berkeley.

Como parte del proceso judicial, la UC en Berkeley logró demostrar hábilmente en la Corte que los aportes que se habían desarrollado en Berkeley eran tan importantes como el código base original, propiedad de AT&T. El peligro de un cerrojo legal se cirnió sobre BSD hasta mediados de 1993, cuando Novell adquirió USL, con sus patentes incluidas.

Fue por esas razones que la comunidad de desarrollo de Linux decidió iniciar una implementación de TCP/IP totalmente independiente del código de BSD. No era tarea fácil y esa fue una de las razones por las que requirió más tiempo del previsto inicialmente para alcanzar la versión 1.0 del kernel. Recuérdese que la versión 0.95 se liberó en octubre de 1992 y la versión 1.0 recién vio la luz en marzo de 1994.

Los distintos desarrolladores que intervinieron en el desarrollo de TCP/IP para Linux tuvieron que trabajar a contrarreloj y bajo verdadera presión porque contar con conectividad TCP/IP se volvía una necesidad urgente para que Linux pudiera llegar a surfear con éxito la nueva y creciente ola de la web. Puede afirmarse sin mucho márgen de error que los esfuerzos para tener TCP/IP fueron clave para que Linux pudiera subirse a tiempo a la ola de Internet, por lo que también lo fue para su adopción y pervivencia.

Como se verá en breve, Linux se convertiría en la plataforma más popular para correr servidores web. En especial el servidor Apache se volvió en los noventa una pieza esencial en ese despegue.

La implementación TCP/IP de Linux

El documento *Linux Networking-HowTo* describe con detalle el desarrollo de la pila de protocolos TCP/IP en el kernel de Linux (Dawson 1999):

> "El primer voluntario para liderar el desarrollo (de TCP/IP) fue Ross Biro biro@yggdrasil.com. Ross produjo una implementación incompleta pero casi utilizable. Dicha implementación consistía en un juego de rutinas que se complementaban con un

controlador (driver) para la interfaz de red WD-8003" (Dawson 1999).

En un principio, el desarrollo de la pila TCP/IP se hizo de manera independiente del código base del núcleo Linux y se distribuía y aplicaba bajo la forma de parches (*patches*).

El trabajo de Biro permitió dar el puntapié inicial habilitando que otros desarrolladores empezaran a jugar con TCP/IP e incluso algunos equipos (hosts) llegaron a interconectarse.

El modo en que se estaba desarrollando TCP/IP mostraba además el *feedback* que las nacientes distribuciones de Linux brindaban al desarrollo del kernel: en el caso de Biro él era uno de los creadores de la distribución pionera *Yggdrasil*.

El proyecto de TCP/IP no era una tarea fácil, la ansiedad de la comunidad iba en aumento y toda esa presión recayó sobre Biro, que finalmente abandonó el proyecto.

Por aquellos meses se produjo un adelanto que contribuyó a impulsar el desarrollo del software de red (*networking*) en Linux: Laurence Culhane desarrolló los primeros *drivers* para el soporte del protocolo SLIP (*Serial Line Internet Protocol*), el cual funciona como un encapsulamiento del protocolo IP sobre puertos seriales. SLIP fue el antecesor de PPP (*Point to Point Protocol*).

El desarrollo de SLIP dio a muchos una muestra de las posibilidades que Linux podría ofrecer si tuviera soporte completo para TCP/IP.

Era realmente imperioso para Linux contar con una implementación del protocolo de red que se estaba convirtiendo en el estándar de comunicaciones en Internet. El tiempo pasaba y la versión 1.0 del kernel se estaba demorando mucho más de lo previsto.

> "Luego de un período de incertidumbre que siguió a la renuncia de Ross Biro el desarrollador Fred Van Kempen watje@uwalt.nl. mugnet.org ofreció su tiempo y esfuerzo" (Dawson 1999).

Van Kempen había desarrollado software de redes para Minix y tenía ideas ambiciosas para implementar TCP/IP en Linux. De esta forma lo describe Kirch Olaf:

> "Fred comenzó con una gran visión: procuró implementar una arquitectura en la cual se pudiera apilar protocolos de red uno encima del otro. Dicho diseño permitía la interoperación con

otros protocolos de red más allá de los de la pila de TCP/IP. Una buena idea en aquel momento, cuando aún no estaba claro que TCP/IP dominaría el paisaje de las comunicaciones en redes" (Moody 2001).

Van Kempen llamó a su código NET-2 (siendo NET la implementación previa de Biro). La implementación que planificó era elegante, pero quizá algo ambiciosa: además del carácter modular que procuraba imprimirle, incluía funcionalidades como el soporte para el protocolo de radioaficionados AX.25.

"NET-2 incluye muchas funcionalidades que no existían en el código original de redes (se refiere a NET de Biro): NET-2 soporta la mayoría de las placas ethernet populares, enrutamiento IP, SLIP para comunicaciones TCP/IP sobre líneas seriales como modems telefónicos y PLIP (*Parallel Line IP) para conexiones locales usando el puerto de impresión" (Welsh y Dawson 1993).

Asimismo el documento dejaba ver qué cosas estaban en la agenda del desarrollo:

"NET-2 de momento no incluye:
* Soporte a SPX (SPP)/IPX/NCP, aunque se está trabajando en ello.
* Soporte a PPP, si bien ya existe una versión alpha.
* Soporte nativo a AX.25, aunque Alan Cox tiene un código experimental disponible en la versión pl14+ que puede probarse.
* Otros tipos de dispositivos de LAN. No hay soporte para Token Ring, FDDI, ARCNET, etc" (Welsh y Dawson 1993).

Según se señala en la documentación más reciente del documento (NET-3 HOWTO), en 1993 la versión NET-2 estaba comenzando a utilizarse, sin embargo desde el punto de vista de la manutención del código de *networking* aparecían varias limitaciones: el código de TCP/IP estaba desarrollándose de manera independiente al kernel Linux. NET-2 se distribuía como parches que debían aplicarse antes de compilar el kernel 0.99. El proceso, que se describe en el documento *NET-2 How to* citado previamente era por cierto bastante complejo. Dicha complejidad dificultaba el trabajo de las incipientes distribuciones de Linux, como las mencionadas MCC, SLS y Yggdrasil.

"El foco de Fred (Van Kempen) era desarrollar innovaciones en las implementaciones del estándar TCP/IP, pero eso estaba llevando demasiado tiempo. La comunidad de usuarios crecía y se impacientaba por tener algo que funcionase de manera más confiable y, tal como había ocurrido con Ross (Biro) la presión sobre Fred como líder del proyecto iba en aumento" (Dawson 1999).

Como tantas otras veces, la disyuntiva que se presentaba era la de "Hacer lo Correcto" con mayúsculas o "hacer funcionar el software ahora y mejorarlo después", entregando de esa forma las funcionalidades que la comunidad y el incipiente mercado de Linux esperaban ansiosos.

La segunda aproximación al problema parece haber sido la más apropiada, de lo contrario Linux habría corrido el riesgo de perder el tren de la Web, cuando en plena década de los noventa Internet se expandió como servicio comercial de creciente masividad en todo el mundo.

Lo que Linus Torvalds decidió fue que por algún tiempo el desarrollo de la pila de protocolos TCP/IP se haría en implementaciones paralelas. Por una parte Van Kempen continuaría con el desarrollo de NET-2 según sus planes. Pero en paralelo, Alan Cox habría de depurar la versión NET-2 para dejarla funcional y más estable. De esa forma, con el desarrollo de Cox y otros desarrolladores, se buscaba satisfacer la necesidad más urgente de la comunidad, mientras Van Kempen se concentraba en las innovaciones que buscaba.

El trabajo de Cox llevó el nombre de NET-2d ('d' por *debbugged*). El código funcionó aceptablemente y en efecto satisfizo a la comunidad de usuarios.

Finalmente, Torvalds decidió arbitrar entre estos dos *forks* (NET-2 y NET-2d) incluyendo a este último en el código base principal del kernel Linux.

Eso significó una decepción para Van Kempen, quien continuó trabajando por algún tiempo en NET-2 y más tarde abandonó el desarrollo de ese código de *networking*.

A partir de allí Alan Cox asumió el liderazgo del desarrollo de software de *networking* dentro del kernel Linux. Para la versión 1.3 de Linux (1995) Cox y sus colaboradores ya habían mejorado la pila de protocolos TCP/IP lo suficiente como para llamarla NET-3. Las versiones sucesivas del software de red en el kernel descienden de aquella.

El recorrido necesario para llegar a una versión lo suficientemente estable de TCP/IP fue a través de un camino agitado y turbulento. Se generaron fricciones que desgastaron el esfuerzo de varios desarrolladores.

Tal como el mismo Linus Torvalds ha sostenido, él fue demasiado optimista cuando a principios de 1992 dio el salto en la numeración de las versiones, pasando de la 0.12 (16/01/92) a la 0.95 (8/3/92). Se esperaba en efecto una versión de Linux lista para usos productivos pero eso requirió resolver el gran desafío de TCP/IP.

Nótese además que la versión 0.99 fue liberada el 13 de noviembre de 1992 y recién quince meses más tarde, el 13 de marzo de 1994, vio la luz la versión 1.0 del kernel.

Durante esos largos quince meses se sucedieron discusiones difíciles, que en varios casos terminaron por acabar con la energía de algunos desarrolladores. Cuando finalmente la versión 1.0 del kernel salió a la luz en marzo de 1994 Linux ya había dejado atrás sus horas más oscuras. Con TCP/IP bajo el capó, el sistema operativo podía disputar cuotas de mercado a sus competidores privativos.

La implementación de TCP/IP llegó a concluirse en el momento justo: por una parte en ese mismo año (1994) se cerró el proceso judicial entre USL y BSDi, por decisión de Novell que había adquirido USL. Por otra parte Internet estaba dando un gran salto hacia el futuro, y si Linux quería ser parte de esa ola de innovación debía contar con buen soporte para TCP/IP.

El archivo CREDITS incluido en el código fuente de la versión 1.0 del núcleo Linux señaló un total de 80 desarrolladores que habían contribuido a hacer realidad la primera versión "lista para producción" del sistema operativo. Allí se daba crédito a Ross Biro, como autor original del código de *networking* de Linux, Fred Van Kempen por NET-2 y *drivers* de red, Alan Cox por NET-2d, depuración de la capa de red, AX.25 y una versión alpha de IPX. Olaf Kirch contribuyó con el texto *Linux Networking Administrator's Guide*.

Por todos estos logros marzo de 1994 fue un mojón importante para la vida de Linux/GNU. Con una pila de protocolos TCP/IP y *drivers* disponibles el sistema operativo ya estaba listo para jugar en las grandes ligas. A esas alturas podía considerárselo no solo como entorno de desarrollo de un puñado de *hackers* y estudiantes -como había nacido- sino que ya podría empezar a disputar cuotas del mercado de servidores de Internet y otras aplicaciones.

La mayor telaraña de información se está tejiendo

En agosto de 1991 mientras Linux era apenas un proyecto que estaba gestándose en el cuarto de Linus Torvalds, desde el CERN (siglas de *Conseil Européen por la Recherche Nucléaire*) ubicado en la frontera franco-suiza, la mayor telaraña de información estaba comenzando a tejerse: la *World Wide*

Web.

El 2 de agosto de 1991 en el *newsgroup* alt.hypertext el usuario Nari Kannan
kannan@ardor.enet.dec.com escribió este breve mensaje:

"¿Hay alguien entre los lectores de este grupo que esté al corriente de la investigación o los esfuerzos de desarrollo que se están
llevando a cabo en las siguientes áreas?
1. Enlaces de hipertexto que habilitan la búsqueda desde fuentes
de información múltiples y heterogéneas" (Kannan 1991).

Unos días más tarde, el 8 de agosto Tim Berners-Lee timbl@info.cern.ch
respondía:

"El proyecto WWW(*World Wide Web*) procura permitir enlazar
a cualquier documento, en cualquier lugar. El formato de la dirección incluye un método de acceso (=*namespace*), es decir un
nombre de *host* (*hostname*) y una suerte de ruta (*path*).
Tenemos un prototipo de editor de hipertexto para NeXT (el
sistema operativo NextStep) y un navegador de modo texto en
línea de comandos.
Estas herramientas pueden acceder a archivos ya sea localmente,
vía NFS o FTP anónimo. También pueden accederse usando un
protocolo simple (HTTP) en el cual el servidor interpreta los
datos y devuelve archivos de hipertexto.
(...) Si estás interesado en usar el código, envíame un email. Por
ahora es solo un prototipo, pero está disponible vía FTP anónimo
en info.cern.ch. El código se distribuye con *copyright* del CERN,
pero su distribución y uso libre usualmente no es un problema.
También tenemos código para el servidor de hipertexto. Puedes usarlo para disponibilizar archivos (a la manera de un FTP
anónimo, pero más rápido porque solo usa una única conexión).
Podrías hackearlo para que acepte una dirección de hipertexto
y genere un documento virtual desde una cierta fuente de información -base de datos, datos en bruto, etc-. Solo es cuestión
de generar texto plano o SGML (ugh! pero es un estándar) y el
navegador puede interpretarlo al vuelo" (Berners-Lee 1991).

Con una terminología que hoy nos suena algo arcaica el inventor de la web,
Tim Berners-Lee describía los principios de funcionamiento del protocolo
http y las páginas web.

El "servidor de hipertexto" al que hacía referencia era el httpd del CERN, el primer servidor web jamás construido. El equipo que lideraba Tim Berners-Lee desarrolló el servidor y el navegador o *browser* en el sistema operativo NextStep, que corría en las *workstations* de NeXT Computers, la compañía que fundó Steve Jobs cuando a fines de los años ochenta lo obligaron a retirarse del directorio de Apple.

El navegador con interfaz gráfica al que se refería, solo corría en NextStep, sin embargo el servidor web httpd podía compilarse fácilmente en cualquier derivado de Unix o sistema compatible con POSIX.

Berners-Lee y su equipo habían comenzado el desarrollo del servidor y el navegador a fines de 1990. El año 1991 estaría marcado por el comienzo de la vida pública tanto de la web como de Linux.

La WWW que Berners-Lee vislumbró e implementó se apoyaba en el funcionamiento de otros protocolos de red preexistentes, específicamente, DNS y TCP/IP[42]. Este último constituye la suite de protocolos de base que son los fundamentos de Internet, y fue desarrollado por Bob Kahn y Vinton Cerf. Por su parte, el protocolo DNS (*Domain Name Server*) es el protocolo que permite que las computadoras accesibles en internet tengan nombre fácilmente recordable (ej. duckduckgo.com). Este protocolo se encarga de traducir nombres de *hosts* a direcciones IP.

Ambos protocolos -TCP/IP y DNS- formaban parte de la infraestructura de Internet desde mediados de los años ochenta. La WWW de Berners-Lee y equipo se apoyaba sobre los hombros de esos gigantes.

La dirección http://info.cern.ch fue el nombre que identificó al primer sitio web, el del proyecto WWW del CERN. Luego de que el equipo de Tim

---

[42]La historia del desarrollo de las redes es otra área fascinante que excede los límites de este trabajo. En pocas palabras, puede decirse que la serie de protocolos que componen TCP/IP son la base de todas las comunicaciones y aplicaciones que hoy corren en nuestros navegadores, celulares y otros dispositivos. El protocolo IP se basa en el principio de las redes de *conmutación de paquetes* (bases teóricas que dieron origen al proyecto de ARPANET en los sesenta). A diferencia, por ejemplo, de una red telefónica que se basa en el principio de *conmutación de circuitos*, la conmutación de paquetes procura quebrar el "mensaje" a transmitir en pequeñas partes (paquetes) y dichos fragmentos del mensaje pueden llegar al destinatario por diversas rutas o enlaces. En el destino, el hardware y software de red tendrá que ordenar esos paquetes y reestablecer el orden originario para reconstruir el mensaje en su conjunto. De esa forma se consigue una infraestructura de red que es resiliente a fallos de ciertos enlaces, ya que el mensaje puede ser encaminado hasta llegar a destino si alguna ruta falla. Lo que se buscaba inicialmente, y este es el principio central al que responde Internet, fue crear una red resistente a fallas, ya que en las mentes de los diseñadores y en el clima de aquella época sobrevolaba infelizmente el fantasma de un conflicto nuclear.

Berners-Lee liberase el código fuente del servidor web httpd junto con la librería libwww en agosto de 1991, unos pocos meses más tarde, en diciembre de ese año se puso en funcionamiento el primer sitio web de los Estados Unidos. Se trató de otro instituto de investigación en Física: el *Stanford Linear Accelerator Center* (SLAC), situado en Menlo Park, California. Este hecho fue muy importante. Hasta entonces solo existía un único navegador con capacidades gráficas que solo podía correr en NextStep y, por otra parte, un navegador en modo texto que sí podía compilarse en diversos sistemas Unix.

Durante 1992 varios grupos comenzaron a desarrollar navegadores web para el sistema x-window: Pei Wei codeó **Viola Browser**, Tony Johnson del SLAC escribió **Midas** y un grupo de estudiantes de la Universidad de Helsinki produjo **Erwise**. Este último proyecto fue dirigido por Ari Lemke, quien fue el responsable de bautizar Linux y quien proveyó el servidor ftp al proyecto de Torvalds.

Los tres navegadores mencionados constituían resultados experimentales cuya estabilidad y funcionalidades debían mejorarse. Sin embargo son los primeros *browsers*, de los cuales derivaron los que usamos hoy en día.

Para los interesados en echar un vistazo o experimentar de primera mano con el servidor web del CERN y con algunos browsers, realicé una serie de videos que están disponibles en YouTube, denominada "Viaje a los inicios de la Web"[43].

Mientras tanto, el número de servidores web en la Internet de aquel entonces iba en aumento. Según un estudio de Robert Cailliau, colega de Berners-Lee en el CERN, en 1992 había unos 50 servidores web en línea (Cailliau 1995). La gran limitación de los navegadores gráficos hasta aquel momento era que resultaban inestables y en general difíciles de compilar e instalar.

Si hay que identificar un lugar donde la web explotó (más allá del CERN, donde la Web se originó) ese fue el *Software Design Group* en el NCSA (*National Center for Supercomputing Applications*) en la Universidad de Urbana-Champaign. El NCSA fue a la web lo que Berkeley (por BSD) fue para Unix, si hubiera que trazar una comparación. El *Software Design Group* del NCSA contaba con un grupo de desarrolladores excepcionales, que en poco tiempo llevaron la web al siguiente nivel.

---

[43]El video sobre ViolaWWW y Erwise puede encontrarse en: https://youtu.be/sbK8PNhDRVM mientras que "Compilando el primer servidor web: CERN httpd" se encuentra en: https://youtu.be/bQh8XFobboU.

El servidor web, conocido como NCSA httpd y el browser Mosaic fueron los productos que revolucionaron la web hasta volverla una herramienta universal y cotidiana. Como señala Berners-Lee en su "Breve historia de la Web":

> "ViolaWWW comenzaba a expandirse. En el CERN, el Departamento de Computación había empezado a promocionarlo para que los usuarios lo utilizaran. En el NCSA David Thompson lo descargó, logró correrlo y pensó que la WWW sería un buen proyecto para el NCSA.
>
> Thompson les mostró ViolaWWW a sus colegas del *Software Design Group* y Marc Andreessen -por entonces un estudiante- decidió escribir un *browser* para X-Window. Junto a Eric Bina dieron forma a Mosaic" (Berners-Lee 1993).

Mosaic para X-Window (sistemas Unix) vio la luz en 1993, la primera versión beta fue liberada en el mes de junio de aquel año. A diferencia de ViolaWWW, Mosaic podía instalarse fácilmente. Desde el punto de vista de su diseño, resultaba superior como lo demuestra el hecho de que rápidamente fuera *portado* a Windows de Microsoft, AmigaOS, McIntosh y VMS. Esa aplicación estaba destinada a convertirse en una *killer-app* que potenció el despliegue de la web a una velocidad espectacular, durante la segunda mitad de los años noventa. Marc Andreessen tenía 23 años entonces, y Eric Bina era algo mayor que él.

Mosaic tenía una licencia privativa, en posesión de la Universidad de Illinois, sin embargo la aplicación se distribuyó de forma gratuita para uso no-comercial. Sólo el código fuente de la primera versión (para Unix) fue liberada como código abierto, no así el código de los *ports* a otros sistemas. Hubo varias empresas que comercializaron licencias de Mosaic para uso comercial. Una de ellas fue Spyglass Inc.Microsoft compró una licencia a esa compañía para implementar su navegador, Internet Explorer. Dicho *browser* de Microsoft se basó en el código de Mosaic hasta su versión 7. Internet Explorer 1.0 estaba basado en Mosaic y se incluyó junto con Windows 95. Internet Explorer fue quizá uno de los más célebres navegadores web que derivaron de Mosaic, que licenciaba Spyglass, pero no fue el único. Esa compañía también otorgó licencias a IBM y Nintendo, para incluir la aplicación en su consola Nintendo64.

Como hemos insistido, 1994 fue un año bisagra y por eso resultaba fundamental que Linux tuviera una implementación de TCP/IP más o menos robusta y apta para uso productivo, porque la web estaba produciendo un brutal salto de escala en lo que hasta entonces había sido Internet. En el trascurso de muy poco tiempo la web transformó la forma en que la humanidad interactúa.

Una de las personas que observó con interés la velocidad con la que Mosaic se esparcía fue el empresario James Clark, fundador de Sillicon Graphics. Aquel año de 1994 Clark consiguió sumar a Marc Andreessen y Eric Bina para formar Mosaic Communications Co., una empresa que procuraría expandir el incipiente y en apariencia redituable mercado de la web y los navegadores. Ante un reclamo de la Universidad de Illinois que poseía derechos sobre la marca "Mosaic" la nueva empresa de Clark, Andreessen y sus compañeros de ruta en el NCSA pasó a llamarse Netscape Communications Co.

El crecimiento de Netscape produjo en el Grupo de Diseño de Software del NCSA un efecto similar a lo que una década antes había ocurrido con el amado Laboratorio de Inteligencia Artificial de Richard Stallman. Netscape reclutó sistemáticamente a los mejores programadores del NCSA y los productos que allí se habían desarrollado (NCSA httpd, Mosaic) quedaron huérfanos.

Netscape Navigator no incluyó código de Mosaic por razones legales, pero fue literalmente escrito desde cero por los mismos autores de Mosaic. Durante la segunda mitad de la década de 1990 Netscape se alzó con la mayor participación en el mercado de navegadores web.

La lista de contribuciones a la web que se originaron en Netscape fueron muchísimas. Algunas de ellas las damos por sentado en el uso diario de aplicaciones web: por ejemplo SSL y luego TLS (la tecnología que encripta el tráfico http) y el lenguaje de programación Javascript, por citar solo algunas de una larga lista de innovaciones.

Un detalle interesante acerca del desarrollo de Netscape fue el nombre en código con el que el proyecto fue bautizado: "Mozilla", contracción de Mosaic-Godzilla. Su mascota fue un dinosaurio. El objetivo era matar a Mosaic.

Un tratamiento del proceso que se llamó la primera guerra de los *browsers* excedería el alcance de este texto. Sin embargo un hecho destacable que ocurrió ya entrados los años 2000, luego de que Netscape perdiera enormes cuotas de mercado y la compañía fuera adquirida por AOL fue la liberación bajo licencia de código abierto del navegador. Así Netscape se convertiría en Firefox y su desarrollo continuaría por parte de la comunidad y la guía de la Fundación Mozilla, aunque Mosaic ya hubiera quedado atrás hacía tiempo.

Sin dudas, el desarrollo comunitario de Firefox, junto a otros productos de la Fundación Mozilla tuvo un efecto multiplicador sobre muchos otros proyectos de código abierto, entre ellos Linux. Firefox dio a la comunidad de usuarios Linux la garantía de poder contar con un navegador abierto que no estaría sujeto a ninguna traba por parte de ninguna compañía.

Además, otro aspecto sobre el cual el alcance y la herencia de Firefox fueron duraderos fue el establecimiento de estándares para la web, tarea en la cual la Fundación Mozilla contribuyó activamente.

El poder de servir

Cuando el *Software Design Group* del NCSA se quedó sin muchos de sus cerebros, el producto damnificado no fue solamente el navegador Mosaic, sino que el servidor web NCSA httpd corrió la misma suerte.

El servidor web del NCSA había sido desarrollado por Robert McCool y otros miembros del Grupo de Diseño de Software. Su antecesor inmediato había sido el servidor httpd del CERN.

La primera versión del NCSA httpd salió en 1993 y, quizá potenciado por la popularidad de Mosaic, se convirtió rápidamente en el servidor web más utilizado en aquel momento.

NCSA httpd fue el primer servidor web en implementar CGI (*Common Gateway Interface*). Esta es una interfaz que permite ejecutar programas del lado del servidor -ya fueran binarios o scripts- que generan contenido de manera dinámica. La especificación fue inicialmente escrita por el equipo del NCSA y años más tarde (1997) fue revisada y ampliada por la RFC-3875, que definió la versión de CGI 1.1.

La herramienta permitió algo que hoy en día puede parecernos absolutamente trivial: que un usuario desde el navegador llene un formulario web y que el contenido de ese formulario fuera enviado al servidor, que este lo procesara y que como resultado enviara una respuesta al cliente (*browser*).

Por razones como las descritas, NCSA httpd era el servidor web dominante en 1994/95. Según las estimaciones de Cailliau en 1995 había unos 2500 servidores web en Internet (Cailliau 1995).

Cuando en 1994 el desarrollo de NCSA httpd se detuvo a causa de la partida de McCool y otros hacía Netscape, el código del servidor quedó "congelado". La comunidad de usuarios, en general *webmasters* de sitios web -como se los denominaba por entonces- comenzaron a distribuir parches con mejoras que se le hacían a httpd.

Uno de ellos fue Brian Behlendorf, que a principios de 1993 había iniciado una firma dedicada a la creación de sitios web.

Para hacerse cierta idea de la efervescencia tecnológica de aquellos años, en 1993 se fundó la revista *Wired*. Poco tiempo después la revista dió vida a su sitio web: *HotWired*. El sitio fue pionero al financiarse a través de anuncios publicitarios y brindando acceso gratuito a sus usuarios. Behlendorf había sido contratado para trabajar como *webmaster* de *HotWired*. Un breve artículo de la revista InfoWorld describía la infraestructura de *HotWired*:

> "Los dos servidores web corren sobre hardware de Sillicon Graphics. Corren un software escrito por el *National Center for Supercomputing Applications* (NCSA). Cinco programadores han modificado el servidor NCSA y están agregando una base de datos Sybase para guardar los hilos de discusiones entre los usuarios del sitio" (Metcalfe 1994).

Los parches al servidor web NCSA que los *webmasters* de entonces precisaban para correr sus sites circulaban por Usenet e Internet.

En febrero de 1995 Brian Behlendorf y Cliff Skolnick crearon una lista de correo y aprovecharon los recursos y el ancho de banda prestado por *HotWired*. Esto sirvió como un medio para centralizar los distintos parches que los desarrolladores le hacían a httpd, que había quedado sin mantenimiento por parte del NCSA.

Este grupo de *hackers* partió de la versión 1.3 del servidor httpd de NCSA y comenzó a aplicar sus parches. El resultado fue un producto denominado Apache, cuya primera versión (0.6.5) salió a las calles en abril de 1995.

Pronto corrió la voz acerca del nombre elegido para el servidor, el cual había sido originado a partir del juego de palabras *a-patchy server* (algo así como "un servidor emparchado").

Poco después, uno de los desarrolladores del grupo de Apache, Robert Thau diseñó una arquitectura totalmente nueva para el servidor, que se implementó a partir de la versión 0.8.8 en agosto de 1995 (Bowen 2002).

Apache es sumamente importante en la historia de Linux, porque resultó clave en el crecimiento de la adopción del sistema operativo, en especial en la empresa. Ese servidor web fue central junto a algunos otros, como Bind, para proveer la infraestructura de base de Internet. En la segunda mitad de la década del noventa proliferaron en todo el mundo proveedores de Internet (ISPs) de diversa escala. En todas partes Linux y Apache fue la dupla que sirvió de base a la expansión definitiva de la web. Por tal razón, como se ha sugerido, resultaba tan importante que en 1994 Linux contara con una implementación de TCP/IP confiable.

Se trató del *timing* justo. Si Linux no hubiera tenido listo TCP/IP en 1994 acaso habría perdido para siempre el tren de la web. Hay que destacar el lugar central que tuvo Apache y su comunidad para la supervivencia y crecimiento definitivo de Linux.

Un sistema operativo no es gran cosa si no se desarrollan aplicaciones que corran en él. Apache fue la *killer-app* de Linux en momentos en que la web crecía y la burbuja de las puntocom proveía capital fresco.

Netcraft.com, una firma con sede en el Reino Unido desarrolló diversas herramientas para escanear la web y de esa forma publicar informes acerca del tamaño de la web, como también servidores web más usados, entre otros datos.

A principios de 1996 Apache había superado a su predecesor, NSA httpd como servidor web más utilizado. En el año 2003 Apache tenía alrededor del 65 % de cuota de mercado.

Desde 2016 nginx ha superado a Apache en grado de utilización, pero entre ambos suman casi el 70 % del mercado de servidores que en la actualidad corren aplicaciones web.

El destino de la web y Linux estuvieron atados desde mediados de los años 1990. Si en los años setenta y ochenta Unix tuvo un rol central en el desarrollo de redes, entre ellas ARPANET, en los noventa Linux tomaría ese relevo.

Conclusión

La innovación del código abierto

Las innovaciones que hemos revisado, más allá de pertenecer en su mayoría a un mismo árbol familiar, el de los sistemas Unix y sus derivados, tienen algunos otros aspectos comunes.

Por una parte, Unix y Linux tienen un origen similar: una necesidad personal surgida de un cierto descontento *hacker* respecto de las capacidades de algún sistema preexistente (Multics en el caso de Unix y Minix en el de Linux), todo esto motorizado por un impulso de hacer las cosas lo mejor posible con los recursos disponibles para eso. El mensaje de Ken Thompson al *newsgroup* de usenet como cierre de la discusión "Linux es obsoleto" me parece absolutamente revelador en ese sentido. Intentaré ejemplificar ese impulso al que me he referido con una frase de un amigo desarrollador de software: "un domingo a la mañana estoy haciendo lo mismo que hago durante la semana (codeando), y al que se lo cuente no lo entendería".

Posiblemente no haya posibilidad de innovación alguna sin que medie ese "impulso" que creo que la frase de mi amigo ejemplifica correctamente. La frase de mi amigo me quedó en la memoria porque ilustra y resume algunas de las proposiciones del sociólogo norteamericano Richard Sennett. Sennett ha propuesto un concepto ampliado y *aggiornado* de artesanía: "El carpintero, la técnica de laboratorio, el director de orquesta, el desarrollador de software, son artesanos porque se concentran en hacer su tarea por amor al trabajo bien hecho" (Sennett 2013). La "artesanía", como él la entiende describe una condición humana peculiar: el de la persona que se compromete a fondo con lo que hace.

Sennett ha estudiado el desarrollo de Linux, al que calificó como una obra de

217

artesanía colectiva.

Esta tendencia autoimpulsada a la calidad presente en los más diversos oficios encontró, en los casos de Unix y de Linux un ambiente favorable que produjo un importante efecto amplificador. En el caso de Unix, ese ambiente estaba dado por el clima y la cultura organizacional de los Bell Telephone Labs, mientras que en caso de Linux esa primera pequeña comunidad se construyó de manera distribuida gracias a los *newsgroups* de Usenet, el de Minix de manera primordial. Es en esos ambientes en donde se construyeron las comunidades de desarrollo de cada uno de estos sistemas operativos.

Sin embargo había un elemento fundamental en esos ambientes de trabajo: la posibilidad de interactuar sin ninguna traba con colegas, sin que entrara en juego ningún tipo de jerarquía. En los Bell Labs, incluso el *roockie* podía ir y tocar la puerta de la "persona del libro" para consultarlo sobre algo en lo que él o ella se especializaba. Un tipo de intercambio análogo, pero con el brutal cambio de escala que introducen las redes (Usenet en aquel tiempo) es el que tenía lugar en los *newsgroups*. En esos grupos de discusión se podían intercambiar dudas y conceptos sin que importaran jerarquías. De hecho, cuando se produce la discusión entre Torvalds y Tanenbaum en torno a si Linux era realmente obsoleto, el tono altisonante del profesor fue apaciguado por miembros de la comunidad. Ambos tipos interacciones constituyen ejemplos de intercambio y producción abierta de conocimientos.

Otra característica de la labor artesanal es que esta admite y saluda la libertad de experimentar. El impulso de innovación que originó Unix y más tarde Linux se nutrió de esa experimentación. Sin embargo, esa libertad no se da en un entorno anárquico, sino en el marco de una organización que posibilita la experimentación, como fue el caso de los *Bell Labs* o con otro grado de institucionalidad, las comunidades construidas en las redes sociales "técnicas", como eran los foros de discusión de Usenet.

Las condiciones del ambiente de los Bell Labs serían irreproducibles en cualquier empresa privada actual, por el simple hecho de que AT&T tenía ingresos estables y asegurados y operaba sin competencia. Sin embargo, no debe menospreciarse el papel poderoso que pueden desempeñar las conversaciones e intercambios abiertos en favor de la innovación.

Ambos ecosistemas, el de los Bell Labs como el de las comunidades de Usenet potenciaron las posibilidades de pensar y sobretodo, intercambiar de manera abierta.

El modo de producir conocimiento científico ha sido fundamental en la vida de estos sistemas operativos. Escribir software y ponerlo a disposición para que el código fuente sea analizado, probado y mejorado supone una forma de operar análoga a cómo el conocimiento científico es producido y sometido a la evaluación de la comunidad científica. Sin embargo, en el caso del código fuente, este permite un *feedback* de colaboración mayor: la comunidad no descarta o rechaza el código, sino que por el contrario, lo reescribe o mejora, lo que habilita un tipo de colaboración más intensamente interactivo e iterativo.

Por otra parte el papel de las Universidades y sobretodo su articulación con las empresas ha sido crucial en este proceso. En la decada del setenta Unix pudo circular abiertamente y de ese modo viralizarse porque AT&T no estaba habilitada legalmente a producir u ofrecer servicios más allá de las comunicaciones telefónicas. Ese dejar-hacer y dejar-circular el código fuente de Unix duró hasta que se liberó la versión 7 del Research Unix. Sin embargo, aún después de ese momento, por ciertas vías, el código siguió circulando desde los Bell Labs a las universidades y en sentido inverso, más o menos de contrabando, como si se tratase de ediciones musicales *bootleg* ("piratas").

En relación con eso, no hay que descartar un cierto influjo de la contracultura de los sesenta en los inicios del desarrollo del software de código abierto.

En mi opinión, un caso paradigmático es la banda de rock californiana The Grateful Dead, que se formó a mediados de los años sesenta en Palo Alto. Por esas casualidades el área geográfica donde se comenzó a edificar *Sillicon Valley* fue también el epicentro del movimiento contracultural de los sesenta. La particularidad de Grateful Dead fue que permitieron que sus largos conciertos, que solían durar más de dos horas y media, fueran registrados libremente por sus fanáticos, que podían conectarse directamente a la consola central de sonido. La comunidad podía intercambiar, vender, consumir esas grabaciones libremente y de manera contraria a la política persecutoria de las compañías discográficas.

Esto derivó en que los fanáticos de la banda se autopercibieran como miembros de una comunidad, que adquirió el nombre de *Deadheads*.

El resultado fue incluso económicamente positivo para The Grateful Dead, ya que la existencia de un público que se percibía a sí mismo como comunidad resultaba sumamente redituable al generar un público estable y creciente que asistía a los conciertos. Otro efecto de la construcción de aquella audiencia-comunidad es que la cantidad de registros de los shows de The Grateful Dead son muy numerosos y de una alta calidad sonora.

El código de Unix, en los setenta y tempranos ochenta circuló de forma similar a las grabaciones en vivo de The Grateful Dead.

Si ambas tareas, escribir código y componer o tocar música son artesanías, en el sentido que le da Sennett al término ¿Por qué no podrían compartir después de todo ciertos circuitos similares de consumo y producción? Por supuesto, es una hipótesis difícil de constatar empíricamente, pero creo que no hay que descartar el influjo contracultural en el software de código abierto.

Contracultura no tiene nada que ver con política antimercado. Hasta hace algún tiempo esta opinión podía leerse en cierta prensa que ligaba a Linux con regímenes de corte socialista. Nada más alejado de la realidad.

Como se ha revisado, incluso el ala que podría considerarse como la más radical del software libre, encarnada en ciertos discursos de Richard Stallman, desde los momentos iniciales promovió la generación de servicios alrededor del software libre. Eso está, como se ha revisado, en el ADN de la licencia GPL. El FLOSS (*Free/Libre and open-source software*) es el resultado histórico de la articulación y retroalimentación entre instituciones productoras de conocimiento (universidades y otras, como los BTL) y las empresas.

Si Linux ha tenido el éxito que alcanzó se debe al hecho de haberse constituido como un nuevo y eficaz modelo de desarrollo de software, que además resultó redituable para diversos actores económicos. A este respecto, quizá convenga recordar la frase de Adam Smith: "No es de la benevolencia del carnicero, el cervecero o el panadero de donde obtendremos nuestra cena, sino de la preocupación por sus propios intereses".

Este trabajo llegó hasta poco después de los años 2000, cuando Linux se consolidaba.

A veinte años de aquello y treinta desde que Linus comenzara su proyecto, los alcances de Linux y del software de código abierto en general trascienden actualmente al código fuente de software. Como lo ha señalado Sennett, conforman la punta de lanza de cambios duraderos en las formas en que trabajamos y producimos valor.

Agradecimientos

A Catalina, Danilo y Natalia. A mis padres y especialmente a mi madre, Alicia, por haber revisado y corregido pacientemente el manuscrito de este libro. Todos ellos son fuente de mi propia curiosidad.
Muchas gracias a mi amigo Juan Pablo Bouza y artista Blender por el diseño del arte de tapa.

Nota

Se ha procurado identificar a las marcas y empresas propietarias de los productos o servicios mencionados aquí. El autor rectificará cualquier omisión o corregirá cualquier error en cuanto sea de su conocimiento.

Bibliografía

Ballmer, Steve. 2001. «Microsoft CEO takes a launch break with Sun-Times». Chicago Sun-Times. 2001. http://web.archive.org/web/20011108.

Berners-Lee, Timothy J. 1991. «Mensaje al newsgroup alt.hypertext de Usenet, 6/8/1992». usenet. 1991. https://shiftleft.com/mirrors/utzoo-usenet.

———. 1993. «A Brief History of the Web». CERN. 1993. https://www.w3.o rg/DesignIssues/TimBook-old/History.html.

Betz, David, y Jon Edwards. 1986. «Revista Byte entrevista a Richard Stallman, Julio 1986». Byte. 1986. http://gnu.ist.utl.pt/gnu/byte-interview.html.

Bowen, R. 2002. *Apache Administrator's Handbook*. NY, USA: SAMS.

Bradley, David J. 1990. «The Creation of the IBM PC. En BYTE vol.15, nro 9, septiembre 1990». Revista BYTE. 1990. https://archive.org/stream/byte-magazine-1990-09/1990_09_BYTE_15-09_15th_Anniversary_Summi t#page/n451/mode/1up.

BYTE. 1986a. «Vol 11 número 09, Septiembre 1986». Byte. 1986. http://archive.org/details/byte-magazine-1986-09/page/n471.

———. 1986b. «Vol 11 número 10, Octubre 1986». Byte. 1986. http://archive. org/details/BYTE_Vol_11-10_1986-10_Apple_II_GS/page/n163.

Cailliau, Robert. 1995. «A Short History of the Web». CERN. 1995. http://www.netvalley.com/archives/mirrors/robert_cailliau_speech.htm.

Carr, Edward H. 1996. *Que é História?* Rio de Janeiro: Paz e Terra.

Crocker, Steve. 1969. «RFC 1: Host Software». UCLA. 1969. https://datatrac ker.ietf.org/doc/html/rfc1.

Curran, Lawrence J. 1983. «DEC, IBM and Athena». *Byte. The Small Systems Journal* 8 (8). https://archive.org/details/eu_BYTE-1983-08_OCR/page/ n5/mode/2up.

Dahdah, Howard. 2009. «The A-Z of Programming Languages: Bourne shell or sh. Steve Bourne. An in-depth interview with Steve Bourne». ComputerWorld. 2009. https://www.arnnet.com.au/article/279011/a-z_programming_languages_bourne_shell_sh.

Dawson, Terry. 1999. «A brief history of Linux Networking Kernel Development». UCLA. 1999. https://tldp.org/HOWTO/NET3-4-HOWTO-4.html.

Egdorff, Skip. 1988. «I'm going to hate myself. Mensaje a comp.os.minix del 18/6/1988». usenet. 1988. https://shiftleft.com/mirrors/utzoo-usenet.

Falstad, Paul. 2005. «zsh Mailing List». zsh Mailing list. 2005. http://zsh.org/ mla/users/2005/msg00951.html.

FSF. 1987a. «GNU Project Bulletin, Vol. 1 n° 2, enero 1987». GNU. 1987. https://www.gnu.org/bulletins/bull2.html.

———. 1987b. «GNU Project Bulletin, Vol. 1 n° 3, junio 1987». GNU. 1987. https://www.gnu.org/bulletins/bull3.html.

———. 1988. «GNU Project Bulletin, Vol. 1 n° 4, febrero 1988». GNU. 1988. https://www.gnu.org/bulletins/bull4.html.

———. 1989. «GNU Project Bulletin, Vol. 1 n° 7, junio 1989». GNU. 1989. https://www.gnu.org/bulletins/bull7.html.

———. 1990a. «GNU Project Bulletin, Vol. 1 n° 8, enero 1990». GNU. 1990. https://www.gnu.org/bulletins/bull8.html.

———. 1990b. «GNU Project Bulletin, Vol. 1 n° 9, junio 1990». GNU. 1990. https://www.gnu.org/bulletins/bull9.html.

———. 1991. «GNU Project Bulletin, Vol. 1 n° 11, junio 1991». GNU. 1991. https://www.gnu.org/bulletins/bull11.html.

———. 1992. «GNU Project Bulletin, Vol. 1 n° 12, enero 1992». GNU. 1992. https://www.gnu.org/bulletins/bull12.html.

———. 1994a. «GNU Project Bulletin, Vol. 1 n° 14, enero 1994». GNU. 1994. https://www.gnu.org/bulletins/bull14.html.

———. 1994b. «GNU Project Bulletin, Vol. 1 n° 17, junio 1994». GNU. 1994. https://www.gnu.org/bulletins/bull17.html.

———. 1995a. «GNU Project Bulletin, Vol. 1 n° 18, enero 1995». GNU. 1995. https://www.gnu.org/bulletins/bull18.html.

———. 1995b. «GNU Project Bulletin, Vol. 1 n° 19, junio 1995». GNU. 1995. https://www.gnu.org/bulletins/bull19.html.

Gabriel, Richard. 1991. «Lisp: Good News, Bad News 'How to Win Big'». 1991. http://naggum.co/worse-is-betterl.html.

Garfinkel, Simson L. 1988. «A Second Wind for Athena. The Experiment Scheduled to finish in 1988 is in Some Ways Just Beginning». *Technology Review Nov-Dec 1988*. https://simson.net/clips/1989/1989.TechRev.Athena.pdf.

Gertner, Jon. 2012. *The Idea Factory. Bell Labs and the Great Age of American Innovation*. The Penguin Press.

Hayes, Frank. 1992. «Programming Tools Unbundled. En: Unix World, vol 9, n° 11, pag. 65» 9 (11).

Hughes, Phill. 1995. «Interview: Orest Zborowski, Linux Journal July 1 1995». Linux Journal. 1995. https://www.linuxjournal.com/article/70.

Jones, M. Tim. 2011. «zsh Mailing List». IBM Developerworks. 2011. http://www.ibm.com/developerworks/library/l-linux-shells.

Joy, William N. 1977. «Ex Reference Manual». Departmanet of Electrical Engineering; Computer Science. 1977. http://roguelife.org/~fujita/COOKIES/HISTORY/1BSD/exrefm.pdf.

Kannan, Nari. 1991. «Mensaje al newsgroup alt.hypertext de Usenet, 2/8/1991». usenet. 1991. https://shiftleft.com/mirrors/utzoo-usenet.

Kernighan, Brian Wilson. 2020. *UNIX. A History and a Memoir*. 1.ª ed. Vol. 1. 1.ª ser. The address: Kindle Publishing Service.

Klemmer, J. 2004. «A Short History of Linux Distributions». 2004. http://lwn.net/Articles/91371.

König, Urs. 2009. «Linus Torvalds 40th Birthday Surprise Page». 2009. http://www.sinclairql.net/Linus_Torvalds_and_the_QL.html.

Levy, Steven. 2010. *Hackers. Heroes of the Computer Revolution*. O'Reilly.

Luderer G. W., Tague B. A, Maranzano J. F. 1978a. «The Programmer's Benchmark» 57 (6). https://web.archive.org/web/20131112073255/http://www3.alcatel-lucent.com/bstj/vol57-1978/articles/bstj57-6-2177.pdf.

———. 1978b. «The UNIX Operating System as a Base For Applications». *Bell System Technical Journal* 57 (6). https://archive.org/details/bstj57-6-2201/mode/2up.

Maher, Jimmy. 2017. «History of Microsoft». arstechnica. 2017. https://arstechnica.com/gadgets/2017/06/ibm-pc-history-part-1.

McKusick, Marshall. 1999. *Twenty Years of Berkeley Unix. En: Voices From The Open Source Revolution*. O'Reilly.

Metcalfe, R. 1994. «Andrew Anker is HotWired to the Internet, and he watches less TV». *InfoWorld Magazine, November 1994* 16 (46).

Moody, Glyn. 2001. *Rebel Code: Inside Linux and the Open Source Revolution*. New York: Basic Books.

Raymond, Eric. 1997. «The Cathedral and the Bazaar». 1997. http://catb.org/esr/writings/cathedral-bazaar/cathedral-bazaar/.

———. 2003. «The Art of Unix Programming». 2003. http://catb.org/esr/writings/taoup/html.

Ritchie, Dennis. 1979. «The Evolution of the UNIX Time-sharing System». Nokia. 1979. https://www.bell-labs.com/usr/dmr/www/hist.html.

———. 2001. «Space Travel: Exploring the solar system and the PDP-7». Nokia. 2001. https://www.bell-labs.com/usr/dmr/www/spacetravel.html.

Salus, Peter. 1994a. *A Quarter Century of UNIX*. Boston: Addison Wesley.

———. 1994b. *The Daemon, the GNU, the Penguin*. Boston: Addison Wesley.

Samson, Peter. 1960. «TMRC Dictionary, Second Edition». Samson. 1960. http://www.gricer.com/tmrc/dictionary1960.html.

Sennett, Richard. 2008. *El artesano*. Barcelona: Anagrama.

———. 2013. *Artesanía, tecnología y nuevas formas del trabajo*. Buenos Aires: Katz Editores.

Silberschatz, Bar, y Gagne Galvin. 2012. *Operating System Concepts*. Wiley & Sons.

Singh, Amit. 2007. *Mac OS X Internals*. Pearson.

Spanbauer, Richard. 1983. «RE: Free Unix! Usenet: net.unix-wizards». Usenet. 1983. https://usenet-archive.

Stallings, William. 2000. *Computer Organization and Architecture: Designing for Performance*. 5.ª ed. New Jersey: Prentice Hall.

Stallman, Richard M. 1983. «Free Unix! Usenet: net.unix-wizards». Usenet. 1983. https://usenet-archive.

———. 1985. «GNU Manifesto. En Dr Dobb's Journal n° 101, Marzo 1985» 10 (101). https://archive.org/details/1985-03-dr-dobbs-journal/page/30/mode/2up.

———. 1996. «Hurd and Linux». FSF. 1996. https://www.gnu.org/software/hurd/hurd-and-linux.html.

———. 2002. «My LISP Experience and the Development of GNU Emacs. International LISP Conference». FSF. 2002. https://www.gnu.org/gnu/rms-lisp.html.

———. 2011. «POSIX». Wikipedia. 2011. http://stallman.org/articles/posix.html.

———. 2019. «GNU Manifesto». FSF. 2019. http://www.gnu.org/gnu/manifesto.html.

Swaine, Michael. 1985. «Editorial» 10 (101).

Tanenbaum, A., y H. Bos. 2016. *Sistemas Operacionais Modernos*. Sao Paulo: Pearson.

Tanenbaum, Andrew. 1992. «Mensaje "LINUX is obsolete" a comp.os.minix del 29/01/1992». usenet. 1992. https://shiftleft.com/mirrors/utzoo-usenet.

Tanenbaum, Andrew S. 1987a. «RE: I'm going to hate myself. Mensaje enviado a comp.os.minix el 21/6/1988». usenet. 1987. https://shiftleft.com/mirrors/utzoo-usenet.

————. 1987b. «Unix clone with source code available». usenet. 1987. https: //shiftleft.com/mirrors/utzoo-usenet.

————. 2004. «Some Notes on the "Who Wrote Linux" Kerfuffle». vu. 2004. https://www.cs.vu.nl/~ast/brown/.

————. 2016. «Lessons Learned from 30 Years of MINIX». *Communications of the ACM, March 2016* 59 (3). https://cacm.acm.org/magazines/2016/3/ 198874-lessons-learned-from-30-years-of-minix/fulltext.

Thompson, Ken. 1992. «Mensaje "RE: LINUX is obsolete" a comp.os.minix del 03/02/1992». usenet. 1992. https://shiftleft.com/mirrors/utzoo-usenet.

Tiemann, Michael. 2006. «History of OSI». OSI. 2006. https://web.archive.or g/web/20090203211209/opensource.org/history.

Torres, Ariel. 2016. «Linus Torvalds, héroe de la revolución menos pensada». 2016. https://lanacion.com.ar/tecnologia/linus-torvalds-heroe-de-la-revolucion-menos-pensada-nid1931880/.

Torvalds, Linus. 1991a. «Mensaje a comp.os.minix del 5/10/1991». usenet. 1991. https://shiftleft.com/mirrors/utzoo-usenet.

————. 1991b. «Mensaje a comp.sys.ibm.pc.hardware del 8/1/1991». usenet. 1991. https://shiftleft.com/mirrors/utzoo-usenet.

————. 1992. «Linux 0.12 Release Notes». usenet. 1992. http://mirrors.edge .kernel.org/pub/linux/kernel/Historic/old-versions/RELNOTES-0.12.

————. 2019. «Linux 5.5-rc5 release notes». 2019. http://lkml.iu.edu/hyperm ail/linux/kernel/2001.0/02828.html.

Torvalds, Linus, y David Diamond. 2001. *Just For Fun. The Story of an Accidental Revolutionary*. New York: Harper Books.

Torvalds, Linux B. 1992. «Mensaje "RE: LINUX is obsolete" a comp.os.minix del 29/01/1992». usenet. 1992. https://shiftleft.com/mirrors/utzoo-usenet.

Tozzi, Christopher. 2016. «Linux at 25: Why it flourished while other fizzled». ieee. 2016. https://spectrum.ieee.org/tech-history/cyberspace/linux-at-25-why-it-flourished-while-others-fizzled.

Vainio, Vadén, Niklas. 2012. «Free Software Philosofy and Open Source». *Inernational Journal of Open Source Software and Processes* 4 (4).

VVAA. 1998. «Building 20: The Magical Incubator». MIT. 1998. http://web. mit.edu/fnl/vol/104/Bldg20.html.

———. 1999. *Open Sources: Voices From The Open Source Revolution.* O'Reilly.

———. 2010. «History of Microsoft». Microsoft. 2010. https://channel9.msd n.com/Blogs/Tina/The-History-of-Microsoft-1980.

Ward, Mark. 2009. «40 Years of UNIX». BBC. 2009. http://news.bbc.co.uk/2 /hi/technology/8205976.stm.

Welsh, Matt. 1992. «Linux Installation and Getting Started». Linux Documentation Project. 1992. https://www.mdw.la/papers/linux-getting-started.pdf.

Welsh, Matt, y Terry Dawson. 1993. «Linux NET-2 HOWTO v1.6». 1993. http://krsaborio.net/linux-kernel/research/1993/0913.html.

Wikipedia. 2011. «Entrada "POSIX"». Wikipedia. 2011. http://en.wikipedia .org/wiki/POSIX.

———. 2019. «Entrada "Xenix" en wikipedia». wikipedia. 2019. https://en.w ikipedia.org/wiki/Xenix.

———. 2020. «PDP-7». Wikipedia. 2020. https://en.wikipedia.org/wiki/PDP-7.

Wikipedia, SCP. 2019. «Entrada "Seattle Computer Products" en wikipedia». wikipedia. 2019. https://en.wikipedia.org/wiki/Seattle_Computer_Produ cts.

Williams, Gregg. 1982. «A closer look at the IBM Personal Computer. En BYTE vol.7, nro 1, enero 1982». Revista BYTE. 1982. https://archive.or g/stream/byte-magazine-1982-01/1982_01_BYTE_07-01_The_IBM_P ersonal_Computer#page/n37/mode/2up.

Williams, Sam. 2002. *Free as in Freedom: Richard Stallman's Crusade For Free Software.* Sebastopol, CA: O'Reilly.

Wirzenius, Lars. 1992a. «Entrevista a Linus Torvalds en Linux News n° 3. 18 de octubre de 1992». 1992. https://www.ibiblio.org/pub/Linux/docs/ldp Research/ldp-historic/LinuxNews.03A.

————. 1992b. «Linux News n° 1. 5 de octubre de 1992». 1992. https://www. ibiblio.org/pub/Linux/docs/ldpResearch/ldp-historic/LinuxNews.01A.

————. 2011. «Linux at 20, some personal memories». 2011. https://liw.fi/li nux20/.

Wright, Steve. 1987. «An Interview with Kouichi Kishida. En: Unix Review, vol. 5, n° 2, febrero 1987, pag. 64» 5 (2).

Yager, Tom, y Ben Smith. 1992. «Is Unix Dead? En BYTE vol.17, nro 9, septiembre 1992» 17 (9). https://archive.org/details/byte-magazine-1992-09/page/n141/mode/2up.

www.ingramcontent.com/pod-product-compliance
Lightning Source LLC
LaVergne TN
LVHW051322050326
832903LV00031B/3321